Ernst Meckelburg

Wir alle sind unsterblich

Der Irrtum mit dem Tod

Mit 42 Fotos

LANGEN MÜLLER

Bildnachweis

Archiv Autor: 2, 3, 5–14, 23–25, 27, 29, 30, 32, 34–36a;
bulls Presseagentur: 26; Dalichow/esotera: 28;
Determeyer: 19; esotera 33;
Harry Price Library: 1, 16, 17, 31; Homes: 20, 20a, 22, 22a;
Luksch: 18; Ring 4, 4a; Royal Air Force Museum 15;
Senkowski: 21

Vor- und Nachsatz: Sommerliche Flußidylle an einem Nebenarm der Loire. Der Kahn erinnert an die im Ägyptischen Totenbuch *erwähnte »Ra-Barke«, mit der nach den Vorstellungen der alten Ägypter ihre Verstorbenen zum Jenseits übersetzten.*
(Foto: Alain de la Maison)

Gedruckt auf chlorfrei gebleichtem Papier

© 1997 Albert Langen / Georg Müller Verlag
in der F. A. Herbig Verlagsbuchhandlung GmbH, München
Alle Rechte vorbehalten
Umschlagentwurf: Wolfgang Heinzel
Umschlagfoto: Tony Galindo / Image Bank, München
Satz: Filmsatz Schröter, München
Gesetzt aus 11/12,5 Punkt Stempel Garamond in PostScript
Druck und Binden: Graphischer Großbetrieb Pößneck
Printed in Germany
ISBN 3-7844-2611-5

Dank

Dank allen – Freunden, Vordenkern und Lesern –, die mit mir an einem besseren Verständnis für eine umfassendere Realität arbeiten und mich bei meinen Exkursionen in noch unerforschte Territorien des menschlichen Bewußtseins begleiten: Dr. Reinmar Cunis (†), Journalist und ehemaliger Projektleiter beim NDR (ARD); Dr. med. Vladimir Delavre, Facharzt und Redakteur der Zeitschrift *Transkommunikation*; Dr. Ralf Determeyer, Kommunikationspsychologe; Dr. Edith Fiore, klinische Psychologin; Gert Geisler, Chefredakteur *esotera*; Dr. med Andreas Hedri (†), Spezialarzt FMH für Psychiatrie und Psychotherapie; Adolf Homes, Transkommunikationsexperte; Peter Krassa, Journalist und Buchautor; Hans Luksch, Transstimmenforscher; George Meek, METASCIENCE, Franklin (USA); Dr. Hans Naegeli-Osjord, Spezialarzt FMH für Psychiatrie und Psychotherapie; Prof. Dr. Dr. P. Andreas Resch, Institut für Grenzgebiete der Wissenschaft, Innsbruck, und Dozent an der Lateranuniversität, Vatikan; Prof. Dr. Kenneth Ring, Department of Psychology, University of Connecticut, Storrs (USA); Dr. Berthold Schwarz, Facharzt für Psychiatrie, Vero Beach (Kalifornien); Prof. Dr. Ernst Senkowski, Physiker, Gesellschaft für Psychobiophysik e. V., Mitherausgeber von *Transkommunikation* und Buchautor; Alan Wesencraft, Sekretär der *Harry Price Library*, Universität London.
Für ihre wertvolle Unterstützung danke ich vor allem: Dr. Brenda Dunne und Prof. Robert Jahn, beide Princeton Engineering Anomalies Research Laboratory (PEAR), Princeton University (USA); Dr. Hans Moravec, Direktor des *Mobile Robot Lab*, Robotic Institute der Carnegie Mellon University, Pittsburgh, Pennsylvania (USA); Dr. Dean

Radin, Consciousness Research Laboratory, University of Nevada, Las Vegas (USA) und Ian Stevenson, Carlson Professor of Psychiatry am Health Science Center der University of Virginia, Charlottesville, Virginia (USA).
Ohne den ständigen wohlmeinenden Zuspruch des Verlegers, Herrn Dr. Herbert Fleissner, der Verlagsleiterin Frau Dr. Brigitte Sinhuber und meines rührigen Lektors Hermann Hemminger wäre dieses Werk wohl kaum zustande gekommen. Ihnen und vor allem meiner verständnisvollen Familie, die mich in den »harten« Monaten der Manuskripterstellung immer wieder inspirierten, gilt mein ganz besonderer Dank.

Ernst Meckelburg

Inhalt

I Traum von der Unsterblichkeit   9

1 Der »Tod« des Dr. Wiltse   13
2 Das Tabu-Thema   17

II Am Anfang steht das Ende   23

1 Biocomputer »Mensch« – Programmiert für die Ewigkeit   27
2 Transit ins Jenseits   32
3 Zwischenwelt – Das Schicksal der »Gestrandeten«   41
4 Paradies für jedermann?   47

III Bewußtsein – »Schleudersitz« zur Hyperwelt   53

1 Das Gehirn – Befehlsempfänger des Bewußtseins   57
2 Das Holo-Prinzip – Speichern für die Ewigkeit   63
3 »Bewußtseinsdämmerung« – Am Anfang war das Feld   70

IV Stippvisiten im »Danach«   75

1 Nahtod-Visionen – Trugbilder oder Realität?   79
2 Psi in Todesnähe   89
3 Zeitloses Jenseits   97

V Die Körperlosen   103

1 »Ausgetreten« – Die Realität des zweiten Körpers   107
2 Träume sind ganz anders   115

3   Zielflug – Experimente mit dem Astralkörper   121
4   Indizien – »Austritte« als Überlebensbeweis?   130

VI **Rückmeldungen aus dem Jenseits**   *135*

1   Automatismen – Botschaften aus dem Verborgenen   139
2   Klopfzeichen – Spiritualismus in den »Kinderschuhen«   147
3   Beweise von »drüben«   154
4   Berichte aus dem Reich der »Toten«   164

VII *Die »Untoten« – Begegnungen der virtuellen Art*   *179*

1   »Ghosts« – Hologramme des Bewußtseins   185
2   Die Realität des Irrealen   199
3   Projektionen – Die »Physik« der Erscheinungen   207

VIII *Invasion aus der Zwischenwelt*   *213*

1   »Aliens« in uns – Aspekte der Besessenheit   219
2   Psycho-»Vampire« – Leben im Untergrund   228
3   »Walk-ins« – Die Quereinsteiger   238

IX *Rückkehr zu den Lebenden – Reinkarnation als Überlebensbeweis?*   *241*

1   Reinkarnation – Die unendliche Geschichte   245
2   Zeitreisen in »andere« Leben   253
3   Wanderer zwischen den Welten   261

X   *Schöne neue Welt – Cyber-Land und danach...*   *267*

Begriffserläuterungen   273
Literatur   288
Register   298

I

Traum von der Unsterblichkeit

Die größte Herausforderung der Menschheit dürfte die Erforschung nachtodlicher Seinszustände, des »Lebens« nach dem Leben sein. In diesem Sinne äußerte sich unlängst die amerikanische Psychotherapeutin und Direktorin des Projektes Death and Dying II (DD II), *Dr. Sukie Miller, die mit einer großangelegten, 1992 gestarteten Befragungsaktion die Einstellung der Menschen zur »Überlebens«-Thematik erkunden will. Im Verlaufe der ersten Phase dieses internationalen, multikulturellen Projektes sammeln ihre Mitarbeiter Informationen über einschlägig befaßte Rituale und Mythen, religiöse Schriften, mündliche Überlieferungen sowie bildliche Darstellungen vom Übergang in die Nachwelt und dem, was die Dahingegangenen zu erwarten haben. Der Zufluß an Informationen, die auf ihre Herkunft und religiösen Hintergründe hin analysiert und miteinander verglichen werden, ist gewaltig, hatten doch sämtliche Kulturen der Weltgeschichte ihre eigenen, zum Teil recht komplexen Nachwelt-Vorstellungen.*

Es wird wohl Jahre dauern, bis die Wissenschaftler von DD II und die zahlreicher anderer Länder, die ähnliche Studien in eigener Regie durchführen, alle Unterlagen gründlich ausgewertet haben. Vielleicht werden wir dann aus der Fülle der gesammelten Erkenntnisse Rückschlüsse auf die wahren Vorgänge beim Ableben und den Eintritt in die geistige Welt der Unsterblichkeit ziehen können. Vielleicht.

Wir können den Zustand des Totseins, den Status des körperlichen Nicht-mehr-Existierens und Dennoch-Seins, mit unserem ausschließlich auf materielle Daseinsformen ausge-

richteten Verstand nicht begreifen, allenfalls erahnen. Philosophische und theologische Beschreibungen »nachtodlicher« Existenzen, bestimmte Aussagen medial begabter Zeitgenossen, die mit Bewußtseinsinhalten Verstorbener Kontakt zu haben glauben, sogenannte paraphysikalische Manifestationen wie Spuk und Erscheinungen sowie die fortentwickelten Formen der »Transkommunikation« (Senkowski) sind im Vergleich zu dem, was uns beim eigenen Dahinscheiden, bei unserer persönlichen Körper-Geist-Trennung erwartet, nur bescheidene Voraberfahrungen, die jedoch durchaus als Indizienbeweise für ein Weiterleben in einer anderen Realität, im »Jenseits«, gewertet werden dürfen.

Jeder von uns wird beim Exitus, beim Ab-leben seine ganz persönlichen und ultimaten Austrittserfahrungen machen, jeder wird seinen privaten »Weltuntergang« erleben, ohne danach auf direktem Wege – mit eigenen Worten – seine Eindrücke vom Jenseits schildern zu können.

Todesnähe- oder Sterbebetterlebnisse von reanimierten Personen – Visionen von einer anderen, jenseitigen Welt – sind genaugenommen keine absolut echten Jenseitserfahrungen, allenfalls Vorstufen nachtodlicher Empfindungen und Wahrnehmungen. Essentielle Körperfunktionen müssen bei Reanimierten auch in extremer Todesnähe immer noch intakt gewesen sein, sonst wäre ihre Wiederbelebung unterblieben. Daß in dieser physischen Ausnahmesituation ihr Bewußtsein noch fest am biologischen Körper angekoppelt war, muß allerdings bezweifelt werden, denn gewisse, sich monoton wiederholende Todesnäheerlebnisse lassen den Schluß zu, daß Personen, die sich hart am Rande des biologischen Todes aufhielten, zumindest vorübergehend oder partiell den Realitätswechsel vollzogen hatten. Einfacher ausgedrückt: Die Betroffenen müssen mit ihrem Bewußtsein oder einem Teil desselben wenigstens zeitweise »drüben« gewesen sein. Wie anders will man die überwältigende Zahl der von Thanatologen in aller Welt statistisch erfaßten,

nahezu übereinstimmenden Jenseitserlebnisse Reanimierter erklären?
Die bekannte Thanatologin Elisabeth Küber-Ross resümiert nach Jahrzehnten intensiver Forschungstätigkeit, daß für sie das Leben nach dem Tod keine Sache des Glaubens, sondern des Wissens sei. Ihre Überzeugung leitet sie vor allem aus den äußerst realistischen Schilderungen von Kleinkindern mit Nahtoderlebnissen her: »Wenn man sie zu hören bekommt, versteht man, daß dies ganz einfach die Wahrheit sein muß, denn zwei- bis dreijährige Kinder haben noch keine Bücher (hierüber) gelesen und wollen auch keinen Eindruck machen; sie können derartiges nicht erfinden, und sie lügen in solchen Dingen auch nicht.«
Indem die offizielle Wissenschaft das Fortexistieren des Bewußtseins-/Geist-Komplexes nach dem Körpertod auch heute noch in Abrede zu stellen versucht, beraubt sie sich selbst eines ihrer wichtigsten und erregendsten Forschungsaufträge. Der Gedanke an ein Weiterbestehen dieser wichtigen Komponenten des Menschen in einer raumzeit-überschreitenden, höherdimensionalen Welt scheint orthodoxwissenschaftlich ohnehin nicht nachvollziehbar zu sein, obwohl berühmte Mathematiker wie Nikolai Iwanowitsch Lobatschewski, Carl Friedrich Gauß und János Bolyai schon vor etwa 170 Jahren die ersten Abhandlungen über eine nichteuklidische Geometrie – über eben jene höherdimensionalen, »jenseitigen« Gebilde – verfaßt haben und obwohl derartige Hyperwelten in Einsteins Relativitätstheorie sowie in den Submikroregionen der Quantenphysik etwas Selbstverständliches sind.
Die Frage nach Sinn und Zweck allen stofflichen Werdens und Vergehens, nach dem Überdauern des körperlichen Todes in einer immateriellen, geistigen Welt, ist gewiß nicht neu. Sie wurde im Laufe der Jahrtausende immer wieder gestellt und in zahllosen Abhandlungen entsprechend dem kulturellen und wissenschaftlichen Stand der jeweiligen

Epoche mehr oder weniger tiefschürfend diskutiert. Schon Platon (427–347 v. Chr.) legte in einigen seiner philosophischen Werke bildhaft dar, wie die Seele nach ihrer Trennung vom materiellen Körper mit den »Geistern« anderer Verstorbener Kontakt aufnimmt, wie sie beim Übergang vom Diesseits zum Jenseits von hilfreichen Wesen geleitet wird. In seinem Werk Phaidon *beschreibt er den Tod als eine Flucht oder Freilassung aus dem »Gefängnis«, mit dem er unseren materiellen Körper meint. Zeitgenössische Denker und Wissenschaftler wollen den Tod ähnlich verstanden wissen: als das Abheben unserer eigentlichen, unsterblichen Bewußtseinspersönlichkeit vom siechtumsanfälligen irdischen Leib, als eine Befreiung vom Joch der Stofflichkeit und als ein Hineingleiten in eine neue, erregende Lebensform. Wir dürfen hoffen...*

1 Der »Tod« des Dr. Wiltse

> »Es gibt keine ›andere Seite‹, sondern nur unterschiedliche Wahrnehmungsebenen eines einzigen unvorstellbar großen Universums.«
>
> Arthur Ford (1896–1971)

Kansas im Sommer 1889. Ein Mann stirbt. Nichts Ungewöhnliches, möchte man meinen. Und doch ist diesmal alles ganz anders...
Der in der kleinen Gemeinde allseits geschätzte alte Landarzt Dr. Wiltse liegt in seinem Bett und ringt mit dem Tode. Seine Typhuserkrankung hat jetzt das Endstadium erreicht. Angesichts seines unmittelbar bevorstehenden Ablebens hat er seine Familie und Freunde um sich versammelt, um ihnen Lebewohl zu sagen. Ängstlich darauf bedacht, dem Leichenbestatter beim Einsargen keine Mühe zu bereiten, streckt er seine Beine aus, faltet er seine sich versteifenden Finger über der Brust zusammen.
Seine Stimme versagt. Alles um ihn herum wird unscharf, er versinkt in tiefe Bewußtlosigkeit. Die Kirchenglocken beginnen zu läuten, verkünden seinen Heimgang.
Vier Stunden liegt er so da, ohne daß sein Puls zu fühlen, das Schlagen seines Herzens zu hören gewesen wäre. Jedesmal, wenn der anwesende Hausarzt glaubt, daß der Tod eingetreten ist, entweicht dem Mund seines Patienten ein kaum wahrnehmbarer Seufzer, ein schwaches Lebenszeichen, das hoffen läßt.

An dieser Stelle beginnt der wörtlich überlieferte Bericht des todkranken und in der Folge wieder genesenen Dr. Wiltse: »Ich verlor alle Kraft klaren Denkens, das Wissen um meiner selbst und versank in tiefe Bewußtlosigkeit... Als ich im Zustand bewußten Existierens wieder zu mir kam, stellte ich fest, daß ich mich immer noch in meinem Körper befand. Aber: Dieser Körper und ›ich‹ hatten nichts mehr miteinander gemein. Voller Erstaunen und Freude schaute ich hinab auf mich selbst, meinen eigentlichen materiellen Körper, während sich das andere Ich [gemeint ist sein losgelöster Bewußtseinskörper] diesem von allen Seiten her näherte.
Mit der Neugierde eines wißbegierigen Arztes betrachtete ich die Wunder meiner Anatomie. Mir wurde bewußt, daß die Epidermis, die Oberhaut, gewissermaßen die äußere Begrenzung des ultimaten ›Zellgewebes‹ – der Seele – war. Völlig sachlich zog ich daraus den Schluß, gestorben zu sein, so, wie Menschen das Totsein nun einmal zu nennen pflegen. Und dennoch fühlte ich mich nach wie vor ganz als [lebender] Mensch. Ich war dabei, meinen Körper zu verlassen...«
Dann, mit einem Mal, hat Dr. Wiltse den Eindruck, wie in einer Wiege seitwärts geschaukelt zu werden. Zahllose winzige »Schnüren« scheinen ihn zu fesseln, sein wahres »Ich« vom Körper zu trennen. Es ist, als würde sich ein gestrafftes Gummiband – die geistige Komponente – in Richtung seines Kopfes zusammenziehen. In diesem Zustand glaubt Wiltse, daß sich sein »Selbst« ausschließlich im Kopf konzentriert, daß er nun bald frei sein wird.
Wiltses »Ich« durchstreift sein Gehirn, um schließlich an den »Nahtstellen des Schädels« auszutreten. Von »außen« erscheint ihm sein eigener materieller Körper wie eine »Qualle«. Aufgeregt schwebt er umher, immer noch irgendwie mit seinem Körper verbunden. Dann gelingt ihm die Trennung. Er hat das Gefühl, halbtransparent, von einem bläulichen Lichthof umhüllt und völlig unbekleidet zu

sein, was ihn wegen der Anwesenheit von Damen peinlich berührt. Doch schon bald bemerkt er, daß diese ihn gar nicht wahrgenommen haben. Irgendwie scheint er für sie unsichtbar zu sein. Wiltse sieht seinen »alten« materiellen Körper leblos auf dem Bett liegen und fühlt sich erleichtert, daß er in Würde gestorben ist. Zwei Frauen – Gattin und Schwester – neigen sich über ihn, doch er erkennt sie nicht. Sie erscheinen ihm fremd. Indem er sich zu verbeugen und ihnen zuzuwinken versucht, möchte er deren Aufmerksamkeit auf sich lenken.
Vergebens. Seine Situation erscheint ihm äußerst komisch, geradezu lächerlich.
Neugierig »verläßt« Wiltse sein Haus. Als er die Straße erreicht, bemerkt er hinter sich eine kleine »Schnur«, ähnlich einer Spinnwebe, die ihn offenbar mit seinem toten Körper verbindet. Mit einem Mal überkommt ihn ein Gefühl unbändiger Freude: Er ist gestorben und hat dennoch überlebt. In seinem neuen Zustand fühlt er sich so lebendig wie nie zuvor, und er vermag völlig klar zu denken.
Wiltses Nahtoderlebnis nimmt einen traumartigen Verlauf und erinnert an die Abenteuer des »Er« in Platons *Phaidon*. »Stimmen« fordern den Arzt zur Umkehr auf, da er sonst nicht mehr zurückfinden würde. Er versteht diese Warnung nur zu gut. Als er dann, den Rat befolgend, umkehrt und in eine »schwarze Wolke« eintaucht, schwinden ihm die Sinne... Augenblicklich erwacht er in seinem gewohnten materiellen Körper und weiß nicht, wie ihm geschieht. Er glaubt, wieder sterben zu müssen, doch das Schicksal entscheidet anders.
Trotz seiner Schwäche berichtet Wiltse den Anwesenden sofort über seine unglaublichen Erlebnisse in der *»anderen Welt«*. Acht Wochen später hält er das unfaßbare Geschehen in einer ausführlichen Dokumentation fest, die dann in den *Proceedings* der englischen *Society for Psychical Research (S. P. R.)*, Band 8 (Seiten 180–194) veröffentlicht wird.

Sie enthält vier eidesstattliche Erklärungen der damals Anwesenden sowie einen Bericht von Wiltses Hausarzt, der anhand verschiedener untrüglicher Symptome festgestellt haben will, daß sein Patient zumindest vorübergehend tot war, wörtlich: »So tot, wie ein Mensch eben nur sein kann.«
Dr. Wiltses Schilderung weist zwei Merkmale auf, die für solche *Astralkörperaustritte* typisch sind: der bläuliche Farbton seines *feinstofflichen* oder *Psi-Körpers* und die hauchdünne »Schnur«, die diesen mit dem materiellen Leib, der Physis, verbindet. Beide werden in der umfangreichen Literatur über Astralkörperexkursionen immer wieder erwähnt und gelten als untrügliche Zeichen dafür, daß *Exteriorisationen* (Austritte) nichts mit Wachträumen oder gar Halluzinationen zu tun haben.

Diese *Austritte* ereignen sich nicht nur in morbiden oder, wie im Fall des Dr. Wiltse, gar in Nahtodphasen, sondern auch in absolut unkritischen Situationen, bei Personen, die geistig und körperlich völlig fit sind. Sie lassen erahnen, daß es neben unserem materiellen, biologischen Körper noch etwas physikalisch nicht Faßbares geben muß – etwas, das auf einer anderen Realitätsebene gehirnunabhängig, d. h. übergeordnet-autonom, zu operieren vermag. Es erscheint daher nur allzu berechtigt, nach Beschaffenheit und Aufgabe dieses *Etwas*, unseres »Ich«-Bewußtseins, zu forschen, um herauszufinden, was mit ihm beim Ableben geschieht, wenn Herz und Gehirn ihre biologisch-physikalischen Funktionen einstellen. Bedauerlicherweise steht die Medizin, trotz vieler, nicht zu leugnender Fortschritte, den recht realistisch und dennoch phantastisch anmutenden Schilderungen reanimierter Nahtodpatienten ziemlich hilflos gegenüber. Sie ist zutiefst in materiellen Denkschablonen verhaftet, in der irrigen Annahme, daß Bewußtsein im Gehirn »produziert« wird und sich daher zwangsläufig verflüchtigt, sobald dieser biologische Komplex beim Sterben ausfällt und verrottet. Dem abzuhelfen, wäre dringend geboten.

2 Das Tabu-Thema

Der Tod ist für rein materialistisch orientierte Zeitgenossen, die niemals einen Gedanken an das Danach verschwenden, der absolute Krisenhöhepunkt. »Exitus« bedeutet für sie das totale Ende all dessen, was ihr Leben erträglich und lebenswert macht. Er erscheint ihnen als ein jäher Sturz in unerforschte Abgründe, ins völlig Ungewisse.
Egal, wieviel echter Glaube an geistige Werte, an ein körperungebundenes Überleben in einer für uns dreidimensionale Wesen immateriell erscheinenden »Überwelt« vorhanden sein mag, wie schlüssig die Indizienbeweise für die Fortexistenz einer solchen geistigen Persönlichkeitsstruktur auch immer sein sollten: Letzte Zweifel an der Überwindung des körperlichen Todes durch Freigabe der Bewußtseinspersönlichkeit beim Ableben werden sich wohl kaum völlig ausräumen lassen.
Skeptiker mögen einwenden, daß sämtliche Überlebenstheorien ausschließlich auf Annahmen, nur auf irgendwelchen Indizienbeweisen beruhen, unter anderem auch auf den Aussagen sogenannter Reanimierter, die eigentlich zu keiner Zeit »drüben« fest »angedockt« und demzufolge auch nicht den Status des definitiven Exitus erfüllt hätten. Erfreulicherweise mehren sich in jüngster Zeit die Stimmen derer, die diese unselige Ex-und-hopp-Philosophie materialistisch indoktrinierter Menschen mit tiefgründigen, erweitert-naturwissenschaftlichen Theorien zu widerlegen und unser aller »Über-leben« in einem transdimensionalen »holografischen« Universum (David Bohm) zu beweisen versuchen. Und diese Aktivitäten gründen nicht zuletzt auf dem unerschütterlichen Glauben vieler Menschen, daß der Tod nur ein Übergang, keinesfalls etwa das ewige »Aus« ist. Man begegnet ihm in den Heilserwartungen der Naturvölker und Hochkulturen – im Schamanismus, Taoismus, Hinduismus und Buddhismus ebenso wie im Shintoismus, im

Islam wie in der israelitisch-jüdischen Glaubenswelt –, in den Jenseitsvorstellungen der christlichen Religionen, aber auch in so manchen Totenkulten und -gebräuchen, die selbst in Europa zum Teil bis in unsere Tage erhalten geblieben sind.
Waren es nur die Angst, das Grauen vor dem unwiderruflichen Losreißen beim Todesakt, das Entsetzen vor dem Unerklärlichen, Zweifel an der Unsterblichkeit oder die Sorge der Sterbenden angesichts des ungewissen Schicksals ihrer nächsten Angehörigen – die Todesfurcht schlechthin –, die den Menschen zu allen Zeiten bedrängten, die Realität eines *absoluten* Todes in Abrede zu stellen, diese auf irgendeine Weise zu »überspielen«? Oder erblickte man im Tod nur eine Analogie zum Schlaf, der stets im Erwachen zu immer neuen Aktivitäten mündet? Ist es nicht so, daß wir jede Nacht während der Stunden wohltuenden Schlafes für die »reale« Welt so gut wie tot sind, daß wir uns dann mit unserem autonomen Bewußtsein auf eine andere Realitätsebene, in eine für uns oft völlig fremde Welt begeben?
Das Verlassen unseres Körpers bereitet uns im hypnagogen und Traumzustand offenbar keinerlei Schwierigkeiten. All dies geschieht unbewußt, d. h. ohne unser Zutun. Es widerspräche den Tatsachen, wollte man behaupten, daß der für den gesunden Schlaf typische Zustand der »Bewußtlosigkeit«, das vorübergehende Abkoppeln unseres Bewußtseins vom materiellen Körper, das Hineintauchen in eine Traumwelt voller Ungewißheiten und seltsamer Abenteuer, sonderliche Ängste in uns hervorrufen würde. Da wir meist keine echten Rückerinnerungen an das Austreten unseres Bewußtseins aus unserem materiellen Körper und an die auf einer anderen Bewußtseinsebene verbrachte Zeit ins Wachbewußtsein mit hinüberzunehmen vermögen, ist es uns kaum möglich, Tod und Schlaf miteinander in Beziehung zu bringen. Letzten Endes bedeutet der Tod »lediglich« eine Unterbrechung unserer biologischen Lebensaktivitäten auf

der physischen Seinsebene, nicht das *totale* Ende. Tod und Schlaf, so identisch sie uns auch immer erscheinen mögen, unterscheiden sich in einem Merkmal ganz wesentlich voneinander: Im Zustand des Schlafes bleibt nämlich der Energiestrom, entlang dem sich unsere Lebenskräfte bewegen und der die jederzeitige Rückkehr des Bewußtseins in den Körper erlaubt, unversehrt. Beim Sterben reißt dieser hypothetische »Lebensfaden« (Esoteriker nennen ihn häufig »Silberschnur«), und das Bewußtsein – unser Persönlichkeitskern – koppelt sich endgültig von unserer biologisch/sterblichen Hülle ab. Ist das geschehen, kann das bewußte »Ich« nicht mehr in den materiellen Körper zurück, und dieser – seiner Bindeenergien und Funktionsfelder beraubt – beginnt allmählich zu zerfallen, sich aufzulösen.
»Totsein« bedeutet heute nach Ansicht namhafter Wissenschaftler in letzter Konsequenz mehr als das bloße Nichtmehr-Vorhandensein klinisch eruierbarer Lebenszeichen, das Fehlen jeglicher Gehirnwellenmuster, den irreversiblen Verlust vitaler Funktionen, sondern einzig und allein die endgültige Trennung der Geistkomponenten (des Bewußtseins) vom biologischen Körper und deren Verbleib in einer höherdimensionalen Realität – der *Hyperwelt* –, der sie schon seit Lebensbeginn angehört.
Der genaue Zeitpunkt, von dem an keine Rückkehr ins materielle Leben mehr möglich ist – der »Point-of-no-return« – läßt sich mangels physikalischer Meßmöglichkeiten nicht bestimmen. Mit konventionellen Registriermethoden scheint sich der eigentliche spirituelle »Ablösemoment«, der sogenannte Tod, und der anschließende Verbleib in der Hyperwelt nicht feststellen zu lassen.
Personen, die von »drüben« wieder ins Leben zurückgeholt werden konnten, waren folglich zu keiner Zeit im Sinne der endgültigen Aufnahme ihres Bewußtseins in jener Hyperwelt »tot«. Flache EEG-Kurven, die im Prinzip den Exitus anzeigen sollen, sind auch schon bei Personen registriert

worden, die dann doch noch reanimiert wurden. Somit haben wir es bei den hier erörterten Phänomenen ausnahmslos mit sogenannten *Nahtoderlebnissen* zu tun, mit Erfahrungsberichten von Menschen, die im Zustand der Agonie in jene geheimnisvolle »andere« oder »jenseitige« Welt Einblick nehmen oder diese sogar kurzzeitig betreten durften. Die Thanatologie – sie beschäftigt sich wissenschaftlich mit den Vorgängen beim Sterben, der Auswertung und Beurteilung von Nahtoderlebnissen (NTEs) und mit sogenannten »nachtodlichen Zuständen« – scheint derzeit Hochkonjunktur zu haben, nachdem man den Tod als ausgesprochen lästiges Thema über Jahrhunderte immer wieder schamhaft ins gesellschaftliche Abseits gedrängt hatte. Über den Tod zu sprechen galt, läßt man die zahlreichen, sattsam bekannten theologischen und philosophischen Erörterungen dieses unangenehmen Phänomens außer acht, bislang als geradezu unschicklich. Auf Fragen zu dem uns alle betreffenden definitiven Ereignis schien es bislang keine wissenschaftlich fundierten Antworten zu geben. Über das Dahinscheiden und alles, was damit zusammenhängt, ging man – geht auch heute noch die Mehrzahl unserer Zeitgenossen – mit einem Achselzucken hinweg. Gestorben – vergessen! Angesichts der nur kurze Zeit währenden Erinnerungen an das äußere Erscheinungsbild eines Menschen muß man sich allerdings fragen, ob die Überbewertung unseres biologischen Körpers berechtigt ist.

Die indifferente Haltung der Menschen gegenüber der Todesproblematik ist um so bedauerlicher, als daß uns die intensive Beschäftigung mit thanatologischen Fragen auch die Entstehung und Bedeutung des Lebens verständlich machen dürfte. Schließlich bilden Leben und Tod eine Kausalkette, wäre das eine ohne das andere undenkbar. Nur aus dem Tod, dem Niedergang unserer grobstofflichen Existenz, erwächst neues Leben in einer anderen Realität.

Dem irdischen, krankheits- und unfallabhängigen »Provisorium« folgt unmittelbar nach dem Ab-leben die immaterielle und dennoch ganz reale, ungebundene Existenz in der *Hyperwelt* eines Stephen Hawking und Burkhard Heim, die eigentlich keiner philosophischen Exegese, keiner mehrdeutigen, für den einfachen Menschen unverständlichen und daher wenig glaubhaften Auslegung, bedarf. Unser aller »Nachleben« kann und darf nicht nur eine Sache des Hoffens, Glaubens und Wartens bleiben. Denn: Gewaltige Fortschritte in allen Bereichen der modernen, bewußtseinsintegrierenden Quantenphysik und die erfolgreiche experimentelle Erforschung transzendenter Phänomene während der letzten Jahre zeigen immer deutlicher, daß unser irdischbiologisches Leben nur eine winzige Facette einer unvorstellbar großen, zeitlosen Bewußtseinsrealität ist, in deren Unendlichkeit sich Fragen nach einem Vor- oder Nachher gar nicht erst stellen. So gesehen braucht uns vor dem, was uns in einem real existierenden Jenseits erwartet, nicht bange zu sein.

II

Am Anfang steht das Ende

> »Was sichtbar ist, das nimmt die Zeit,
> was unsichtbar, die Ewigkeit.
> Da sagen wir trotz Zweifler Spott:
> Den Staub zu Staub,
> den Geist zu Gott.«
>
> Grabsteinspruch aus dem Jahre 1865
> neben der alten evangelischen
> Kirche St. Niels, Westerland/Sylt

Etwa 50 Kilometer nördlich von Dublin, an den Ufern des Flusses Boyne, gibt es eine ungewöhnliche Grabstätte, eine »Totengruft«, die unsere Auffassung von dem, was Menschen schon in grauer Vorzeit zu leisten vermochten – was sie bewegte –, radikal ändern könnte.

Newgrange erreicht weder die Größe der Pyramiden, noch den Bekanntheitsgrad von Stonehenge, ist jedoch mindestens tausend Jahre älter als beide Bauwerke. Die Anlage zeugt vom hohen Wissensstand der »Alten« im Errichten komplizierter Kultstätten, im Bearbeiten von Steinen, aber auch in der Astronomie – Fähigkeiten, die allen nachfolgenden Zivilisationen offenbar abhanden gekommen waren.

Aus der Ferne erscheint die Anlage von Newgrange dem Betrachter mehr wie ein simpler Erdhügel, umsäumt von einem Wall aus funkelndem Quarzgestein, in dessen Zentrum zwei in Stein gehauene Wächter den Eingang bewachen. Der Erdhügel von Newgrange besitzt einen Durchmesser von 77 Metern und weist an seinem Scheitelpunkt eine Höhe von nur etwa 10 Meter auf.

Beim Betreten des unterirdischen Bereichs der Anlage stößt man unvermittelt auf einen etwa 31 Meter langen Korridor, der beidseitig von großen Steinen flankiert wird. Diese sind im Durchschnitt größer als ein Mensch, besitzen Dachsteine und wiegen schätzungsweise zwischen zehn und zwölf Tonnen. Am Ende des Korridors umsäumen weitere, noch größere Steine einen kreuzförmigen Raum. Und jeder Arm dieses »Kreuzes« mündet in dort aufgestellten kleineren Steinbrocken, in deren Mitte ein etwas größerer abgeflachter Stein plaziert ist. Hier sollen nach Meinung einheimischer Archäologen die Toten von Newgrange aufgebahrt worden sein, um deren Übergang in die »nächste Welt« vorzubereiten.

Newgrange ist die größte und kunstvollste der drei in unmittelbarer Nähe des Flusses Boyne gelegenen neolithischen Begräbnisstätten Irlands. Archäologen vermuten hinter diesem Bauwerk sogar einen Tempel, in dem die lebensspendenden Kräfte der Sonne genutzt wurden.

Im Jahre 1960 entdeckte ein irisches Archäologenehepaar, Michael und Claire O'Kelly, auf einer der Deckenplatten eine nach unten führende Öffnung. In dem durch diese Öffnung entstandenen Spalt fanden die O'Kellys eine verzierte Steinstruktur mit offenem Ende, die sie »Dachbox« nannten. Lange Zeit glaubte man, es handele sich hierbei um eine geheime Öffnung für Priester und Eingeweihte, die an dieser Stelle die Grabkammer betreten konnten, um den versiegelten, als heilig geltenden Eingang nicht öffnen zu müssen. Diese Theorie schien die O'Kellys nicht zu befriedigen. Sie vermuteten hinter ihrer Entdeckung mehr als einen geheimen Einstieg. Einer spontanen Eingebung folgend, betraten sie zur Zeit der Wintersonnenwende die Grabkammer schon bei Morgengrauen, um zu sehen, ob sich dort irgend etwas Ungewöhnliches ereignen würde. Die beiden brauchten nicht lange zu warten. Genau vier Minuten nach Sonnenaufgang durchdrang ein bleistiftdünner Sonnenstrahl die

Dachbox, um sich langsam auszubreiten, bis die gesamte Grabkammer vom Licht der aufgehenden Sonne erfüllt war. Die Dauer der Einstrahlung währte genau 17 Minuten. Weitere Untersuchungen ergaben, daß sich dieser Vorgang pünktlich eine Woche vor und eine nach dem Tag der Wintersonnenwende ereignete. Die Entdeckung der O'Kellys ließ den Zweck der Anlage noch rätselhafter erscheinen.
Niemals wäre es einem Mitglied der damaligen Gesellschaft erlaubt worden, die Grabstätte zu betreten, nachdem man die Verstorbenen dort zur Ruhe gebettet und die Kammer versiegelt hatte. Da sich jedoch die Dachbox von außen öffnen ließ, mußte die Sonnenlichteinstrahlung ausschließlich für die Toten bestimmt gewesen sein. War dies nur eine Form der Verehrung oder glaubten die Menschen damals, daß die energiespendenden Strahlen der Sonne die Dahingeschiedenen zu neuem Leben erwecken würden?
Archäologen und andere Wissenschaftler waren hinsichtlich der solaren Ausrichtung der Grabstätte geteilter Meinung. Skeptiker meinten, daß dieses Phänomen auf Zufall beruhen müsse, da die Sonnenstrahlen den Korridor erst vier Minuten nach Sonnenaufgang erreichen würden. Ihre Theorie sollte erst in neuerer Zeit widerlegt werden.
Im Jahre 1988 besuchte ein Astrophysiker der Universität Dublin Newgrange und führte dort erstmals exakte Messungen durch. Seine Berechnungen ergaben, daß die Sonne damals am Tage der Wintersonnenwende tatsächlich eine andere Position als heute innehatte. Vor Tausenden von Jahren war ihr Licht genau zum Zeitpunkt des Sonnenaufgangs in den Steinkorridor eingedrungen und nicht, wie ursprünglich angenommen, erst vier Minuten später. Die »Zufalls«-Theorie mußte aufgegeben werden.
Die Anlage von Newgrange ist eine der wichtigsten Entdeckungen in neuerer Zeit, denn über die Menschen des Neolithikums im heutigen Irland ist nur wenig bekannt. Sie traten dort vor mehr als zehntausend Jahren erstmals in Er-

*scheinung, um sich etwa fünftausend Jahre später im Dunkel der Frühgeschichte zu verlieren, lange bevor irgendeine andere Zivilisation auch nur das Schreiben entwickelt hatte. Die Grabanlagen, die diese Menschen hinterließen, sind so ziemlich das einzige, was heute von deren Leben, Glauben und Wissen zeugt. Newgrange gibt Kunde von ihren erstaunlichen Kenntnissen und ihrem handwerklichen Können – Fähigkeiten, von denen man bislang angenommen hatte, daß diese erstmals im alten Ägypten und antiken Griechenland praktiziert wurden.
Zurück blieb von all dem nichts weiter als ein unbedeutender, grasbestandener Hügel, auf dem dort ansässige Farmer ihre Tiere weiden lassen und Zigeuner zur mitternächtlichen Stunde im Schein der Lagerfeuer sich Geschichten erzählen.
Jahrtausende sind vergangen, und immer noch weisen die Sonnenstrahlen den dort Ruhenden den Weg zur Ewigkeit. Zwei volle Wochen durchflutet ihr gleißendes Licht die Grabkammer der Toten von Newgrange, unbeeinflußt vom Werden und Vergehen der Zivilisation. Unerschütterlich muß ihr Glaube an ein ewiges Leben, an die Auferstehung im Licht gewesen sein.*

1 Biocomputer »Mensch« – Programmiert für die Ewigkeit

> »Wer beides, Werden und Vergehen,
> zugleich erkennt,
> überwindet durch Vergehen den Tod
> und gelangt durch Werden
> zur Unsterblichkeit.«
>
> Îsha-Upanishad

Wer sich mit dem Prozeß des Ab-lebens – den Vorgängen beim Sterben –, mit Nahtoderlebnissen und eventuellen nachtodlichen Zuständen befassen will, muß zunächst einmal den Begriff »Leben« näher definieren. Oberflächlich gesehen, glauben wir alle zu wissen, was »Leben« ist, da wir während unseres irdischen Daseins ständig mit dem Lebendigen – anderen Menschen, Tieren und Pflanzen –, Dingen, die irgendwie autonom reagieren – konfrontiert werden.
Versucht man jedoch, das Lebensprinzip wissenschaftlich zu ergründen, geht man der Frage nach, wie, wo, wann und warum Leben entstanden sein mag, welchem Umstand das exakte Zusammenspiel der an Lebensprozessen beteiligten Energien zu verdanken ist, wird man schon bald die Grenzen orthodox-naturwissenschaftlicher Erkenntnisse erreichen.
Dr. Max Thürkauf, Professor für physikalische Chemie an der Universität Basel, wies schon vor Jahren darauf hin, daß

es ganz unmöglich sei, Lebensprozesse auf physikalisch-chemische Abläufe zurückführen zu wollen. Er konstatierte mit geradezu erfrischender Offenheit: »Wir können alle Erkenntnisse in den Bereichen Physik und Chemie summieren, nie wird daraus ein Lebewesen entstehen. Es gibt kein Differential des Lebens, das sich zur Ausdehnung einer Lebensform integrieren ließe. Das systematisch-reproduzierbare Experiment als Erkenntnismittel der modernen Naturwissenschaft zeigt also, daß die Grenze seines Erkenntnisbereiches dort liegt, wo das Leben beginnt. Natürlich gibt es sehr viele Hypothesen, die eine ausschließlich physikalisch-chemische Erklärung des Lebens anstreben. Aber wohlgemerkt, es handelt sich dabei nur um Hypothesen und nicht um experimentell erwiesene Tatsachen. Ein Wissenschaftler, der die Erkenntnistheorie ernst nimmt, kann auf die Frage ›was ist Leben?‹ nur *eine* wissenschaftliche Antwort geben: ›Die Wissenschaft weiß nicht, was Leben ist‹.«
Professor Thürkauf meint, daß orthodox argumentierende, rein materialistisch eingestellte Naturwissenschaftler, die an die Gleichung »Leben = Chemie + Physik« glauben, »Opfer eines erkenntnistheoretischen Trugschlusses« seien. Man könne zwar an Lebewesen die unterschiedlichsten Meßinstrumente anlegen und instrumentbezogene Meßwerte erhalten, dürfe aber aus den erzielten Resultaten nicht ableiten, daß »Leben« ausschließlich auf physikalisch-chemische Vorgänge zurückzuführen sei. Diese Messungen und das Unvermögen, Leben im Labor hervorzubringen, beweisen nach Thürkauf hingegen etwas ganz anderes: daß nämlich physikalisch-chemische Prozesse notwendig, für die Existenz von Lebewesen aber nicht ausreichend seien.
Schon zu Beginn des 20. Jahrhunderts äußerte sich der deutsche Biologe und Philosoph Hans Driesch (1876–1914) dahingehend, daß sich Leben unmöglich in physikalischen und chemischen Begriffen allein ausdrücken ließe. Er war fest davon überzeugt, daß rein materialistische Erklärungen

für biologische Phänomene nicht ausreichten. Die mechanistische oder mehr summative Lebenstheorie hielt er nach etwa zwanzig Jahren unermüdlichen Forschens für unzureichend, um z. B. embryonale Vorgänge, die Vererbung und organische Prozesse befriedigend zu erklären. Zwar bestünde über das Wirken materieller Kräfte im Organismus kein Zweifel, darüber hinaus müßte es aber »noch etwas geben, das in ihm aktiv sei, indem es diese Kräfte, ohne das energetische Gleichgewicht zu verändern, dirigiere.«
Für dieses »Etwas« – heute würde man es als morphogenetisches oder Informationsfeld bezeichnen – benutzte Driesch den Terminus »Entelechie«, hergeleitet aus dem Griechischen »entelekhia«, d. h., »etwas, das sein Ziel in sich hat«. Driesch, der sich auf den Aristotelischen Entelechie-Begriff stützte und der in der Parapsychologie die Bestätigung seiner philosophischen Lehre sah, verstand hierunter etwas Vereinheitlichendes, eine vitale Kraft, die einen Organismus zur Selbsterfüllung drängt. Er wollte ihr mehr ordnende als kreative Funktionen zubilligen.
In neuerer Zeit befaßt sich Walter Heitler, Professor für theoretische Physik und Naturphilosophie, ausführlich mit der Eigenständigkeit biologischer Gesetzmäßigkeiten. Er ist der Auffassung, daß die Biologie eine Verallgemeinerung der bisherigen Physik, ja sogar teilweise eine Außerkraftsetzung der Quantenmechanik verlange. Heitler hängt ähnlichen Überlegungen nach wie Driesch und konstatiert: »Man hat in der Tat oft den Eindruck, daß biochemische Umsetzungen gezielt gelenkt sind. Wie anders sollte man das raffinierte, sinnvolle Spiel der Informationsübertragung von Desoxyribonukleinsäure (DNS; wichtigster Bestandteil der Zellkerne) an die Proteine oder deren Verdoppelung bei der Zellteilung verstehen? Bei rein physikalischer Wirksamkeit würde bei derart komplizierten Vorgängen viel zuviel Zufall mitspielen. ›Raffiniert‹ muß das Spiel dennoch sein, weil die Physik natürlich nicht ganz außer Kraft gesetzt

ist, d. h., weil von ihr aus für die biologische Lenkung Grenzen gesetzt sind.«
Heitler weiter: »In analoger Weise dürfte jetzt die biologische ›Zentralinstanz‹ mit ihren innewohnenden Gesetzen der physikalischen Materie übergeordnet sein. Die lebende Materie befindet sich in einem anderen Zustand als die physikalisch bestimmte tote Materie. Sie ist physikalisch bis zu einem gewissen Grad unbestimmt, und deshalb können biologische Gesetze auf sie wirken.« Einfacher ausgedrückt: Die molekulare Unbestimmtheit ist beim Lebendigen größer als bei »toter Materie«; sie bestimmt das Lebendigsein. Je tiefer wir in die Feinstruktur der Materie eindringen – in die Welt der Atome, Kernteilchen und Subquanten-»Objekte« –, um so mehr bestimmen diese das »Leben« in seiner Gesamtheit. Die vollendetste Form des Lebendigseins dürfte, setzt man Heitlers Gedankengänge fort, dort anzutreffen sein, wo, jenseits des Subquantenbereichs, Materie (so wie wir sie kennen) ins scheinbar Immaterielle, Feinstoffliche – in Bewußtseinsstrukturen – einmündet. Hier, in einer höheren Dimensionalität, dürften auch die Ursprünge allen Lebens, die Organisationsfelder der Grobmaterie zu suchen sein. Nach dort müßten aller Wahrscheinlichkeit nach auch die Bewußtseinsengramme von Lebewesen, die Persönlichkeitskerne Dahinscheidender, beim Ab-leben übermittelt werden, um einen neuen »Lebenszyklus« einzuleiten.
Neurophysiologische Untersuchungen und wichtige Entdeckungen auf dem Gebiet der Hirnforschung führen allmählich zu völlig neuen Erkenntnissen über die subtileren Zusammenhänge zwischen Bewußtsein und Körper, scheinen die Theorie vom Primat und der Unzerstörbarkeit unserer geistigen Komponente zu bestätigen.
Der »Bilderstürmer« Sir John Carew Eccles, Nobelpreisträger für Medizin im Jahre 1963, versetzte auf dem Düsseldorfer Weltkongreß für Philosophie 1978 dem wis-

senschaftlichen Materialismus einen schweren Schlag, indem er das erstaunte Auditorium wissen ließ, daß das Bewußtsein grundsätzlich als etwas Körperunabhängiges, außerhalb des zentralen Nervensystems Existierendes betrachtet werden müsse.

Eccles, der seine Beweisführung experimentell abstützen konnte, behauptete nicht mehr und nicht weniger, als daß die geistige Leistung des Gehirns dessen biologische Entwicklung beeinflusse. Das Bewußtsein sei letztlich auf keinerlei organische Substanzen oder Funktionen in irgendeiner Form zurückzuführen, und der Geist stehe dem Gehirn sowie seinen neuronalen Mechanismen – Abläufe in den und über die Nervenzellen – als etwas völlig Autonomes gegenüber.

Die Quintessenz von Eccles' Hypothese ist in seinem Postulat zu suchen, daß die Einheit der bewußten Erfahrung durch das Bewußtsein selbst und nicht etwa durch neuronale Mechanismen der Verbindungsfelder einer Gehirnhälfte bewirkt wird. Nach Eccles ist das Bewußtsein vom materiellen Körper unabhängig, steht aber in einem wechselseitigen, d. h. gebenden und nehmenden Verhältnis zum Gehirn. Eccles wörtlich: »Das Bewußtsein übt also eine übergeordnete, integrierende und kontrollierende Funktion auf die neuronalen Vorgänge aus.«

Daß sich unser biologischer Körper nicht oder zumindest nicht ausschließlich selbst zu steuern bzw. zu organisieren vermag, soll anhand eines einfachen Beispiels dargelegt werden. Angenommen, man analysiert die biologische Materie des Körpers eines Menschen unmittelbar vor und nach dessen Tode, so wird sich in deren chemischen Zusammensetzung kein substantieller Unterschied zeigen. Und dennoch muß es einen gravierenden Unterschied zwischen beiden Zuständen geben, sonst würde man die aller Lebensfunktionen beraubte Person nicht als »tot« bezeichnen. Das, was belebte Wesen von unbelebten unterscheidet, muß demnach immaterieller Natur sein, etwas, das die Fähigkeit besitzt, sich mit Materie innig zu verbinden und diese zu organisieren.

Das zu untersuchende Wesen bestand zu Lebzeiten aus zahllosen unterschiedlichen chemischen Elementen und Verbindungen, die nach seinem Tod unkontrolliert, d. h. chaotisch reagieren und dadurch den biologisch aufgebauten Körper verwesen lassen. Im lebenden Menschen waren dessen biochemische Grundbausteine – bewußt oder unbewußt – einer ordnenden Idee unterworfen, und dieses organisierende Prinzip sorgte dafür, daß sie im wesentlichen all die Aufgaben erfüllten, die ihre Durchsetzung förderte. Somit wäre das »organisierende Prinzip« die Grundlage einer jeden belebten Existenzform – das Leben schlechthin, ganz gleich, ob wir es (mehr theologisch) als Seele, (philosophisch) als Geist, (medizinisch) als Psyche oder (neutral) als Bewußtsein bezeichnen.

Der Psychotherapeut Thorwald Dethlefsen umriß einmal unsere Zwitterposition zwischen materieller und immaterieller Realität mit den Worten: »Die Beschaffenheit des Diesseits erfordert einen materiellen, die Struktur des Jenseits einen immateriellen Körper. Wir wechseln also beim Sterben lediglich die Ebene unseres Aufenthalts, wobei wir uns gleichzeitig der neuen Situation durch Ablegen der dort störenden Materie anpassen. Da unser Ichgefühl jedoch in der Seele und nicht im Körper beheimatet ist, bleibt die Individualität der Person über den Tod hinaus erhalten.«

2 Transit ins Jenseits

Kontroverse Auseinandersetzungen im Zusammenhang mit der Organtransplantation haben gerade in jüngster Zeit wieder einmal gezeigt, daß die Definition des »Totseins« nicht eindeutig festliegt. Wen man unter »tot« den völligen Stillstand aller biologischen Abläufe im Gesamtorganismus versteht, ist es unmöglich, den genauen Zeitpunkt seines Eintritts zu bestimmen, denn zahlreiche biologische Prozesse gehen nach dem Stillstand des Herzens unentwegt weiter. Die Bestimmungsmerkmale für das, was als »tot« zu gelten hat, werden selbst von Medizinern unterschiedlich interpretiert, was darauf hindeutet, daß die Beurteilung des finalen Zustandes »Tod« mehr semantischer Natur ist. Daher sollen hier zunächst die drei wichtigsten Definitionen des *Exitus* ausführlich erörtert werden.

1. Die Abwesenheit klinisch feststellbarer Lebenszeichen: Nach klinischen Kriterien ist ein Mensch tot, wenn sein Herz zu schlagen aufgehört und die Atemtätigkeit längere Zeit ausgesetzt hat, wenn sich die Pupillen weiten, kein Blutdruck mehr abgelesen werden kann, wenn die Körpertemperatur rapide absinkt usw. Entsprechend dieser Definition wurden und werden auch heute noch die meisten Sterbenden für tot erklärt.

Um den »klinischen Tod« eindeutig zu definieren, wurden vor einigen Jahren an der Akademie der medizinischen Wissenschaften in Moskau von Professor Negowskii physiologische Experimente durchgeführt, die ihn zu folgender Aussage veranlaßten: »Der klinische Tod ist ein Zustand, bei dem es keine äußeren Lebenszeichen (Bewußtsein, Reflexe, Atmung und Herztätigkeit) mehr gibt, bei dem jedoch der Organismus als ganzer noch nicht tot ist. Es kommt auch weiterhin zu Stoffwechselprozessen im Gewebe, und es ist unter bestimmten Gegebenheiten möglich, alle Funktionen des Organismus zu reaktivieren. Mit anderen Worten: Dieser Zustand ist bei entsprechenden therapeutischen Maßnahmen reversibel. Kommt es beim klinischen Tod zu keinem Eingriff in den natürlichen Ablauf, so folgt ein irreversibler Zustand – der biologische Tod. Der Übergang vom klinischen zum biologischen Tod ist gleichzeitig ein Ende und ein kontinuierlicher Prozeß, denn es ist bereits in seiner Anfangsphase unmöglich, alle Funktionen des Organismus, einschließlich der des zentralen Nervensystems, vollständig zu reaktivieren. Es ist jedoch möglich, den Organismus teilweise, bei veränderter Funktion der Hirnrinde, zu aktivieren, d. h. unter Bedingungen, die keine natürlichen Existenzbedingungen sind. Man kann also noch ganz bestimmte Organe reaktivieren, wozu man später keine Möglichkeit mehr hat. Während des biologischen Todes setzt der für einen toten Organismus typische Abbau des Stoffwechselprozesses ein... Aus dem reichlichen, von verschiedenen Autoren zusammengetragenen experimentellen Material geht hervor, daß beim klinischen Tod die Hirnrinde eines Erwachsenen nur dann wieder voll funktionsfähig gemacht werden kann, wenn der Zustand nicht länger als fünf bis sechs Minuten gedauert hat.«

2. *Das Nichtvorhandensein von Hirnstromwellen:* Mit verfeinerten technischen Mitteln lassen sich selbst solche biologischen Prozesse eruieren, die ohne Zuhilfenahme elektronischer Geräte gar nicht wahrnehmbar wären. So kann man mit Hilfe eines Elektroenzephalographen (EEG) auch schwache elektrische Gehirnströme verstärken und nachweisen. Fehlen diese – zeigt die EEG-Kurve einen völlig flachen Verlauf –, signalisiert dies, soweit kein Versagen der Apparatur und kein Ablesefehler vorliegt, den Eintritt des *Gehirntodes*, d. h., den finalen Zustand.

Kritiker sogenannter Nahtoderlebnisse (NTEs) – Berichte aus einer »jenseitigen Welt« – könnten trotz flacher EEG-Kurven einwenden, daß auf diese dennoch kein Verlaß und der Sterbende immer noch nicht absolut tot gewesen sei. Denn: Flache EEG-Kurven sind in einigen Fällen auch schon bei solchen Personen registriert worden, die dann gleichwohl reanimiert werden konnten. Und für dieses ungewöhnliche Phänomen hat die Medizin sogar wissenschaftliche Erklärungen parat.

3. *Verlust vitaler biologischer Funktionen:* Die engste Fas-

sung der Definition »tot« beschreibt den Zustand eines Körpers, in dem dessen Wiederbelebung völlig unmöglich ist.
Fassen wir noch einmal kurz zusammen: Damit eine Reanimation überhaupt stattfinden kann, müssen die Komponenten der sterbenden Person wenigstens minimal biologisch aktiv geblieben sein, auch dann, wenn klinisch keine Anzeichen für solche Prozesse »auf Sparflamme« mehr feststellbar waren. Diese Unwägbarkeiten lassen erkennen, warum der Augenblick des Todes nicht exakt bestimmt werden kann. Er dürfte, wegen unterschiedlicher physiologischer Konstitution, nicht nur von Mensch zu Mensch verschieden, sondern überhaupt ein »gleitender Übergang« sein.
Den drei hier aufgeführten wissenschaftlich nachvollziehbaren Definitionen wäre eine weitere, orthodox-klinisch nicht akzeptable, mehr paramedizinische Charakterisierung des finalen Zustandes hinzuzufügen: Tod bedeutet die Trennung des Geist/Bewußtsein-Komplexes vom materiellen Körper und das Hinüberwechseln in eine andere (höherdimensionale) Realität, die vom Autor als *Hyperwelt* bezeichnet wird.
Die klinische Psychologin Dr. Edith Fiore, Saratoga (Kalifornien), die in ihrer Praxis Tausende hypnotisierter Patienten in frühere Existenzen zurückführen konnte, will festgestellt haben, daß sich diese unmittelbar nach ihrem körperlichen Tod genauso »lebendig« wähnten wie *vor* ihrem Ableben.
Erinnerungen, Persönlichkeit, Wahrnehmungsvermögen, Emotionen und Denken dauern beim Übertritt in die jeweilige neue Realität ohne Unterbrechung fort. Die Unsterblichkeit der »Seele« [des Bewußtseins] scheint allein schon durch Hypno-Regressionen in frühere irdische Existenzen ihre Bestätigung zu erfahren.
Ärzte mit klinischen (kontrollierten) Nahtoderfahrungen berichten in den meisten NTE-Fällen über nahezu identische Erlebnismuster, wie sie auch von hypnotischen Rück-

führungsberichten her bekannt sind. Wer Nahtoderlebnisse als Beweis für das Überleben des Bewußtseins in einer anderen Realität nicht gelten lassen will, da diese angeblich nicht die Kriterien des absoluten »Totseins« erfüllen, muß spätestens bei beglaubigten Berichten hypnotisch zurückgeführter Personen über deren »Transit« von einem in ein anderes Leben stutzig werden. Beider Aussagen lassen auf einen sanften, natürlichen Übergang in spirituelle Welten schließen, bei dem das Bewußtsein zu keiner Zeit verlischt, wie uns auch heute noch die Medizin glauben machen will. Dr. Fiore: »Meine [in Hypnose zurückgeführten] Patienten spüren [im Augenblick des erneut erlebten Todes] die Befreiung von Schmerzen, Beschwerden und Ängsten, denen sie vor dem »Verlassen« ihres Körpers [beim Ab-leben] ausgesetzt waren. Fast alle hatten sofort das Gefühl emporgetragen zu werden, zu schweben. Deutlich konnten sie ihren materiellen Körper unter sich erkennen und alles, was um sie herum geschah. In vielen Fällen versuchten die Zurückgeführten ihre Familienangehörigen davon zu überzeugen, daß sie noch »lebten« und es ihnen noch gut ginge. Mit einem wunderbaren Gefühl grenzenloser Freiheit schwebten sie weiter empor, hin zu einer strahlend weißen Lichtquelle. Sie fanden sich in vollkommen gesunder Verfassung wieder, ohne irgendein Gebrechen. Blinde konnten plötzlich wieder sehen und Taube wieder hören. War ihr Körper durch einen Autounfall bis zur Unkenntlichkeit entstellt worden, befand dieser sich mit einem Mal wieder im früheren, unverletzten Zustand. Das Erstaunlichste aber war, daß ihnen ihr »Geistkörper« ebenso real und massiv erschien wie zuvor ihr materieller Leib in unserer Raumzeit-Welt... Und beim Rückblick auf ihr vergangenes irdisches Leben hatten sie das Gefühl, nur einen Film anzuschauen.«
Nachdem im Jahre 1975 der bis dahin völlig unbekannte amerikanische Arzt Dr. Raymond Moody ein kleines Buch mit dem Titel *Life after Life* (deutsche Fassung: *Leben nach*

dem Tod) veröffentlicht hatte, wagte zunächst niemand vorauszusagen, daß dieses kleine Werk eine kaum vorstellbare Entwicklung auslösen würde. Das in einem unbedeutenden Verlag in Atlanta (USA) erschienene Werk enthielt zahlreiche leicht verständlich abgefaßte Berichte von Personen, die »gestorben«, später aber wiederbelebt worden waren. Moodys Gesprächspartner schilderten, wie sie ihren Körper verlassen und den eigenen Tod erlebt hatten, wie sie in eine fremde Welt – ein wundervolles Paradies – »gereist« waren und nur widerstrebend in ihren materiellen Körper zurückgekehrt seien.

Zahlreiche Autoren haben dieses spannende Thema aufgegriffen und über solche Nahtoderfahrungen eigene Abhandlungen verfaßt. Mehr noch: Während eines jährlich stattfindenden Kongresses gründeten interessierte amerikanische Mediziner, Psychologen, Psychiater und Parapsychologen den Verband »International Association for Near Death Studies« (Internationale Vereinigung für Nahtod-Studien), der sich auf wissenschaftlicher Ebene mit den Vorgängen beim Sterben befaßt.

Die Behandlung der Frage nach unserer nachtodlichen Existenz scheint heute den Religionsphilosophen und Theologen immer mehr zu entgleiten, um in die Hände erfahrener Wissenschaftler überzugehen. Immer mehr Aussagen über Erlebnisse in Todesnähe, die in wesentlichen Punkten nahezu völlig übereinstimmen, deuten darauf hin, daß es ein »Nachleben« in irgendeiner Form geben muß. So wird z. B. in der Augustausgabe 1979 von *Anabiosis*, dem Mitteilungsblatt der zuvor erwähnten Vereinigung, über das Nahtoderlebnis eines jungen Mannes berichtet, das für Tausende solcher oder ähnlicher Fälle stehen könnte.

Sein Lieferwagen, den er gerade belud, wurde von einem anderen Fahrzeug von hinten gerammt. Da sich der Mann zwischen beiden Wagen befand, erlitt er beim Zusammenprall schwere Quetschungen. Im Unfallkrankenhaus angekom-

men, schwanden ihm die Sinne. Später erinnert er sich: »Kurz darauf sah ich einen Lichtblitz, und ich schwebte mit einem Mal über meinem Körper. Ich konnte sehen, wie die Ärzte an mir herumhantierten. Auch war da eine Schwester, die sich über mich beugte. Als nächstes spürte ich, wie jemand seine Hände auf meine Schultern legte. Ich hatte den Eindruck, als ob ich auf irgend etwas sitzen würde, das mich durch einen ›Tunnel‹ gleiten ließ.« Der Patient glaubte, nach Durchfahren des »Tunnels« in einer »nebligen Umgebung« gestrandet zu sein. Hier will er seltsame Wesen gesichtet und herrliche Musik vernommen haben. Eines dieser »Lichtwesen« soll sich ihm genähert und ihn über sein vergangenes Leben befragt haben. Dann erst habe es ihn zur Rückkehr in seinen materiellen Körper, in seine irdische Existenzform, bewegt. Nach Passieren des »Tunnels« in umgekehrter Richtung sei er schließlich wieder zu sich gekommen. Abschließend meinte der junge Mann, daß dieser Austrittsvorgang sein bisher schönstes Erlebnis gewesen sei.
Nachdem Moody mehr als tausend solcher Berichte aus erster Hand gesammelt hatte, mußte er feststellen, daß sich bestimmte NTE-Erfahrungen wiederholten, daß sie nahezu stets die gleichen waren. Man darf davon ausgehen, daß diese Erlebnismuster auch bei denen auftreten, die sich nicht mehr wiederbeleben lassen, die in eine andere Realität, die Hyperwelt, überwechseln:
– Den Sterbenden überkommt ein Gefühl tiefsten Friedens; er vernimmt häufig, daß man ihn für tot erklärt hat; interessant ist die Feststellung, daß dies die meisten der Betroffenen kaum berührt;
– er nimmt knackende bzw. andere unangenehme Geräusche wahr (z. B. Brummen, Läuten);
– die sterbende Person hat das Gefühl, ihren Körper zu verlassen, ...und sie stellt mit einem Mal fest, daß sie sich tatsächlich außerhalb desselben befindet; in diesem Zustand vermag sie überall hinzuschweben, möglicherweise, um sich

bei lebenden Dritten – meist bei ihr nahestehenden Personen – als Erscheinung oder auch psychokinetisch zu manifestieren;
– von einer erhabenen Stelle außerhalb seines materiellen Körpers aus kann der/die Ausgetretene gelegentlich die Reanimationsversuche der Ärzte beobachten;
– mitunter erlebt die betreffende Person eine blitzschnelle Rückschau auf ihr irdisches Leben;
– der Sterbende bewegt sich rasant durch einen langen schwarzen Tunnel auf eine gleißend-helle Lichterscheinung an dessen Ende zu;
– in dieser finalen oder auch pseudo-finalen Situation (bei gelungener Reanimation) glaubt der Sterbende, bereits verstorbenen Angehörigen und Freunden zu begegnen, die ihm beim Transit ins Jenseits behilflich sein möchten oder die ihn zur Rückkehr ins irdische Leben auffordern;
– einige Reanimierte berichten auch über »Lichtwesen«, die sie zu einem selbstbewertenden Rückblick auf ihr vergangenes Leben bewegen;
– Nahtote können sogar die offenbar fließende Grenze zur »jenseitigen« Realität überschreiten, werden dann aber (vielfach zu ihren größten Bedauern) ins diesseitige Leben zurückgeschickt;
– die ins irdische Leben Zurückkehrenden sind von der Erinnerung an ihre jenseitigen Erlebnisse meist zutiefst beeindruckt;
– sie verlieren ihre Angst vor dem Sterben – ihre Todesfurcht – und gewinnen zum Leben eine positivere Einstellung.
Interessant ist die Tatsache, daß in den Tausenden von Nahtodschilderungen und den in zahllosen Hypno-Regressionssitzungen offengelegten Übergängen von einem zum anderen vergangenen Leben, die in vielen Religionen behaupteten nachtodlichen Refugien wie Himmel, Hölle und Zwischenbereiche überhaupt nicht erwähnt werden. Todes-

kandidaten mit unterschiedlichem kulturellem Hintergrund, die unter dem Einfluß völlig verschiedener Religionen erzogen wurden und die, was ihre spirituelle Fortexistenz nach dem Tode anbelangt, extrem differente Erwartungshaltungen hatten, berichten unabhängig voneinander über ganz ähnliche NTE-Erlebnisse. Womöglich läßt sich allein schon aus dieser Übereinstimmung ableiten, daß Nahtod-Phänomene *echte* Einblicke in nachtodliche Zustände – die zeitlose Realität der *Hyperwelt* – darstellen.

In Anbetracht des Wissens um das Überleben unseres Bewußtseins fragt man sich, warum die Angst vor dem Sterben, dem Übergang in eine neue, spirituelle Existenz, immer noch so groß ist. Der Wiener Arzt Dr. Heinrich Huber bringt die Todesfurcht der Menschen mit dem Instinkt der Selbsterhaltung in Verbindung und meint, daß wir den Sterbevorgang differenzierter, d. h. unter dem Gesichtspunkt der Entstehung von neuem Leben zu sehen hätten: »Täglich müssen in und an uns etwa 500 Milliarden Zellen sterben, damit wir leben können. Die ganze Oberfläche unseres physischen Körpers ist mit toten Zellen bedeckt. Tod ist in das Leben einprogrammiert, und lebende Organismen können nur am Leben bleiben, wenn gewisse Teile von ihnen *planmäßig* sterben. Das Leben selbst hängt vom Tode ab, er ist Therapie! Gäbe es diesen Tod der Zellen und der Bakterien *nicht*, dann würde sich innerhalb von nur zwei Tagen über die ganze Erdoberfläche ein Bakterienrasen ausbreiten.«

Huber ist der Auffassung, daß der Tod auch dann noch Therapie sei, wenn ein ganzer Organismus der Auflösung anheimfällt, da es zwischen ihm und dem Leben eine *Kontinuität des Bewußtseins* gäbe.

Mit einem »Blick hinter die Kulissen« unserer irdischen Existenz wollen wir die Frage nach dem Verbleib des Bewußtsein/Geist-Komplexes nach dem biologischen Tod zu beantworten versuchen.

3 Zwischenwelt – Das Schicksal der »Gestrandeten«

> »Raum und Zeit ist nur irdisches Vokabular,
> um gewisse Dinge
> für den Menschen verständlich zu machen,
> der an diese Raumzeit gebunden ist.
> Doch für uns,
> die wir den irdischen Körper abgelegt haben,
> geht die Existenz weiter.«
>
> Transwesenheit »Tesla«
> durch das Volltrancemedium Franz Schneider

Menschen, die ganz plötzlich – durch einen Verkehrsunfall, durch Mord oder anderweitig gewaltsam – ums Leben kommen, vor allem jene, die sich aufgrund ihrer materialistischen Lebenseinstellung nie mit einem möglichen »Danach« befaßten, merken nach ihrem Ableben meist gar nicht einmal, daß sie schon längst tot sind. Das Trauma ihres überraschenden oder im Zustand geistiger Verwirrung selbst herbeigeführten Todes ist so groß, daß ihr Bewußtsein in eine Art »Zeitstarre« verfällt, in eine »Welt« zwischen einer höheren Realitätsebene – dem endgültigen Domizil aller Verstorbener – und eine ihrer früheren irdischen Existenz nahen Zwischenwelt.

In diesem Erstarrungszustand fehlt den dorthin Verschlagenen jeglicher Kontakt zu jenen weiterentwickelten spirituellen Wesenheiten, die genau wissen, daß sie sich in einer anderen, neuen Realität aufhalten, die ihnen beim Übergang vom materiellen zum immateriellen Dasein in der *Hyperwelt* behilflich sein könnten. Daher wähnen sie sich immer noch den Lebenden, dem irdischen Alltag eng verbunden, ohne jedoch mit der materiellen Welt unmittelbar in Verbindung treten zu können – eine verzweifelte Situation. In diesem schlimmen Zwischenstadium des Noch-nicht-völlig-Erlöstseins vom materiellen Leben kommt es häufig zu

dramatischen Begegnungen zwischen dem autonomen, herumirrenden Bewußtsein des Verstorbenen und dem lebender Personen, zur Konfrontation mit Erscheinungen Verstorbener – sogenannten »Ghosts«. Die Lebenden nehmen diese in der Zwischenwelt Gestrandeten medial, im Traum oder hypnagogen Zustand häufig zum Zeitpunkt ihres plötzlichen Todes und/oder am Ort des traumatischen Geschehens wahr. Sie beobachten als Außenstehende das virtuelle Todesszenarium, ohne den in der Raumzeit »Eingefrorenen« helfen, den Lauf der Dinge ändern zu können. Ihr Schicksal scheint wegen des in die Vergangenheit weisenden zeitlichen Abstands unabwendbar zu sein.
Joan Grant, ein bekanntes englisches Medium mit einer Begabung, Bewußtseinsinhalte Verstorbener geistig kontaktieren und vielen nachtodlich Verwirrten helfen zu können, wurde während eines Sommeraufenthalts im Brüsseler Palace-Hotel Zeugin eines spukhaften Selbstmord-Szenariums, das sich in der ersten Nacht gleich mehrmals vor ihr entfaltete: »Ich nahm ein wohltuendes heißes Bad. Doch anstatt mich entspannt zu fühlen, wurde ich immer verkrampfter. Im Bett versuchte ich zu lesen, aber nach einer halben Stunde, als ich mich immer noch nicht beruhigen konnte, löschte ich das Licht. Ich war auch dann noch hellwach, als plötzlich ein junger Mann aus dem Badezimmer herausstürzte und, bevor ich mich rühren oder äußern konnte, aus dem Fenster sprang. Ich zog die Bettdecke über mich, um nicht den Aufschlag seines Körpers auf dem Pflaster hören zu müssen. Nach einigen Minuten zwang ich mich, die Bettdecke abzustreifen und zu horchen. Aber ich hörte absolut nichts: kein qualvolles Stöhnen, keine Schreie... Dann hatte ihn also niemand fallen sehen. Ich mußte jemanden rufen, der ihm half.
Ich hielt mich am Fenstergeländer fest und schaute nach unten... aber da lag kein Körper. Dort, wo die Leiche hätte liegen müssen, trug ein Kellner gerade einen Korb Flaschen

vorbei... Ich betete, bis mir der Schweiß die Stirn hinunterlief, ging dann wieder ins Bett und versuchte zu schlafen. Doch ich lag immer noch mit offenen Augen da, als sich der schreckliche Vorgang wiederholte. Diesmal überwand ich mich, auf den Aufschlag zu achten, aber ich hörte nichts, und so konnte ich nicht wissen, ob er [zum Zeitpunkt des realen Geschehens] noch gelebt und geschrien hatte oder ob er gleich tot gewesen war.
Beten hatte dem Bedauernswerten nicht geholfen. So wurde also von mir erwartet, ihn von der Verzweiflung zu befreien, die ihn gefangenhielt. Mein Herz klopfte laut, so daß es mir schwerfiel, einen klaren Gedanken zu fassen. Ich hatte schon viele, die erst seit kurzem tot waren, befreit. Ich war dazu in der Lage gewesen, weil es mir gelungen war, mich nicht von ihrer Furcht anstecken zu lassen. Jetzt aber spürte ich, daß seine Panik mich durchdrang wie Tinte ein Stück Löschpapier. Ich mußte fühlen, was er fühlte, bevor ich nahe genug an ihn herankommen konnte, um ihm wirklich zu helfen... Doch dann war seine Angst vielleicht stärker als mein Mut, und mein Körper würde ihm zu diesem entsetzlichen Sprung folgen. Daher wollte ich mich wenigstens gegen diese Gefahr sichern, indem ich die Kommode vor das Fenster schob, um nicht aus dem Fenster zu fallen.
Ich weiß genau, daß ich den Sturz dieses Mannes miterlebt habe. Als er sich über das Geländer beugte, versuchte er plötzlich, sein Gleichgewicht zurückzugewinnen..., aber es war zu spät. Er wollte seine Arme ausstrecken, um den Sturz abzufangen... und schien ganz langsam zu fallen. Da erkannte der Selbstmörder, daß er sich furchtbare Verletzungen zuziehen würde. Er versuchte, die Arme zurückzuziehen, um mit dem Kopf zuerst aufzuschlagen. Der Mann verspürte keinen Schmerz... nur ein knirschendes Geräusch... und dann war er gleich wieder zurück im Bad, um erneut zum Fenster zu stürzen... immer und immer wieder.

Ich stand mit ausgestreckten Armen da und sprach laut: ›Deine Angst ist in mich eingedrungen, und du bist frei… Deine Angst ist in mich eingedrungen, und du bist frei.‹ Sowohl seine wie auch meine Angst begannen sich in einem Strom von Tränen aufzulösen.«

Über ihre nächtliche Begegnung mit dem spektralen Selbstmörder zutiefst beunruhigt, wandte sich Joan Grant am nächsten Morgen an das Hotelmanagement, von dem sie erfuhr, daß sich im gleichen Zimmer nur fünf Tage vor ihrer Ankunft ein Gast aus dem Fenster gestürzt hatte. Vielleicht wollte es das Schicksal, daß Frau Grant genau dieses Zimmer zugewiesen bekam, um den in der Zwischenwelt Gefangenen von seinem schrecklichen Tun zu erlösen.

Bewußtseinsinhalte gewaltsam zu Tode gekommener Personen scheinen sich in einer Endlosschleife verfangen zu haben, entlang der sich das tragische Geschehen in nie endender Folge wiederholt, aus der es ohne fremde Hilfe offenbar kein Entrinnen gibt.

Man kennt freilich auch Fälle, in denen sich die verwirrte Persönlichkeitsstruktur eines Verstorbenen im Bewußtsein eines Lebewesens »einnistet«, dieses besetzt hält und zu Aktivitäten nötigt, deren es zuvor niemals fähig gewesen wäre. Der amerikanische Psychiater Dr. Carl Wickland bediente sich Anfang dieses Jahrhunderts erstmals spiritualistischer Methoden, um seinen psychisch kranken, besessenen Patienten, aber auch den in der Zwischenwelt gestrandeten, verwirrten Bewußtseinswesenheiten zu helfen – den schizophrenen Zwitterzustand zu beenden.

Wickland, der seinerzeit in Chicago und Los Angeles praktizierte, hatte sich, nachdem ihm die Häufigkeit aufgefallen war, mit der Personen, die zur Kontaktierung von »Jenseitigen« regelmäßig sogenannte Oui-ja-Boards, Planchetten und andere spiritistische Hilfsmittel benutzen, häufiger als andere zu negativen Wesensveränderungen neigten, für das Phänomen der Besessenheit zu interessieren begonnen.

Diese war zum Teil so gravierend, daß die Betroffenen aufgrund psychischer Erkrankungen klinisch therapiert werden mußten.
Neugierig geworden, nutzte Wickland die Medialität seiner Frau, um mit den im Jenseits voll integrierten Wesenheiten Verbindung aufzunehmen und sie nach Abhilfemöglichkeiten zu befragen. Diese ließen ihn wissen, daß die Ursache der Besessenheit im Wirken »erdgebundener« Bewußtseinsinhalte Verstorbener zu suchen sei. Man riet ihm, eine »Influenzmaschine« zu bauen, eine Apparatur zur Erzeugung statischer Elektrizität, mit der er die »Besetzer« aus dem Bewußtsein seiner Patienten hervorlocken könne – ein Vorschlag, der von Wickland alsbald aufgegriffen wurde.
Die elektrostatische Energie dieser Maschine wurde, während sich seine Frau als aufnahmebereites Medium in Trance befand, dem Körper des Besessenen – so vor allem dessen Kopf und Rückgrat – zugeführt. Aufgrund dieser Elektroschockbehandlung meldeten sich dann über Wicklands Frau häufig »Stimmen«, die sich zuvor ausschließlich durch den Besessenen selbst geäußert hatten. Sie beklagten sich zunächst über das durch die Prozedur empfundene Unbehagen. Wickland hatte gewöhnlich enorme Schwierigkeiten, die verwirrten Bewußtseinspersönlichkeiten davon zu überzeugen, daß sie physisch tot waren, denn sie selbst glaubten für jeden körperlich Anwesenden sichtbar zu sein. Dabei sahen sich die Beteiligten mitunter recht bizarren Situationen gegenüber, die auch nicht einer gewissen Komik entbehrten.
Im Verlauf einer dieser Sitzungen in Chicago am 15. November 1906 fiel Wicklands Frau, »von einer fremden Wesenheit überwältigt«, zu Boden. Sie blieb dort einige Zeit bewußtlos liegen und konnte in diesem Zustand ausführlich befragt werden. Hierzu heißt es in Wicklands Aufzeichnungen: »Der in ihr [im Körper der Besessenen] steckende Geist [er sprach aus dem Munde seiner Frau] wurde endlich

zur Besinnung gebracht und tat, als ob er große Schmerzen hätte. Immer und immer wieder sagte er: ›Warum habe ich bloß nicht mehr Carbolsäure getrunken? Ich will sterben, ich habe das Leben ja so satt!‹ Mit schwacher Stimme beklagte sich die Wesenheit über die tiefe Dunkelheit um sie herum. Sie war offenbar nicht in der Lage, das elektrische Licht zu sehen, das seiner Frau voll ins Gesicht schien. Der ›Geist‹ flüsterte leise, ›mein armer Sohn‹. Als wir in ihn drangen, uns mitzuteilen, wer er sei, sagte er, *sie* heiße Mary Rose, und habe in der South Green Street Nr. 202 gewohnt, eine Straße, die uns damals völlig unbekannt war.

Anfangs wußte die Verstorbene nicht einmal, welches Datum wir schrieben. Als man sie fragte, ›ist heute nicht der 15. November 1906‹, erwiderte sie, ›nein, das ist erst nächste Woche‹. Das Leben hatte ihr schwere Enttäuschungen auferlegt. Sie war an einem chronischen Magenleiden erkrankt, und hatte schließlich, um ihrem trostlosen Dasein ein Ende zu bereiten, Gift genommen.

Zunächst konnte sie nicht begreifen, daß sie nur ihren irdischen Körper zerstört hatte. Denn, wie die meisten Selbstmörder, wußte sie nicht, daß das Leben [ihre Bewußtseinspersönlichkeit; Anmerk. des Autors] unzerstörbar ist... Als wir mit ihr über den wahren Lebenszweck sprachen, wie doch alle Erfahrungen und auch Leiden einen tieferen Sinn hätten, überkam sie ehrliche Reue, und sie bat flehentlich um Vergebung...

Anhand der Angaben zur Person, die die Verstorbene gemacht hatte, stellten wir Nachforschungen an und fanden alles bestätigt. Eine Frau dieses Namens hatte tatsächlich in jenem Haus gewohnt. Auch lebte ihr Sohn dort, und dieser sagte uns, daß Frau Rose in das Cook County Hospital eingeliefert worden und dort in der vergangenen Woche gestorben war. Bei unserer Nachfrage im Hospital fanden wir noch weitere Angaben bestätigt. Man schickte uns eine Abschrift der Eintragung in die Krankenliste:

Cook County Hospital, Chicago, Ill.
Mary Rose
Aufgenommen am 7. November 1906
Gestorben am 8. November 1906
Carbolsäure-Vergiftung
Nr. 341106.«

4 Paradies für jedermann?

Die Vorstellung, daß Bewußtsein im Gehirn biochemisch »produziert« wird, daß bewußtes Leben folglich mit dem Gehirntod endet, ist eine Ausgeburt des Materialismus, dessen Anfänge bis in die Zeit der Entstehung einer modernen Industriegesellschaft zurückreichen, die einerseits im krassen Kapitalismus, andererseits im pervertierten Sozialismus unserer Tage kulminierte. Sie ist um so verwunderlicher, als daß bis dahin Menschen zu allen Zeiten an irgendeine Form des Weiterlebens nach dem Tode geglaubt haben. Der Glaube unserer Altvordern an eine physische Fortexistenz nach dem Tode war früher einmal so groß, daß man sich schon zu Lebzeiten auf ein sorgloses Leben im Jenseits vorbereitete. So bestatteten z. B. die Neandertaler vor etwa 50000 Jahren ihre Toten nicht ohne praktische Grabbeigaben wie Nahrungsmittel und Werkzeuge. Und dies alles in der Annahme, daß das Leben danach dem irdischen nicht ganz unähnlich sei. In verschiedenen Gräbern der Etrusker fand man sogar Möbel und Pferdewagen, die dem spirituellen Pendant der Verstorbenen das Leben im Jenseits erträglich machen sollten. In den zwanziger Jahren dieses Jahrhunderts entdeckten Archäologen die im heutigen Irak gelegenen königlichen Gräber der Stadt Ur. Bei Freilegung des Grabes der Königin Shubad machte man einen grausigen Fund: Neben ihrer Leiche fand man die sterblichen Überreste von 68 Hofdamen und bewaffneten Soldaten, deren

Körper man dort in Reihen bestattet hatte. Nichts deutete auf Gewaltanwendung hin, und es darf angenommen werden, daß die Dienerschaft der Königin Gift oder Narkotika eingenommen hatte, bevor sie ihr freiwillig in den Tod folgte. Diesem kollektiven Opfer lag die Überlegung zugrunde, daß die Seelen der Gefolgschaft auch über den Tod hinaus ihrer Königin dienstbar sein würden.

Vor mehr als 500 Jahren wurden bei der Bestattung von Inka-Kaisern, die man als Gottheiten verehrte, ähnliche Riten praktiziert, da man fest davon überzeugt zu sein schien, daß ihre Seelen in eine andere Welt hinüberwechseln würden. Deren Todes-Begleiter – ihre Lieblingsfrauen und Sklaven – wurden, allerdings gegen ihren Willen, geopfert, meist lebendig begraben.

Andere Kulturen hatten vom Nachleben ähnliche Vorstellungen, verzichteten jedoch auf Menschenopfer und bedienten sich als Grabbeilagen, wie im Fall eines ägyptischen Edelmanns aus Theben, angemalter menschenähnlicher Statuen, die seine Sklaven darstellen sollten. Man war damals der Ansicht, er könne sie im Jenseits zum Leben erwecken, damit sie ihm fortan dienten.

Überhaupt beschäftigten sich die alten Ägypter viel mehr als andere Kulturen mit dem Leben nach dem Tode. Ihr Glaube beruhte auf der Überzeugung, daß nicht nur der Körper, sondern auch der Geist (Ka) überlebt. Das Fortbestehen des physischen Körpers wollte man durch sorgfältiges Einbalsamieren und Bereitstellen von Nahrungsmitteln erreichen. Nach der im alten Persien gelehrten Religion des Zarathustra mußte sich der Verstorbene auf eine lange Reise gefaßt machen, an einen Ort, wo man ihn richten würde. Vier Tage nach seinem Tode sollte seine Seele die Brücke zum Jenseits überqueren. Die Rechtschaffenen durften dann ins Paradies einkehren, wo sie reichlich beschenkt wurden. Für Sünder öffnete sich hingegen die Brücke und ließ sie in die Tiefe, ins ewige Verderben stürzen.

Die alten Griechen hatten über das Leben nach dem Tode unterschiedliche Ansichten. Eine der verbreitesten war, die Seele der Verstorbenen würden in den Hades – das Totenreich – hinabfahren, wo die Geister der Schattenwesen vegetieren, ähnlich dem »Ort der verlorenen Geistwesen« des jüdischen Glaubens. Himmel (die elysischen Felder) und Hölle (Tartaros) waren ebenfalls Bestandteile ihrer Glaubenswelt. Und in ihrem Himmel genossen die wenigen Auserwählten, entsprechend christlichen Glaubensvorstellungen, ewigen Frühling. Eine andere griechische Glaubensrichtung orientierte sich an Pythagoras' mathematisch-philosophischen Lehren. Er glaubte, daß die Seele dazu verdammt sei, in einem materiellen Körper wohnen und in einem anderen menschlichen oder tierischen Wesen wiederauferstehen zu müssen.

Im Koran, dem heiligen Buch des Islam, wird rechtschaffenen Verstorbenen ein luxuriöses Paradies versprochen. All jene, die von Allah auserwählt wurden, sollen auf einem juwelenbesetzten Diwan ruhen, köstliche Speisen genießen und mit ewiger Jugend belohnt werden. Die Bösen aber würden ins Fegefeuer verbannt werden, wo ihnen ein erbärmliches Dasein drohe.

Der Glaube an die Wiedergeburt der Seele ist in Asien auch heute noch weit verbreitet. Im Hinduismus spiegelt die menschliche Seele die Weltseele wider. Sie sollte nach hinduistischer Lehre mit dem göttlichen Prinzip übereinstimmen. Um dies zu erreichen, muß sie zahlreiche Perioden der Wiedergeburt durchlaufen. Der gesamte Reinkarnationszyklus wird als »Rad der Samsara« bezeichnet, das sich, wie das Universum, immerfort dreht – ohne Anfang, ohne Ende. Die Zeit zwischen Tod und Reinkarnation kann die Seele in verschiedenen Himmeln und Höllen verbringen. Diese haben als Orte der Belohnung oder Bestrafung nichts mit dem Ziel der Seele nach Vervollkommnung zu tun. Buddhismus und Hinduismus lehren gleichermaßen, daß menschliche

Wesen viele Reinkarnationen zu durchlaufen haben. Und im Zuge dieser mannigfachen Leben, von denen einige auch in anderen Universen stattfinden können, lernt die Seele allmählich, Leiden, aber auch Streben nach Glück, zu vermeiden. Erst nachdem der Mensch seine irdischen Bedürfnisse abgelegt und eine gewisse Gleichgültigkeit gegenüber negativen und positiven Empfindungen entwickelt hat, erreicht er den Zustand des Nirwana, der höchsten Abgeschiedenheit. Dann erst ist die Seele vom Reinkarnationszyklus befreit, das Bewußtsein für das Selbst eliminiert. Diese Lehrmeinung steht der des Spiritismus, die postuliert, daß die Seele nach dem Tode alle ihre irdischen Attribute beibehält, fast diametral gegenüber. Kein Vertreter westlich orientierter Glaubensrichtungen wäre von der Vorstellung begeistert, beim Überwechseln in die jenseitige Realität seinen individuellen Status einzubüßen.

Heute sind nur wenige christliche Theologen dazu bereit, sich über nachtodliche Zustände verbindlich auszulassen. Es scheint, als hätten sie diese undankbare Aufgabe vorzugsweise den geschmähten Spiritisten und, erst in jüngster Zeit, Thanatologen (Sterbeforschern), Medizinern, Biologen und interessierten Physikern überlassen. Gerade die interdisziplinäre Thanatologie konnte in den letzten Jahrzehnten viel zur Sicherung von Indizienbeweisen für das *Überleben* des menschlichen Bewußtseins beitragen. Hierbei haben sich gründliche Recherchen in grenzwissenschaftlichen Bereichen – die Erforschung psychischer, physischer und physikalischer Anomalien sowie unerklärlicher, d. h. während vor- und nachtodlicher Zuständen registrierten paranormaler Phänomene – als besonders hilfreich erwiesen. Untersucht wurden vor allem:

– Sogenannte Nahtoderlebnisse und Sterbebettvisionen;
– mediale (spiritistische) und instrumentelle Transkommunikation (Radio-, Tonband- und Telefonstimmen, Trans-TV- und -Videobilder, Transtexte über Computer usw.);

- sogenannte »Extras« auf Fotos und Filmen;
- »Erscheinungen« im weitesten Sinne;
- spiritistisch bewirkte Materialisationen von verstorbenen Personen;
- Spuk- und Poltergeistphänomene, soweit animistische Verursacher ausscheiden;
- Besessenheitszustände, die sich medizinisch und animistisch nicht erklären lassen;
- Reinkarnationsfälle und Déjà-vu-Erlebnisse (z. B. Untersuchungen von Professor I. Stevenson und Professor E. Haraldsson); im Zusammenhang hiermit:
- hypnotische Rückführungen (Hypno-Regressionen) in vorgeburtliche, frühere Existenzen;
- sogenannte »außerkörperliche Erfahrungen« (AKE) in hypnagogen (schlafähnlichen) Zuständen (kurz vor dem Einschlafen oder dem Aufwachen, Trance usw.).

Aus den Untersuchungsergebnissen jedes einzelnen der hier aufgeführten Phänomene – seien diese auch noch so aussagekräftig – lassen sich allerdings keine endgültigen Beweise für ein Nachleben, die nachtodliche Fortexistenz unseres Bewußtseins in einer anderen, (für uns) immateriellen Realität, ableiten. Läßt man jedoch die Resultate miteinander korrelieren und in erweitert-physikalische Realitätsmodelle einfließen, wird – will man nicht andere, weit hergeholte Erklärungen, wie z. B. permanente Irrtümer und das Zufallsprinzip, bemühen – die Wahrscheinlichkeit einer nachtodlichen Existenz unseres individuellen Bewußtseins zur Gewißheit.

III

Bewußtsein – »Schleudersitz« zur Hyperwelt

> »Wir müssen davon ausgehen,
> daß die Frage der Beziehung des
> Geistes zum Gehirn nicht
> nur noch nicht beantwortet ist,
> sondern daß es noch nicht einmal
> eine Basis für die Beantwortung gibt...
> Die Annahme, daß unser Wesen
> aus zwei fundamentalen Elementen
> [Geist und Gehirn] besteht,
> ist nicht unwahrscheinlicher als die, daß es
> nur aus einem [dem Gehirn] besteht.«
>
> Sir Charles Sherrington,
> Nobelpreis für Medizin 1932

»An der französischen Atlantikküste, nahe der Quiberon-Halbinsel stürzt eine Lufthansa-Maschine ins Meer. 398 Passagiere und elf Besatzungsmitglieder kommen dabei ums Leben. Fünf Passagiere entgehen wie durch ein Wunder der Katastrophe. Zu den fünf Geretteten gehört Mello Kramer [alias Kurt Berring]: 36 Jahre alt, Spezialist für TV-Technik. Er hat schwere Verbrennungen davongetragen. Als er im Hospital erwacht, schießen ihm Erinnerungen durch den Kopf, die unmöglich seine eigenen sein können – und es sind Erinnerungen an die Zukunft...
An dem Tag, an dem der Enzephal-Kybernet fertig war, fiel die Angst von ihm ab, die Angst vor schädigenden Nachwirkungen, vor der Abhängigkeit vom Händler, die Angst vor Entdeckung und Diebstahl seines Geheimnisses.
Der unscheinbare Apparat, der vor ihm auf der hölzernen

Schreibtischplatte lag, ein rundes, fünfzehn Zentimeter breites Geflecht aus Drähten und Spulen, Kondensatoren, Transistoren, eingelöteten Steuerdioden und einer flachen Kleinstbatterie, war für ihn der Schlüssel zur Freiheit. Jetzt würde er seinen Wunschtraum verwirklichen können, dem Willen die genau dosierte kinetische Kraft geben, um Vergangenheit und Zukunft für sich wiederholbar zu machen. Nichts war ihm in diesen Tagen wichtig gewesen, zurückgezogen in diese fremden Räume hatte er sich auf seine erste Reise mit dem Hirnwellensteuergerät vorbereitet, unwillig unterbrochen von Stunden des Schlafs und der Mahlzeiten aus einem gut gefüllten Kühlschrank. Als der Enzephal-Kybernet zusammengelötet war, wandte er sich dem Psilobycin zu. Das 4-Phosphoryloxy-N, N-Dimethyltryptamin behandelte er mit großer Sorgfalt entsprechend seinen Pariser Aufzeichnungen, er verringerte die Dosierung um fast zwei Milligramm, dann filterte er die chemische Zusammensetzung heraus, die ihm nach seinen Studien die brauchbarste erschien, und gab die Flüssigkeit in ein Injektionsglas zur Aufbewahrung.

Jetzt, da alles getan ist, als das Gerät fertig ist und auch die chemische Substanz, als ihm für einen jäh verwehten Augenblick so ist, als stünde er selbst in dem unangreifbaren schwarzen Klotz, der Unwiederbringlichkeit heißt, und die Schwärze heller und heller glimmt bis zur lichtvollen Durchsichtigkeit, da zwingt er sich zur feierlichen Ruhe. Langsam schließt er die Vorhänge vor den Fenstern, streckt er sich auf einer breiten, angenehmen Liege aus, konzentriert er sich auf jeden Kubikzentimeter seines Körpers. Nun lockern sich die Nerven, die Kapillarzellen der Lungen, die Blutbahnen, die Muskeln, nach und nach fällt die Schwere von ihm ab, auf Tausenden von Poren bilden sich feuchte Tupfer, aus dem Rückenmark steigt die Wärme wie in pulsierenden Kegeln bis unter seine Haare. Dann steht er auf, befestigt den Enzephal-Kyberneten auf seinem Kopf, drückt

die Spritze mit dem präparierten Psilocybin in die Armvene und schließt die Augen. Fünf, zehn, zwölf Minuten steht er so, verfolgt die Verteilung der chemischen Substanz in der Großhirnrinde und im Thalamus, dann beginnt der Raum um ihn herum unwirklich zu werden. Das sprühende Strömen, das er aus seinen ersten Experimenten kennt, erfüllt nun den ganzen Körper, die Moleküle scheinen keine Verbindung mehr zu haben, er löst sich auf und wächst ins Unendliche. Die Willensanstrengung, mit der er sich auf die Vergangenheit konzentriert, preßt seinen millionenfach zerlegten Körper durch den Mikrokosmos, dann zieht die Energie des Kyberneten die Teile seines Seins wieder zusammen, sucht in dem entstehenden Raum den Platz, den der Wille angesteuert hat, noch schwimmt er in einem Meer von Farben, aber schon drückt ihn die Wirklichkeit an das feste Ufer. Es ist ein unbekannter Platz...
Das ist der falsche Zeitpunkt! durchfährt es ihn, wenn Kathrin hier bereits wohnt, ist sie auch mit Kurt verheiratet – zu spät, um einen neuen Anfang zu knüpfen! Doch einen weiteren Zeitsprung kann er nicht wagen, sein Wille weigert sich, dem Gefühl zu gehorchen, mechanisch beginnt er, auf das Haus zuzugehen, und nun erst wird ihm bewußt, daß er nicht nur die Zeit, sondern auch den Raum überwunden hat, er begreift, was ihn zu Anfang so verwirrte: Er hat sich bis in Kathrins Nähe gezwungen!...
Er kann sie beide sehen, Kurt mit dem Rücken zum Fenster, seine hellblonden Haare stehen einzeln in den Schirm der Leselampe graviert, schwarz fällt dahinter der Schatten ins Zimmer. Seitlich, im anderen Sessel, Kathrin, vorgebeugt über den Rauchtisch, auf dem sie Papiere ausgebreitet hat, Blatt für Blatt mit smaragdenen Buchstaben besetzt, die über dem grellen Weiß der Seiten schweben. Ihr Gesicht reflektiert das blitzende Licht so, daß Mello die Augen schmerzen. Zu spät, denkt er, verzweifelt sich abwendend, hier habe ich bereits verloren, was ich zurückgewinnen wollte!

Aber er kann sich von dem Anblick nicht lösen, er starrt durch das Fenster auf die junge Frau, die unerreichbar in einer anderen Wirklichkeit lebt, er liebt diese langen, strähnigen Haare, die großen grauen Augen, die schlanken Hände. Plötzlich läßt sie die Papiere los, hebt den Kopf, als hätte sie ihn bemerkt, sie blickt zum Fenster, streckt den Arm aus, und der Schrei entfährt ihr, bevor sie sich die Hand auf den Mund pressen kann.
Kurt schaut sie erstaunt an, dann hat sich Mello bereits hinter die Wand zurückgezogen, er wagt keinen zweiten Blick durch das Fenster.
Ich muß hier fort, sagt er tonlos und immer wieder, ich muß hier fort, hier kann ich ihr nicht gegenübertreten. Und während sich die Wand hinter ihm wie eine Gaswolke dehnt und der Schnee zu seinen Füßen zerfließt, glaubt er ein Zischen zu hören, so als ob der Ort verfliegt. Da packt ihn unbeschreibliche Furcht, die überlistete Zeit scheint ihn mitzuziehen, angstbeflügelt konzentriert er sich auf den Ort, von dem er kam, trockenes Würgen steigt vom Magen herauf in den Hals, seine Muskeln gehorchen ihm nicht mehr. Die Hand, die den Enzephal-Kyberneten vom Kopf nehmen soll, greift ziellos daneben, Schichten der Bewußtlosigkeit zerlegen sein Denken. Wie im Sturm wird er hin- und hergeworfen, klammert sich schließlich an das weiche Leder der Liege, die er unter sich spürt...«

Aus dem SF-Roman *Zeitsturm*
von Dr. Reinmar Cunis (†)

1 Das Gehirn – Befehlsempfänger des Bewußtseins

In seinem spannenden Science-fiction-Roman *Zeitsturm* läßt der ehemalige Projektleiter des Norddeutschen Rundfunks, der Journalist und Soziologe Dr. Reinmar Cunis (†), das Bewußtsein seines Protagonisten Mello Kramer mit Hilfe einer portablen elektronischen Apparatur und eines bekannten Halluzinogens Reisen in die Zukunft unternehmen, ihn in einen Strudel verwirrender Ereignisse geraten, aus dem er sich selbst nicht mehr befreien kann. Gefangen in einer kausalen Endlosschleife zwingt es ihn immer und immer wieder zurück zu den Schauplätzen schicksalhafter Begebenheiten. Er gleicht einem Untoten, fixiert in einer von ihm selbst geschaffenen Realität, verdammt zum ewigen Leben. Seltsame Verstrickungen des Bewußtseins im Zeitgefüge, akausale Zusammenhänge und die Überbrückung des »normalen« Zeitablaufs mittels unkonventioneller psycho-physikalischer Techniken faszinierten Cunis ungemein. Nach seinen monatlichen Arbeitsgesprächen beim ZDF saßen wir abends häufig beisammen, um in entspannter Atmosphäre über die uns bewegenden Themen zu diskutieren, den verwegen anmutenden Versuch zu unternehmen, die Physik nach unseren Vorstellungen transzendieren zu lassen.
Doch damit nicht genug. Eines Tages überraschte mich Freund Cunis mit dem Entwurf für eine tiefschürfende Abhandlung über das Wesen der Zeit und deren Auswirkung auf die Naturwissenschaften in ihrer Gesamtheit. In diesem *Heinrich Odenheimers Einführung in die allgemeine Dila-*

tationstheorie betitelten Werk, herausgegeben von einer fiktiven »Torsby-Gruppe«, versucht er mit Unterstützung eines jungen Physikers zwischen der physikalisch definierbaren Größe »Zeit« und dem nur subjektiv erfaßbaren Bewußtsein eine Verbindung herzustellen, um metaphysische Phänomene vom Makel des Okkulten zu befreien. Sein ehrliches Bemühen, die Grundlage für eine Art Bewußtseins-Physik zu schaffen, scheiterte am Unverständnis seiner Mitmenschen.
Was ihm in praxi versagt blieb, verewigte Cunis in seinen phantastischen Kurzgeschichten und Romanen. In *Zeitsturm* experimentiert er mit der innovativen Idee, das zeitunabhängige Bewußtsein aus dem Körper von Mello Kramer austreten, in der Zeit hin- und herspringen zu lassen.
Sein Experiment setzt genau da an, wo jeder von uns die Manipulation des Bewußtseins noch am ehesten für möglich hält: im Gehirn, dem Organ, das nach offizieller Lehrmeinung Ursprung und »Sitz« jeglichen menschlichen Bewußtseins sein soll. Und genau hier beginnt der seit Jahrhunderten währende Streit zwischen den Anhängern der strikten Evolutionstheorie – die Theorie von der Entwicklung aller Lebewesen aus niederen, primitiven Organismen einschließlich der des Bewußtseins – und denen, die das geistige Prinzip als eine autonome, übergeordnete Instanz betrachten, als eine in die Grauzonen der Quantenmechanik hineinreichende versteckte Variable.
Die der mechanistischen Naturbetrachtung zugrunde liegende und von René Descartes (1596–1650) hofierte *Subjekt-Objekt-Trennung*, die letztendlich zum Credo der »objektiven« Wissenschaft wurde, hat das antiquierte materialistische Weltbild von der Entstehung und Lokalisierbarkeit des Bewußtseins im Gehirn nachhaltig beeinflußt. Immer noch sind wir im Descartesschen Dualismus gefangen, der, im Hinblick auf die Realität, zwischen »res cognitans« (Geist) und »res extensa« (Materie) unterscheidet. Doch ha-

ben wir heute allen Grund, Descartes' Ansatz von einem fixierten »Draußen« und einem davon losgelösten »Drinnen« (L. Watson) zu bezweifeln, zumal zahlreiche labormäßig abgesicherte Psi-Phänomene eindeutig gezeigt haben, daß die Grenzen zwischen Bewußtsein und Materie fließend sind. Ich selbst habe solche Phänomene, die es mir als gesichert erscheinen ließen, daß andere Erklärungen ausscheiden, »vor Ort« beobachten können. Vor dem Hintergrund dieser Fakten sind wir gezwungen, sämtliche Definitionen von Geist und Bewußtsein in Frage zu stellen, die diese als nicht beweisbare »verschwommene« Begriffe in die Schattenzonen des Okkulten verweisen möchten.

Eine gründliche Unterscheidung zwischen Gehirnaktivitäten und deren eigentlichen Auslöser sowie dem wechselseitigen Zusammenwirken von Bewußtsein und Gehirnpartien tut not. Die kapazitiven Grenzen der biologischen Hirnmasse wohl erkennend, definiert Sidney Cohen, der Leiter des *Institute of Mental Health* in Maryland (USA), das Gehirn als »eine mit zu kleiner Antriebsleistung betriebene, sich selbst überprüfende Symbolfabrik, deren Hauptaufgabe die betriebstechnische Führung des Körpers« sei. Etwas abschätzig heißt es hier weiter: »Die Nebenbeschäftigung des Gehirns ist das Nachdenken darüber, was es selbst ist, wohin es will und was das Ganze zu bedeuten hat. Seine einzigartige Fähigkeit, Fragen zu stellen und seiner selbst bewußt zu werden, ist für die Zwecke des physischen Überlebens ganz und gar unnötig.«

Dem konventionellen neurophysiologischen Modell zufolge enthält die linke Seite der Großhirnrinde (Kortex) die Zentren für Sprache, mathematisches Verstehen und logisches Denken im weitesten Sinne, während die rechte Gehirnhälfte für intuitive, nichtrationale, nichtverbale Erkenntnisfähigkeiten (z. B. künstlerische Begabungen, Medialität, Psi-Fähigkeiten usw.) zuständig ist.

Indem man durch Stimulieren der einzelnen Gehirnpartien

Fähigkeiten wie z. B. Hören, Sehen, Fühlen, Sprechen, Lesen, Lernen, Schreiben und Körperreflexe sowie bestimmte Verhaltensstörungen auslösen bzw. unterbrechen kann, glauben Gehirnphysiologen zu wissen, daß sich bewußtheitliches Geschehen in der Großhirnrinde abspielt. Ihr großer Irrtum besteht allerdings darin, diese Regionen auch als Ursprung und »Standorte« des Gesamtbewußtseins anzunehmen.

Wilder Penfield, bis zu seinem Tode im Jahre 1976 der bedeutendste Hirnphysiologe unserer Zeit, stellte den Unterschied zwischen dem Bereich des Bewußtseins und dem der Hirnreaktionen klar und zeigte, daß das Extrapolieren des einen aus dem anderen seine Grenzen hat: »Anzunehmen, daß der höchstentwickelte Gehirnmechanismus oder die Summe der Reflexe, wie kompliziert sie auch sein mögen, ausführt, was sich im Geist tut, und folglich alle Funktionen des Geistes erfüllt, ist völlig absurd.« Penfield weist unter anderem darauf hin, daß es trotz der Möglichkeit, die Großhirnrinde mittels elektrischer Impulse zu reizen und dadurch unter Umständen Erinnerungen an längst Vergangenes wachzurufen, »keine Stelle an der Großhirnrinde gibt, wo Elektroschocks einen Patienten zu einer Überzeugung bringen oder zu einer Entscheidung veranlassen... oder etwas bewirken, was ›Geistesaktivität‹ genannt werden könnte.« Er stellte übrigens fest, daß große Teile der Großhirnrinde operativ entfernt werden könnten, ohne dadurch das Bewußtsein des Patienten zu beeinträchtigen.

Trotz dieser einleuchtenden Feststellungen versuchen selbst renommierte Physiologen – so die Nobelpreisträger Francis Crick und G. M. Edelman – immer wieder, Geist (Seele) und Bewußtsein ausschließlich mit gehirnspezifischen Aktivitäten zu erklären. Crick: »Das Verhalten des Menschen ist das Ergebnis einer ungeheuren Menge von in Wechselwirkung zueinander stehender Neuronen.«

Edelman will hingegen den Geist in der Materie biologisch

erklärt wissen. Er beschäftigt sich daher mit dem Aufbau, den Funktionen, den Schichten und Schleifen, den Symmetrien und Kartierungen sowie den Selektionsmechanismen des menschlichen Gehirns. Seine Theorie geht davon aus, daß Physik und Evolution zusammen mit der Hypothese von der Selektion neuronaler Gruppen ausreichen, um Geist und Bewußtsein naturwissenschaftlich zu erklären.
Daniel C. Dennett, Direktor des Instituts für Erkenntnisstudien an der Tufts University (USA), bestreitet gar die Existenz eines spezifischen Bewußtseins. In seinem jüngsten Buch *Consciousness Explained* (Bewußtsein erklärt) heißt es forsch: »Ich möchte die unterschiedlichen Phänomene, die das ausmachen, was wir Bewußtsein nennen, erklären und zeigen, daß sie allesamt physikalische Auswirkungen der Gehirnaktivitäten sind. Ich möchte darlegen, wie diese Aktivitäten entstehen und wie sie uns zu Illusionen über ihre eigenen Kräfte und Eigenschaften veranlassen.«
Daß selbst Fachleute nicht frei von Irrungen sind, daß manche von ihnen aufgrund der Komplexität ihrer eigenen Bewußtseinstheorien und Nichtbeachtung experimentell gewonnener gegenteiliger Erkenntnisse ihrer Kollegen oft voll »danebenliegen«, ist eine nicht zu leugnende Tatsache, was sich häufig anhand von Beispielen aus der Praxis leicht belegen läßt. So haben Neurologen der Universität von Iowa (USA), Dr. Antonio Damasio und Dr. Daniel Tranel, im Jahre 1985 zwei Frauen untersucht, die an einer sehr selten in Erscheinung tretenden Unzulänglichkeit des Gehirns litten: an Prosopagnosie – der Unfähigkeit, Gesichter von Freunden, ja selbst nicht einmal die ihrer Familienangehörigen wiederzuerkennen. Die Ärzte zeigten den Frauen zahlreiche Fotos von Gesichtern, von denen sie nur einige wenige zu erkennen glaubten; die meisten von ihnen waren für sie Fremde. Keine der beiden Frauen soll auch nur eines der Gesichter *bewußt* erkannt haben, ihre nächsten Angehörigen miteinbezogen. Als man beim Vorzeigen der Fotos Ge-

hirnstrommessungen durchführte, stellte es sich heraus, daß die Meßinstrumente wesentlich höhere Potentiale anzeigten, wenn die Frauen mit den Konterfeis ihrer Familienangehörigen konfrontiert wurden. Die Neurologen folgerten hieraus, daß die Frauen zwar mit Teilen ihres Gehirns ihre Freunde und Blutsverwandten registriert hatten, daß ihnen diese visuellen Informationen jedoch nicht *bewußt* geworden waren. Sie konnten sie ihrem Erinnerungsspeicher nicht zuordnen. Die Untersuchungsergebnisse verdeutlichen, daß das Gehirn eine Fülle von Aktivitäten weiterleitet, die allerdings nicht bis zum Bewußtsein einer Person vordringen. Daher gilt es mit der überholten Vorstellung aufzuräumen, daß Dinge, deren wir uns nicht bewußt werden, auch nicht existieren. Das Experiment vermittelt zudem den Eindruck der Unabhängigkeit des Bewußtseins vom Gehirn. Hinzu kommt, daß der Übergang von Informationen aus dem Zentralnervensystem ins Bewußtsein noch völlig ungeklärt ist.

Im Jahre 1910 sprach der Psychologe E. M. Weyer von »jener Brücke aus Spinnweben, die der Wissenschaft verschlossen ist, von der die Kluft zwischen dem bewußten Geist und der gefühllosen Materie überspannt wird«. Genaugenommen ist, bei objektiver Betrachtung, der Prozeß, wie Information vom Zentralnervensystem ins Bewußtsein wechselt, ebenso mysteriös wie der, wodurch Information aus dem Bewußtsein einer Person in das einer anderen überspringt. Nobelpreisträger Sir John Eccles ist davon überzeugt, daß die »gesamte Welt der mentalen Ereignisse eine ebenso selbständige Wirklichkeit besitzt wie die der Materie-Energie«. Er meint, daß wir unser Wissen von der materiellen Welt ausschließlich unseren Sinnesorganen, d. h. mentalen Prozessen verdanken würden, deren Ursprünge sich keinesfalls im Gehirn lokalisieren ließen. Die moderne Bewußtseinsforschung verlangt offenbar nach subtileren Funktionsmodellen.

2 Das Holo-Prinzip – Speichern für die Ewigkeit

> »Wir haben nicht die mindeste Ahnung,
> wie sich der Wechsel vom Vorgang im Gehirn
> zur Erfahrung im Bewußtsein vollzieht,
> und wer oder was dieses
> unvorstellbare ›Neuronenfeuerwerk‹ steuert.«
>
> C. E. M. Joad
> in *The New Statesman and Nation*
> 23. August 1948

Gehirnphysiologen waren bereits in den sechziger Jahren imstande, bestimmte Fähigkeiten, die man Kleintieren wie Würmern, Mäusen und Ratten antrainiert hatte, auf andere Tiere ihrer Art zu übertragen, indem sie ihnen deren Gehirnzellen injizierten. Im Prinzip sollte dies auch bei höherentwickelten Lebewesen möglich sein, und man fragt sich allen Ernstes, ob einschlägige Experimente nicht schon irgendwo durchgeführt wurden. Wissenschaftler, die mit solchen Versuchen Fortschritte in der Gehirnforschung zu erzielen hofften, müßten inzwischen festgestellt haben, daß sich auf diese Weise kein »Bewußtsein« vermitteln läßt. Was auf Würmer und Nager übertragen wurde, war auch keine bewußt gewordene, reine Information, sondern lediglich ein informationsbeladener »Träger«, der, einfach ausgedrückt, mit einem bespielten Tonband verglichen werden kann. Da diesem allerdings das immaterielle und *doch real existierende »geistige Prinzip«*, das Bewußtseinsfeld fehlt, müßten sich solche Experimente bei bewußt agierenden Wesen als völlig nutzlos erweisen.
Geklonte menschliche »Duplikate« blieben – nach dieser Methode indoktriniert, leb- und bewußtlos, auch wenn man ihnen noch so viel Gehirnzellen-Informationsmaterial injizieren würde. Ohne eigene Identität, ohne steuerndes Bewußtsein ist menschliches Leben undenkbar.

Offenbar in Verkennung dieser Zusammenhänge heißt es in dem 1961 von Professor K. Steinbuch veröffentlichten Beitrag *Bewußtsein und Kybernetik*: »...Auf gar keinen Fall scheint es mir wahrscheinlich oder gar bewiesen, daß zur Erklärung geistiger Funktionen irgendwelche Voraussetzungen gemacht werden müssen, die über die normale Physik hinausgehen.« Nicht nur, daß die »normale Physik« unter dem Einfluß der Quantenmechanik permanenten Umdenkprozesses ausgesetzt ist; es gibt auch zahlreiche Hinweise aus der gehirnchirurgischen Praxis, die auf die Unhaltbarkeit der Steinbuchschen Theorie hindeuten.

Professor Dr. Werner Schiebeler – Dozent für Physik und Elektronik – beleuchtet in seinem Beitrag *Das Fortleben nach dem Tode im Hinblick auf Naturwissenschaft und Parapsychologie* gut dokumentierte Fälle, die darauf schließen lassen, daß geistige Prozesse »nicht nur an unsere irdische Materie und an ein intaktes Gehirn gebunden sind«. Hier heißt es: »Es gibt nämlich manchmal Fälle sehr tiefgreifender Gehirnverletzungen, die zumindest kurzzeitig – meist kurz vor dem Tode – nicht zu Ausfallerscheinungen führen, wie man eigentlich erwarten müßte.« Schiebeler zitiert dann den Bericht eines Schweizer Arztes über schwere Gehirnverletzungen, die durch Kriegseinwirkung hervorgerufen wurden: »Etwa die Hälfte der Kopfdurchschüsse im Ersten Weltkrieg zertrümmerten die wesentlichen Anteile des Großhirns; die Verletzten blieben vollbewußt. Einem Mechaniker wurden durch Propellerschlag beide Hinterhauptslappen amputiert. Der Mann wurde sofort blind, jedoch nicht bewußtlos. Einem Patienten von Lenggenhager wurden beide Stirnlappen sozusagen abgefräst. Der Verunfallte war imstande, einige Meter weit zu gehen. Schwerste Hirnverletzungen, Fälle, bei denen der Arzt Hirnbrei in der Tiefe der Wunde findet, gehen vielfach ohne Bewußtseinsverlust einher. Ganze Hirnlappen müssen mitunter abgetragen werden; trotzdem kann man sich mit dem Patienten

1 Ungewöhnliche Erscheinungen am Körper der gerade verstorbenen Mrs. Pallister. Anwesende bezeugten, ihr Körper sei von Edelsteinen aller Art bedeckt gewesen. Auf ihrem Oberkörper und Leichentuch waren angeblich hübsche Figuren zu sehen, die sich fortwährend bewegten. Entnommen dem Flying Stationer, London um 1820.

2 Nobelpreisträger Sir John Carew Eccles (Nobelpreis für Medizin 1963), betrachtet das Bewußtsein als etwas Körperunabhängiges, das »außerhalb des zentralen Nervensystems existiert«.

3 Der amerikanische Arzt Dr. Raymond Moody veröffentlichte 1975 sein Buch Life after Life, in dem reanimierte Patienten erstmals über ihre Nahtoderfahrungen (NTEs) berichteten. Es wurde binnen weniger Wochen zum Bestseller.

4 *Professor Kenneth Ring vom Department of Psychology der University of Connecticut in Storrs, der mit zahlreichen Berichten über die von ihm durchgeführten Untersuchungen und seinen hieraus abgeleiteten Theorien über Nahtoderfahrungen dem Autor informativ zur Seite stand.*

4a *Eine der vielen Publikationen des Thanatologen Professor Ring, in denen er heutige Nahtoderlebnisse mit den Todesvorstellungen in religiösen Schriften und Überlieferungen früherer Kulturen vergleicht.*

Guest Editorial

A New Book of the Dead: Reflections on the Near-Death Experience and the Tibetan Buddhist Tradition Regarding the Nature of Death

Kenneth Ring, Ph.D.
  University of Connecticut

ABSTRACT: There are many similarities between Tibetan Buddhist teachings on death, as reflected in *The Tibetan Book of the Dead* (Trungpa and Freemantle, 1975), and a perspective based on the modern study of near-death experiences (NDEs)—but also important differences. In view of these differences, a more appropriate comparison might involve historical cases of Tibetan NDEs and contemporary Western accounts. A tradition of NDEs in Tibetan culture, the *das-log* experience, affords such a comparison. Modern NDEs differ from *das-log* experiences in ways that reflect their cultural context, and may provide the foundation for a new Book of the Dead especially fitted to the existential and planetary concerns of our own time.

What can we say about the nature of death from the perspective of modern Western scientific research? My jumping off place for this question will be—to no one's surprise, I'm sure—the research that has been conducted, largely in the West, for almost two decades now, on the near-death experience (NDE). Most readers of this Journal, I

Kenneth Ring, Ph.D., is Professor of Psychology at the University of Connecticut. This article is adapted from a presentation to the International Conference on Healing: Beyond Suffering or Death, Montreal, Canada, June 22, 1993. Reprint requests should be addressed to Dr. Ring at the Department of Psychology, University of Connecticut, Storrs, CT 06269-1020.

5 Der amerikanische AKE-Experte Robert Allan Monroe hat verschiedene Techniken entwickelt, nach denen sich Astralkörperaustritte bewußt herbeiführen lassen.

6, 6a Traum-Experimente im Traumlabor des Maimonides Medical Center in Brooklyn, New York. Elektroden an Stirn, Kopfhaut und Schläfen der Versuchsperson messen die Aktionsströme von Hirn und Augenmuskeln. Diese registrieren sog. REM- (schnelle Augenbewegungen) bzw. Traumphasen. Sie zeigen: Träume und Außerkörperlichkeit sind grundverschieden.

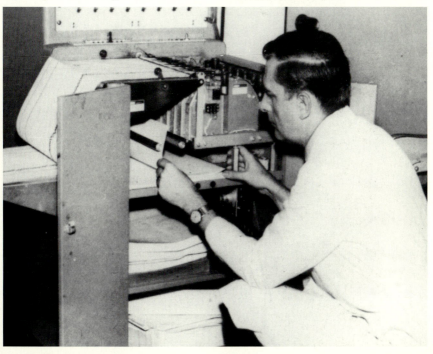

7 Der Psychologe Dr. Karlis Osis, der mit dem bekannten amerikanischen Medium Ingo Swann im Labor zahlreiche Fernwahrnehmungs-Experimente durchführte, vor dem »Fenster« eines speziellen Testgerätes, durch das Swann seinen Astralkörper »austreten« ließ.

8 Die von Dr. Osis benutzte »Plattform« an der Labordecke. Auf ihr befanden sich unterschiedliche Bildmotive, die Swann mit seinem ausgetretenen Astralkörper zu ermitteln versuchte.

9 An der Duke University in Durham, North Carolina, experimentierte der Psychologe Dr. Robert Morris mit dem bekannten Medium Keith (Blue) Harary, der im »ausgetretenen« Zustand mit seinem Astralkörper Katzen, Hunde, Ratten und Schlangen beeinflussen konnte.

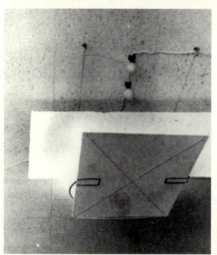

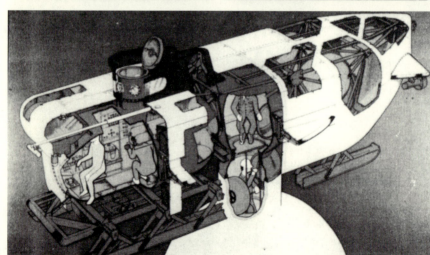

unterhalten. Man ist überhaupt überrascht, festzustellen, wieviel Zerrungen, Druck, Quetschungen, ja sogar Zerstörung ein Großhirnteil ohne Erlöschen des Bewußtseins auszuhalten vermag.«
Makaberer noch als das Injizieren von Gehirnzellen von funktionstrainierten Tieren sind Transplantationsexperimente mit Tierköpfen. So wurden bereits Geräte entwickelt, die kopflose Körper »leben« und rumpflose Köpfe »atmen« lassen. Vor Jahren schon präsentierte der amerikanische Professor Robert White eine medizinische Sensation, die selbst die erste Herzverpflanzung des südafrikanischen Arztes Christiaan Barnard in den Schatten stellt: Er verpflanzte den Kopf eines Rhesusäffchens auf den Körper eines anderen gesunden Affen der gleichen Spezies.
Das Experiment gelang. Knapp zwei Stunden nach der Operation wachte der Kopf des einen Äffchen auf dem Rumpf des fremden Versuchstieres auf. Es konnte sehen, hören, kauen und die Lippen bewegen. Sein Reaktionsvermögen hatte nicht gelitten, doch den Kopf konnte es nicht wenden, da dieser nur durch die Blutgefäße mit dem Körper in Verbindung stand und die Nerven als Informationsvermittler abgetrennt waren. Es kann nicht ausgeschlossen werden, daß ähnliche Experimente auch bei Menschen in Erwägung gezogen werden, daß sie an Schwerverletzten ohne anderweitige Überlebenschancen oder an Exekutierten vielleicht schon längst durchgeführt wurden. Man fragt sich, wie das Bewußtsein Kopftransplantierter nach »gelungener« Operation wohl empfinden mag, wie es, verbunden mit dem fremden Körper, reagieren würde. Müßte es nicht zwangsläufig in einen schizophrenen Zustand verfallen?
Unvorstellbarer noch wäre die technisch gestützte Aufrechterhaltung der biologischen Funktionen eines Kopfes oder eines in einer Nährlösung aufbewahrten Gehirns, wie in Curt Siodmaks 1953 verfilmter Novelle *Donovan's Brain* (Donovans Gehirn), in dem sich der »Überlebende« mit sei-

nen Betreuern auf telepathischem Wege verständigt. Wieder stellt sich die Frage, ob das autonome Bewußtsein eines nur aus Kopf oder Gehirnmasse bestehenden »Wesens« mit den spärlichen Resten seines materiellen Körpers überhaupt noch in Verbindung bleiben oder sich durch einen willentlichen Kraftakt nicht lieber von diesem lösen möchte, um durch die Flucht ins Jenseits künftigen Experimenten und Quälereien zu entgehen.

Professor Marvin Minsky vom Massachusetts Institute of Technology (MIT), der sich mit Fragen der Computertechnologie und künstlicher Intelligenz befaßt, der die Existenz eines autonomen Bewußtseins vehement bestreitet, glaubt eine besonders saubere Lösung für die Konservierung wertvollen menschlichen Wissens gefunden zu haben. Er will alle während eines Menschenlebens gesammelten Informationen dadurch in die Zukunft hinüberretten, daß er in die Zentren der Gehirne superintelligenter Zeitgenossen *Neurochips* einpflanzen läßt. Diese sollen [Originalaussage] »Informationen aus allen Teilen des Gehirns sammeln und sie an einen Computer weitergeben, der sie speichert«.

Minsky verwechselt offenbar die an unsere vierdimensionale Welt gebundenen Informationen mit dem, was unter höherdimensionalem Bewußtsein oder Geist zu verstehen ist. Die ausschließlich im Bewußtsein entwickelte und gespeicherte Intelligenz – schöpferische, innovationsauslösende Gedanken, die es Minskys Meinung nach zu konservieren und zu nutzen gilt – dürfte er mit Neurochips wohl kaum erfassen können. Diese liegen nach den Erkenntnissen unorthodox argumentierender Wissenschaftler einige dimensionale »Stockwerke« höher.

Nach Ansicht des an der Stanford University (Kalifornien) dozierenden Neurologen Professor Karl Pribram funktioniert das Gehirn sowohl »analytisch« als auch »holografisch«, also *gleichzeitig*, d. h. wie ein digitaler und analoger Computer. Nach dem von ihm vorgestellten *holografi-*

schen Modell lassen sich sowohl paradoxe Gehirnfunktionen als auch Psi-Phänomene und sogenannte *transpersonale Erfahrungen* verstehen. Pribram wollte mit seiner Theorie zunächst klären, warum Spuren ein und derselben Erinnerungen an verschiedenen Stellen des Gehirns gespeichert und abrufbar sind. Eine der noch offenen Fragen bezog sich auf das Ausbleiben von Erinnerungsverlusten bei Zerstörung großer Teile des Gehirns, wie zuvor geschildert. Pribram stellte fest: »Wenn z. B. eine Person nach einem Schlaganfall, der die Hälfte ihres Gehirns zerstört hat, wieder in ihre Wohnung kommt, erkennt sie nicht etwa nur die Hälfte derselben wieder: Das Gedächtnis wird entweder vollständig oder gar nicht zerstört. Es können keine eindeutigen Beziehungen angegeben werden zwischen der Menge des Gewebeverlustes und der Anzahl der verlorenen Erinnerungen. Nur zwei Prozent der Nervenfasern eines bestimmten Systems im Gehirn können die Funktion desselben aufrechterhalten!« Diese Kapazitätsreserve läßt sich jedoch mit herkömmlichen Bewußtseinsmodellen nicht erklären. Engramme (Gedächtnisspuren), nach denen Wissenschaftler jahrzehntelang gefahndet hatten, waren unauffindbar; sie hätten für solche Sonderleistungen des Gehirns auch keine Erklärungen liefern können. Das Gedächtnis scheint vielmehr über das gesamte Gehirn »verteilt« zu sein, ähnlich dem Interferenzmuster eines Hologramms – eines riesigen Speichers für einfallende Wellenmuster, der es ermöglicht, jede Erinnerung an jeder Stelle abzurufen. Somit könnten die Erinnerungen der gesamten Welt in einem einzigen Punkt enthalten sein – eine Theorie, die ohne weiteres nahtlose Übergänge in höherdimensionale Realitäten, in sogenannte *Hyperwelten* zuläßt.
Der französische Kernphysiker Jean E. Charon hat sich in tiefschürfenden philosophischen Abhandlungen eingehend mit der Lokalisierung des Bewußtseins auseinandergesetzt. Er ist der Auffassung, daß es neben der sichtbaren materiel-

len Raumzeit noch eine solche des Geistes (Bewußtseins) gibt. Charon: »Ihrer physikalischen Definition nach sind die geisttragenden Partikel stabil, ihre Lebensdauer ist also... identisch mit der des Universums. Dieser Umstand ist vor allem seiner metaphysischen Implikationen wegen von größter Bedeutung. Wenn diese Teilchen nämlich einerseits einen Raum einschließen, dessen Informationsgehalt niemals verlorengehen kann... und andererseits die Lebenszeit dieser Teilchen so gut wie ›ewig‹ ist, führt uns das zu dem Schluß, daß alle Informationen, die wir im Zuge eines Menschenlebens in jene Partikel investiert haben, aus denen unser irdischer Körper zusammengesetzt ist, *über unseren körperlichen Tod hinaus, also in alle Ewigkeit, weiterbestehen werden.*«

Wie sehr Charon dem holographischen Prinzip des Bewußtseins zugetan ist, erhellt aus seinen weiteren Gedanken: »Es scheint vielmehr so zu sein, daß jedes der Teilchen, die unseren Körper bilden, für sich allein schon die *Gesamtheit* jener Informationen besitzt, deren Inhalt alle Charakteristika unseres Geistes, unserer Persönlichkeit, unseres ›Ich‹ – oder wie immer wir es nennen wollen – bestimmt. Auf der Ebene des Geistes finden wir somit genau das wieder, was die Biologen auf experimentellem Wege für die genetische Information beweisen konnten... Es wären demnach nicht die Chromosomen, sondern jedes einzelne der physikalischen Partikel, aus denen diese bestehen, Träger der Gesamtinformation des betreffenden Individuums. Es ist sogar möglich (ja wahrscheinlich), daß diese Gesamtinformation auch in all jenen Elementarteilchen enthalten ist, aus denen sich die übrigen Teile der Zelle – Kern, Zytoplasma der Zellmembran – zusammensetzen, und nicht nur in denen der Chromosomen selbst.« Abschließend meint Charon: »Wenn wir unserem ›Ich‹ den Stellenwert einräumen, der ihm gemäß der neuesten Erfahrungen der Teilchenphysik zuzukommen scheint, so gibt es für uns keinen

›richtigen‹ Tod mehr – ebensowenig übrigens wie es dann noch eine ›richtige‹ Geburt gibt.«
Daß Charon mit seiner verwegenen Theorie von den »beseelten« Teilchen durchaus Recht haben könnte, erhellt aus einer interessanten Äußerung des bekannten amerikanischen Ingenieurs Arthur Young, dem Erfinder des Bell-Hubschraubers. Young befaßte sich nicht nur mit dem Paranormalen, sondern er versuchte auch quantenphysikalische Fakten mit dem Mystischen verschmelzen zu lassen. Dabei verwies er zur Verdeutlichung ungewöhnlicher Geschehnisse auf das Phänomen »Licht«, das ihn wegen seines widersprüchlichen Verhaltens außerordentlich faszinierte:
– Es besitzt *keine Masse* und bringt dennoch Partikel wie Elektronen und Protonen hervor;
– es hat *keine Ladung* und vermag trotzdem Partikel mit Ladung zu erzeugen;
– für Lichtteilchen (Photonen), die Lichtimpulse darstellen, *existiert die Zeit nicht*, da Einstein gezeigt hat, daß Uhren bei Lichtgeschwindigkeit zum Stillstand kommen.
Aus all dem folgert Young, daß Nullmasse *alles sein kann*, daß (unser immaterielles, masseloses) Bewußtsein auch ohne das materielle Gehirn zu existieren vermag. Wenn dem so ist, müßte das Selbst-Bewußtsein nach dem biologischen Tod weiterbestehen. Mehr noch: Licht in Form elektromagnetischer Wellen, wie sie beim Funk und Fernsehen genutzt werden, müßte sich als ideales Kommunikationsmittel zwischen unterschiedlichen, d. h. diesseitigen und jenseitigen Welten eignen, was sich in Laufe der letzten Jahrzehnte auch als zutreffend erwiesen hat.
Fassen wir noch einmal zusammen: Bedeutende Neurophysiologen, die sich unvoreingenommen mit der Gehirn/Bewußtseins-Beziehung auseinandersetzen, sind davon überzeugt, daß das Gehirn zwar die Bedingungen schafft, die für bewußte Aktivitäten notwendig sind, diese Aktivitäten aber selbst nicht produziert. Ein einfaches Bei-

spiel aus dem Alltag soll dies verdeutlichen. Um ein Fernsehprogramm zu empfangen, bedarf es, neben Antenne oder Kabelanschluß, eines TV-Geräts. Dieses ist aber keinesfalls die Ursache des Programms. Letzteres geht auch dann noch weiter, wenn man den Empfänger abschaltet. Ähnlich funktioniert das Gehirn, indem es die Impulse mentaler Energiefelder verstärkt und sie in psychische und physische Aktivitäten umsetzt. Einfacher formuliert: Es gleicht einem kombinierten Sende-/Empfangsgerät, das zwischen dem Körper und dem »mentalen Feld«, dem Bewußtsein, Mitteilungen austauscht. Nicht mehr und nicht weniger!

3 »Bewußtseinsdämmerung« – Am Anfang war das Feld

All das, was wir bislang über das Bewußtsein in Erfahrung bringen konnten, läßt darauf schließen, daß es nicht im Gehirn entsteht, daß es zeitlebens unserem biologischen Körper als immaterielle Komponente holografisch angelagert und Teil einer anderen, höherdimensionalen Realität ist.
Das Dilemma der Bewußtseinsforschung, die Unmöglichkeit des exakten Definierens von »Bewußtsein« wohl erkennend, hat der amerikanische Physiker Keith Floyd in seinem Beitrag *Time and the Mind* (Zeit und Bewußtsein) mit der scherzhaften Bemerkung charakterisiert, Neurophysiologen könnten deshalb niemals das finden, was sie außerhalb ihres eigenen Bewußtseins suchten, denn wonach sie Ausschau hielten, sei genau das, was sucht. Hier »beißt sich« die berühmte »Katze in den eigenen Schwanz«. Wie sollte etwas (das Bewußtsein) sich selbst (ebenfalls das Bewußtsein) erkennen? Es ist in etwa so, als ob jemand, der vor einem Spiegel steht, der nur seine Vorderseite (den materiellen Körper) erblickt, seinen eigenen Rücken (hier: das Bewußtsein) beschreiben möchte. Und selbst wenn der Be-

treffende mit Hilfe eines zweiten Spiegels das Bild seines Rückens im ersten Spiegel eingeblendet sehen würde, wäre dies auch nur ein weiteres Spiegelbild in einem Spiegel und nicht das Original. Beide Spiegelbilder würden auch keine Rückschlüsse auf die materielle (biologische) Beschaffenheit des hinteren Körperteils und schon gar nicht auf dessen molekulare, atomare, nukleare oder gar subnukleare Zusammensetzung zulassen.
Neuerdings ist man versucht, dem Bewußtsein Feldcharakter zuzuschreiben. Hypothetische Bewußtseinsfelder müßten sich von den uns bekannten physikalischen Feldern wie z. B. dem Gravitationsfeld dadurch unterscheiden, daß sie sich holografisch ins sogenannte Immaterielle – in eine andere übergeordnete Realität [gewissermaßen »um die Ecke«] – erstrecken. Und dies möglicherweise »nahtlos«. Mit einem solchen Feld-Modell lassen sich übrigens auch bessere Bezüge zur Informationstheorie und zur Subquantenwelt herstellen.
In *Transkommunikation* (Vol. II, Nr. 4/1995) definiert der Italiener Dr. Nitamo Federico Montecucco von *Cyber Ricerche Olistiche* Bewußtsein als »Fähigkeit, den Sinn und die Bedeutung einer Information wahrzunehmen«. Unter dem *Einheitsfeld des Bewußtseins* (dem Cyber als Bewußtseinseinheit) versteht er »ein sich selbst erkennendes Informationsfeld, das mit ›autonomem‹ Leben begabt ist. Montecucco sieht in dem, was wir als Leben bezeichnen, *Bewußtseinsfelder starker Informationskonzentration*, die, ähnlich dem aus der Physik geläufigen *Prinzip der Erhaltung von Energie und Masse* (Erstes Gesetz der Thermodynamik) den körperlichen Tod überdauern und in einer parallelen Bewußtseinsdimension ewig fortexistieren.
Das holografische Bewußtseinsfeld-Modell enthebt der einseitigen Vorstellung orthodoxer Verhaltensforscher, daß unser Bewußtsein nur durch »Anreizen« und »Reagieren« zustande kommt. Es besagt vielmehr, daß Gedankenprozesse

holografisch mit allen geistigen Aktivitäten anderer verbunden sind. Ein weiterer interessanter Aspekt drängt sich auf: Wenn das Bewußtsein Feldeigenschaften besitzt, wenn es eine spezifische Schwingung des universellen Feldkomplexes darstellt, der letztlich für die Entstehung unserer gesamten materiellen Welt verantwortlich ist, bietet dieses Modell eine grundvernünftige Erklärung für Interaktionen zwischen Geist (Bewußtsein) und Materie wie z. B. bei der Psychokinese.

Der amerikanische Physiker Dr. Jack Sarfatti, ein früherer Mitarbeiter von Professor David Bohm (†) von der Universität London, hat sich um die Generalisierung der Gravitationstheorie verdient gemacht. Gravitationsfelder sind seiner Auffassung nach für die zielgerichteten Eigenschaften sowohl des Bewußtseins als auch der Materie bestimmend: »Jede Art schwerer Gravitonen [das sind hypothetische Träger des Gravitationsfeldes] ist für eine ganz bestimmte Organisationsskala der Materie verantwortlich. So bewirkt z. B. eine Art schwerer Gravitonen die Kernkräfte, die den Atomkern organisieren, d. h. Wechselwirkungen zwischen Protonen und Neutronen. Ein anderer Typ schwerer Gravitonen ist für die Organisation der Materie durch Elektronen zuständig. Ein weiterer organisiert Atome und Moleküle. Ein sehr wichtiges schweres Graviton ist das sogenannte *Biograviton*, das alle belebten Systeme organisiert und von dem es mehrere Subvarianten geben dürfte.« Darüber hinaus unterscheidet Sarfatti noch zwischen anderen Arten schwerer Gravitonen, die die Materie in planetaren und galaktischen Maßstäben organisieren.

Aus Sarfattis allgemeiner Gravitationstheorie lassen sich nicht nur alle physikalischen Gesetzmäßigkeiten, sondern auch paraphysikalische Phänomene wie z. B. Psychokinese ableiten, die durch den Einfluß des Bewußtseins auf biogravitative Felder zustande kommen. Die Interaktionen von materiellen und Bewußtseinsfeldern würden auch erklären,

wie das Bewußtsein eines Menschen die Bewegungen atomarer und subatomarer Teilchen beeinflußt.
Zusammenfassend könnte man sagen, daß sich das »holografische« Bewußtsein in einem Biogravitationsfeld und Materie im physikalisch meßbaren Gravitationsfeld des Raumzeit-Universums ausdrückt. Materie und Bewußtsein bilden demzufolge ein *einziges* einheitliches Ganzes. Und unter diesem Aspekt stellen Geist und Universum einen gewaltigen multidimensionalen Projektionsraum des Bewußtseins dar.
Vertreter der unorthodoxen, »neuen« Physik schreiben sämtliche materielle Existenzformen allein dem Wirken des Bewußtseins zu. Unsere Raumzeit-Realität stellt sich hiernach als ein »Super-Hologramm« dar, welches das Bewußtsein ausschließlich *für sich selbst* erschaffen hat. Wenn dem so ist, wäre das Bewußtsein vielleicht das einzig Reale überhaupt.
Der hier mehrfach zitierte Gehirnphysiologe Professor John C. Eccles befaßt sich in seinem jüngsten Buch *Wie das Selbst sein Gehirn steuert* unter anderem mit der Entwicklung der Hirnrinde im Verlaufe der Evolution, wobei sogenannte *Psychonen* – hypothetische *mentale Einheiten* – eine eminent wichtige Rolle spielen. Danach verfügt jedes *Psychon* über eine »einzigartige Bewußtseinserfahrung«. Eccles fragt, ob die Geist-Welt bereits bestand, bevor sie durch die entwickelte Hirnrinde der primitiven Säuger erfahren werden konnte. Er meint, daß, wenn alle Säuger über Bewußtsein verfügen, dessen Ursprung bis zu 200 Millionen Jahre zurückliegen müßte.
Ob dem wirklich so ist, ob man die Entstehung des Geist/Bewußtseins-Komplexes mit der biologischen Evolution in Verbindung bringen darf, bleibt dahingestellt. Die Hirnrinde mag zwar für die Aufnahme und Verarbeitung bewußter Empfindungen, für das Selbsterkennen und entsprechende Reaktionen unerläßlich sein, über die Herkunft

des Bewußtseins sagt sie absolut nichts aus. Die Quelle des Bewußtseins liegt nach wie vor im dunkeln. Vielleicht begnügen wir uns damit, seine Herkunft aus dem abzuleiten, was Philosophen und Esoteriker schon seit jeher mit *Allgeist* oder *Weltseele* umschreiben.

Die Zeitlosigkeit des Bewußtseins – sie könnte ebenfalls auf deren Fortbestand nach dem Körpertod hindeuten – hat mein Autorenkollege Gerhard Steinhäuser (†) anhand einer Selbsterfahrung, die jeder von uns nachvollziehen kann, so treffend beschrieben: »Wenn wir versuchen, uns selbst zu ›empfinden‹ und wie ›alt‹ wir uns dabei fühlen, werden wir zu unserem Erstaunen feststellen, daß wir uns eigentlich immer ohne ein bestimmtes ›Alter‹ fühlen. Heute nicht ›älter‹ als vor zehn Jahren oder vierzig. Zwar müssen wir – je älter wir werden – zu unserem Leidwesen konstatieren, daß uns das Gedächtnis manchmal im Stich läßt, daß wir in den Speichern unserer Informationen mühsam nach Erinnerungen und Worten suchen müssen – aber das tun doch *wir*, und wir unterscheiden dabei sehr richtig zwischen ›uns‹ und unserem Gedächtnis. Wir verhalten uns dabei wie ein Maschinist, dessen Gerät langsam verrostet – er ärgert sich. Wären wir wesensgleich mit dieser Maschine, könnten wir deren Mängel und Fehler niemals bewußt registrieren. Eine Maschine kann sich niemals selbst empfinden.« Steinhäuser folgert hieraus: »Das Bewußtsein selbst ist *ohne* Alter. Es kann gar nicht altern, weil es den Gesetzen dieser Zeit und dieses Raumes nicht unterliegt. Das Bewußtsein ist zeitlos und daher ewig... Informationen werden nicht ›alt‹, und deshalb empfinden wir uns in Wahrheit immer ›gleich alt‹.«

IV

Stippvisiten im »Danach«

> »Ich war mir der Existenz
> dieser Seite nicht bewußt.
> So war es, als ich hier herüberkam,
> wie das Aufwachen am Morgen,
> ohne zu wissen, woran man ist.
> So als ob man einen schlechten Traum hat.«
>
> Dr. George J. Mueller († 1967)
> über Transkommunikationsgerät
> *Spiricom Mark IV*
> bei William O'Neil (1979)

Moskau, an einem Wintertag Ende der sechziger Jahre. Im Morgengrauen sieht einer der neben dem Lenin-Mausoleum postierten Wachen am Gitterwerk des gegenüberliegenden Hauses eine leblose Gestalt baumeln.
Nach der Wachablösung meldet er seine Beobachtung umgehend dem diensthabenden Offizier, der sich gleich der steifgefrorenen Leiche des Selbstmörders annimmt. Seiner Dienststelle ist bekannt, daß der Physiologe Professor Brunchanenko in seinem unweit des Roten Platzes gelegenen Labor mit Tieren experimentiert, deren Leben er dadurch verlängern will, daß er sie an künstliche Herzen anschließt. Dorthin bringt man die Leiche, um an ihr Reanimationsversuche durchführen zu lassen...
Während das künstliche Herz zu pumpen und frisches, mit Sauerstoff angereichertes Blut durch die bereits erschlafften Adern des Selbstmörders zu strömen beginnt, spritzt man dem Leblosen anregende Medikamente in die Venen.

Da an der Leiche keine Muskelkontraktionen feststellbar sind, versuchen die Ärzte, diese elektrisch zu stimulieren. Leider ohne Erfolg. Die Pupillen des Toten zeigten schon keine deutlichen Umrisse mehr, seine Augäpfel sind in sich zusammengefallen. Die Körpertemperatur des Toten hat bereits die Außentemperatur unterschritten. Professor Brunchanenko ordnet daher jetzt die langsame Erwärmung des Leblosen in Ölbädern sowie den Einsatz elektrischer Heizgeräte bei den Extremitäten an. Dann ... plötzlich entweicht dem Mund des Mannes ein langgezogener Seufzer.
Die Hoffnung, den Selbstmörder doch noch wiederbeleben zu können, wächst mit jeder Stunde. Verbissen arbeitet Brunchanenkos Team die ganze Nacht über, bis das Gehirn des Mannes wieder zu funktionieren beginnt. Ein Wunder scheint Wirklichkeit zu werden. Der fast Aufgegebene beginnt zu sprechen. Schwach, kaum vernehmbar kommt es über seine spröden Lippen: »Ich befand mich in einem Land, das ich nie zuvor gesehen habe. Es war sehr groß und schön. Dorthin möchte ich wieder zurück. Ich spüre noch den süßen Geschmack im Mund von dem Wasser, das ich trank. Dort war ein großer Springbrunnen, aus dem ich getrunken habe. Ich habe Blumen gesehen, dreimal so groß wie unsere Blumen. Sie dufteten, wie bei uns nicht einmal die schönsten Blumen im Hochsommer.
Ich habe viele Menschen aus der Ferne gesehen. Wenn ich auf sie zulaufen wollte, entfernten sie sich mit der gleichen Geschwindigkeit, mit der ich mich auf sie zubewegte [typisch für das hier angesprochene holografische Prinzip; Anmerk. d. Verfassers].
Unter einem großen Baum, der bis in den Himmel zu reichen schien, stand ein Mann mit einer Trommel. Er lief nicht vor mir fort... Ich weiß nicht, ob er es war, der zu mir sprach. Irgend jemand sagte mir, daß jetzt alles gut sei und daß ich, wenn ich das wollte, sogar fliegen könnte...
Wie schwer meine Arme und Beine jetzt wieder sind. Ich

glaube, ich kann sie nie mehr bewegen, denn in jenem anderen Land, in dem ich mich aufgehalten habe, war alles ganz leicht...
Der Trommler wurde mit einem Mal so groß wie der Baum. Ich konnte ihn schon gar nicht mehr erkennen. Und dann lief ich immer weiter durch diese schöne grüne Welt und rief laut nach einem Menschen. Jetzt weiß ich, daß ich meine Mutter gesucht habe. Aber sie war doch schon lange tot. Ich habe nach ihr gesucht, und jemand sagte mir auch, daß ich sie bald finden werde. Aber es werde etwas dauern...
Ich bin dann unter dem großen Baum, der bis in den Himmel ragt, eingeschlafen. Und nun weiß ich nicht mehr, ob ich dieses Leben in jenem anderen Lande nur geträumt habe oder ob ich jetzt hier einen bösen Traum erlebe.«
Gerade einmal vier Tage sollte der mit hohem technischen Aufwand Reanimierte leben, wenn man den Balanceakt zwischen hier und »drüben« überhaupt als »Leben« bezeichnen kann. Dann vermochte das künstliche Herz seine Lebensfunktionen nicht länger aufrechtzuerhalten. Seine »Galgenfrist« war endgültig abgelaufen. »Ich habe Sehnsucht nach dem grünen Land«, sollen seine letzten Worte gewesen sein.

1 Nahtod-Visionen – Trugbilder oder Realität?

Als im Jahre 1975 der Arzt Dr. Raymond Moody erstmals ein Buch über Nahtod- bzw. Sterbebettvisionen veröffentlichte [vgl. Kapitel II/2], in dem Reanimierte ihre Erlebnisse an der Schwelle des endgültigen »Aus« schildern, konnte niemand ahnen, daß diese eher bescheidene Publikation zum Auslöser einer neuen »Überlebensphilosophie« werden würde. Inzwischen haben sich weltweit namhafte Wissenschaftler dieser uns alle bewegenden Thematik angenommen, haben unter den Wiederbelebten Befragungen durchgeführt und diese im Rahmen umfassender Untersuchungen eingehend analysiert. Trotz der Fülle neuer Erkenntnisse und Indizienbeweise geht der Streit zwischen denen, die Nahtoderlebnisse (kurz: NTEs) für *echte Einblicke* ins »Danach« – in eine andere Realität – halten und ihren Kritikern, die hierunter Halluzinationen oder sonstige Fehlleistungen des Gehirns vermuten, unvermindert weiter. Orthodox orientierte Mediziner führen für NTEs unterschiedliche »natürliche« Ursachen ins Feld, die jedoch von einschlägig befaßten Thanatologen (Sterbeforschern), Psychologen, Psychiatern und Naturwissenschaftlern wie z. B. Karlis Osis, Erlendur Haraldsson, Elisabeth Kübler-Ross, Michael Sabom, Sarah Kreutzinger, Kenneth Ring sowie dem Heidelberger Arzt Michael Schröter-Kundhardt, Leiter des deutschen Sekretariats der *International Association of Near-Death-Studies (IANDS)*, inzwischen relativiert oder gar widerlegt werden konnten.

Anhänger der »natürlichen« (naturwissenschaftlichen) Erklärungen für NTEs glauben hierfür *pharmakologische, physiologische* bzw. *neurologische* Wirkfaktoren geltend machen zu können. Was die *pharmakologische* Erklärung anbelangt, geben Widersacher der paranormalen NTE-Theorie zu bedenken, daß gewisse, zum kritischen Zeitpunkt aus therapeutischen Gründen verabreichten chemischen Substanzen, psychische Nebenwirkungen haben können. So vermag z. B. intravenös gespritztes Ketamin – ein Analgetikum und Narkotikum – ähnliche außerkörperliche Zustände hervorzurufen, wie sie von Personen mit NTEs geschildert werden. Diese Mittel führen zu psychischen Verwirrungszuständen mit Halluzinationen und lebhaften Träumen und machen den Patienten glauben, daß er sich von seinem materiellen Körper losgelöst hat.

Dr. Moody führt zahlreiche Gründe an, die gegen die *pharmakologische* Hypothese sprechen: »Erstens sind die wenigen Personen, die mir derartige Drogenerfahrungen geschildert haben, weder mehr noch minder gefühlvolle, phantasiebegabte, intelligente oder stabile Persönlichkeiten als die Leute, die mir von ›echten‹ Todesnähe-Erlebnissen berichtet haben. Zweitens sind diese mittels Rauschgift herbeigeführten Erfahrungen äußerst verschwommen. Drittens weichen die Geschichten gegenseitig voneinander ab und unterscheiden sich markant von ›echten‹ Todesnähe-Visionen.«

Das wichtigste Argument gegen die *pharmakologische* Erklärung für NTEs ist die Tatsache, daß in vielen Fällen den Patienten überhaupt keine Anästhetika oder Beruhigungsmittel verabreicht worden waren.

Häufig begründen Mediziner NTEs mit *physiologischen Ausnahmezuständen*. Das gilt z. B. für die unterbrochene Sauerstoffversorgung in lebensbedrohlichen Zuständen bzw. bei Eintritt des klinischen Todes. Hier wendet Moody

ein, daß es in zahlreichen Fällen schon vor Beginn der physiologischen Krise zu Todesnähe-Erlebnissen gekommen war. Es wird sogar über NTEs berichtet, denen überhaupt keine unmittelbare Notsituation zugrunde lag.
Neurologische Wirkfaktoren – Fehlfunktionen im Nervensystem Sterbender, die sich in einer spontanen, blitzschnellen »Rückschau« der Ereignisse im Leben der Betroffenen und in sogenannten »Astralkörperaustritten« äußern sollen – dürften NTEs wohl kaum erklären. Während sich viele Personen nach der Reanimation noch ihrer »Rückschau« sehr deutlich und detailliert erinnern konnten, wußten Patienten mit Ausfällen aufgrund hirnorganischer Schäden kaum etwas über die wahrgenommenen Szenen zu berichten.
Bei *neurologisch* bedingten, sich selbst erblickenden Halluzinationen (Autoskopie) – der Patient sieht ein Abbild seiner eigenen Person unmittelbar vor sich – wird das Phantom stets lebendig wahrgenommen, wohingegen bei NTEs das »Double« leblos und als Ganzes erscheint.
Dr. Michael Sabom, der in den siebziger Jahren an der Emory-Universitätsklinik in Georgia (USA) als Kardiologe tätig war, hat in *Recollections of Death* (deutscher Titel: *Erinnerung an den Tod – Eine medizinische Untersuchung*) seine Nahtodstudien kritisch analysiert, wobei auch die bekannten Gegenargumente der Kritiker aufgegriffen... und weitestgehend entkräftet wurden. Es sind dies unter anderem: *Halbbewußte Zustände, bewußte und unbewußte Erfindungen, Entpersönlichung, sogenannte autoskopische Halluzinationen, Träume, drogenbedingte Wahnvorstellungen (Ketamin-Hypothese), Schläfenlappenanfälle, durch Endorphinausschüttung hervorgerufene euphorische und pathologisch bedingte veränderte Bewußtseinszustände wie cerebrale Hypoxie, Anoxie und Hyperkapnie.*
Im März 1976 begann die Assistentin von Dr. Sabom, Sarah Kreutzinger, mit der gezielten Befragung von Personen, die

schon einmal klinisch »tot« gewesen waren. Sie sprach mit insgesamt hundert ehemaligen Patienten der Emory-Klinik: 71 Männer und 29 Frauen, die in der Vergangenheit mit knapper Not wiederbelebt werden konnten. Dabei stellte sie fest, daß 61 % der Befragten klassische NTEs gehabt hatten, die in vielen Einzelheiten denen entsprachen, über die Dr. Moody bereits 1975 berichtete. Den einzelnen Fällen lagen unterschiedliche Ursachen wie Herzstillstand, Unfälle, ja sogar Selbstmord zugrunde.

In der vierten Ausgabe 1978 von *Theta – A Journal for Research on the Question of Survival After Death* (Theta – Eine Zeitschrift zur Untersuchung der Frage des Überlebens nach dem Tod) veröffentlichten Sabom und Kreutzinger das vorläufige Ergebnis ihrer Untersuchungen. Hier heißt es bezeichnenderweise: »Während der Selbstwahrnehmungserfahrungen hatten *alle* Patienten ein Gefühl des Herausschwebens aus ihrem Körper, das anders als sämtliche zuvor gehabten ähnlichen Erlebnisse war. Losgelöst von ihrem materiellen Körper konnten die Patienten diesen in allen Einzelheiten wahrnehmen.«

Dr. Sabom und Sarah Kreutzinger sind aufgrund des Ergebnisses ihrer Befragungsaktion von der Echtheit der geschilderten Erfahrungen überzeugt. Sie betonen, daß sich diese Wahrnehmungen ganz erheblich von Halluzinationen unterscheiden, wie man sie von Schlaganfällen, Drogeneinwirkung, psychischer Entpersonifizierung (Körperentfremdung) oder Autoskopie her kennt.

Vor einigen Jahren führte der Psychologe Dr. Kenneth Ring von der Universität Connecticut in Storrs (USA) eine ähnliche Untersuchung durch. Während eines Zeitraums von zwei Jahren befragte Ring 102 Menschen mit Nahtoderfahrung. Zunächst stellte er fest, daß 41 % der Befragten klassische NTEs erlebt hatten. Bei seinen Ermittlungen zeigte es sich, daß die Inhalte dieser Erlebnisse in ihrer Häufigkeit Abstufungen aufwiesen. Um sie besser in den Griff zu be-

kommen, schuf Ring fünf Hauptgruppen, die im großen und ganzen dem entsprechen, was Moody und andere Thanatologen ermittelt haben:
– Ein Gefühl tiefen Friedens zu Beginn des Geschehens;
– der Eindruck, seinen Körper zu verlassen;
– Eintritt in die »Dunkelheit«;
– die Wahrnehmung von strahlend weißem »Licht« und
– das Verschmelzen mit dem »Licht«.
Damals bezeichnete Dr. Ring diese Erlebnisse als »typische Bestandteile von Erfahrungen in unmittelbarer Todesnähe.« Bei Aufgliederung der Berichte nach den zuvor erwähnten fünf Gesichtspunkten entdeckte Ring eine Art »Abstufungsphänomen«. So fühlten 60 % der Befragten an der Schwelle des Todes »Friede«, wohingegen 40 % außerkörperliche Erfahrungen machten. Nur zehn bis 15 % nahmen »strahlendes Licht« wahr oder verschmolzen damit auf ihrem Weg ins »Nachleben«. Dies läßt darauf schließen, daß bei zunehmender Todesnähe auch mehr der hier aufgeführten Erlebnismuster auftreten.
Gegen das Argument der Entstehung solcher Erlebnisse aufgrund einer religiösen Erwartungshaltung spricht Rings Feststellung, daß sie sich sowohl bei religiösen Menschen als auch bei solchen, die nicht an ein Paradies oder dergleichen glauben, einstellen.
Bei weiteren Erhebungen kam Ring zu einem noch umfassenderen Bild der Nahtoderfahrungen, das er in seinem 1985 erschienenen Buch *Den Tod erfahren, das Leben gewinnen* präsentiert. Er will erkannt haben, daß diesen NTEs ein, wenngleich auf unserer Zeitebene nicht zu verstehender, fortschreitender Ablauf innewohnt, der sechzehn Positionen umfaßt: Eine unglaubliche Geschwindigkeit und das Gefühl der Aufwärtsbewegung (1), während man sich dem Licht nähert (2), das von überwältigender Helligkeit ist (3), den Augen aber nicht weh tut (4). Das Licht läßt reine Liebe (5), totale Annahme (6), Vergebung der Sünden (7) und das

Gefühl heimzukehren (8) aufkommen. Die Kommunikation mit dem Licht kommt direkt, aber nicht auf verbaler Ebene zustande (9). Das Licht vermittelt universelles Wissen (10) und befähigt dazu, sein ganzes Leben vor sich ablaufen zu sehen und zu verstehen (11), so daß deutlich wird, was im Leben wirklich zählt (12). Beim tieferen Vordringen in die Erfahrung vernimmt man transzendentale (Sphären-)Musik (13), man wähnt sich in einer paradiesischen Umgebung (14) und in Städten aus Licht (15). Wenn man dem Licht begegnet ist, sehnt man sich danach, für immer in ihm zu bleiben (16).
Kenneth Ring faßt in der zuvor erwähnten Publikation ein Jahrzehnt eigener Forschung wie folgt zusammen: »Als gesicherte Erkenntnis über Nahtoderfahrungen steht fest:
– Die Nahtoderfahrung ist ein Phänomen, die in allen westlichen Kulturen vorkommt;
– sie verläuft im Prinzip nach einem bestimmten Grundmuster, das von äußerst positiven Gefühlen und tranzendentalen Bildern geprägt ist;
– sie ist ein inneres Erlebnis, das grundsätzlich jedem unter den verschiedensten Nahtod-Bedingungen widerfahren kann.«
Ring und Sabom sind der Auffassung, daß ihre Statistiken und Erkenntnisse frühere Forschungsergebnisse anderer Wissenschaftler weitgehend bestätigen. Sie werten ihre Feststellungen als deutliche Hinweise auf die Wahrscheinlichkeit einer Fortexistenz unserer geistigen Komponenten nach dem körperlichen Tod. Ring betont zudem die große persönliche und gesellschaftliche Bedeutung von Nahtod-Erfahrungen.
Es wäre erstaunlich, wenn Moodys, Saboms und Rings Untersuchungsergebnisse unwidersprochen hingenommen worden wären. Kritiker der durch NTEs gestützten »Überlebens«-Theorie geben zu bedenken, daß Patienten, die sich dem Tod nähern, möglicherweise unter *Anoxie*, der völlig

unzureichenden Sauerstoffkonzentration im Gewebe litten. Indem es in der Folge zu einer verminderten Durchblutung des Gehirngewebes käme, hätte dies Trugwahrnehmungen (Halluzinationen) zur Folge, die man fälschlicherweise als Nahtoderlebnisse auslegen würde.

So will auch ein Ärzteteam der Rudolf-Virchow-Klinik in Berlin erst vor kurzem festgestellt haben, daß die hier geschilderten NTEs auf eine verminderte Sauerstoffversorgung des Gewebes (Hypoxie; Blockade der Zellatmung) zurückzuführen seien – eine Behauptung, die weder neu, noch originell ist, wurde sie doch schon vor Jahren analytisch widerlegt. Hypoxie läßt sich anhand des sogenannten Laktatspiegels bzw. des Sauerstoffpartialdrucks des arteriellen bzw. gemischvenösen Blutes nachweisen.

In der Studie von Dr. Sabom heißt es: »Als der Patient während des autoskopischen Sterbeerlebnisses physisch ohne Bewußtsein war, sah ich ganz deutlich, wie ihm ein Arzt eine Nadel in die Leiste einführte, um ihm zur Blutgasanalyse... Blut zu entnehmen. Im Labor wies man nach, daß der arterielle Sauerstoffgehalt weit über dem Durchschnitt lag..., daß der arterielle Kohlendioxidanteil hingegen unter dem Durchschnitt lag. In diesem Fall war demnach weder eine Hypoxie noch eine Hyperkapnie (zu hoher Kohlendioxidanteil) der Grund für das Nahtoderlebnis.

Der eingangs zitierte Heidelberger Arzt Michael Schröter-Kunhardt verwirft denn auch die Behauptung einiger Kollegen, daß zerebrale Hypoxie automatisch NTEs auslöst. Diese würden häufig bei Patienten beobachtet werden, die sich in einem physisch wie psychisch ausgeglichenem Zustand befänden.

Der amerikanische Psychologe Dr. Ronald Siegel will aus der Tatsache, daß »die phantastisch anmutenden Nahtoderlebnisse mit den Zustandsschilderungen Drogensüchtiger über Trugwahrnehmungen in bestimmten Situationen übereinstimmen«, gleichartige Ursachen ableiten.

Komplexe Visionen wie z. B. das Zusammentreffen mit *Lichtwesen* und den Austritt der Seele (des Bewußtseins) aus dem materiellen Körper – eben jene außerkörperlichen Erfahrungen (AKEs) – begründet er mit einer Art »Sicherheitsmechanismus«, der bei einschneidenden seelisch-körperlichen Krisen Teile des Gehirns einfach abschaltet. Dadurch wurde es von Außenreizen fast völlig abgeschirmt, und die so entstandene Leere mit einer Flut von Eindrücken aus dem Gedächtnis gefüllt. Nach Siegels Auffassung müßte der Sterbende allmählich in einen Traumzustand hineingleiten, in eine Scheinwelt voll von Erinnerungen aus der eigenen Vergangenheit. Er und seine Kollegen machen für diese vermeintlichen »Sinnestäuschungen« die vom Gehirn in lebensbedrohlichen Situationen ausgeschütteten *Endorphine* – körpereigene Peptide mit opiatartiger Wirkung – verantwortlich. Sie sollen nicht nur Todesängste beseitigen, sondern auch so etwas wie Hochstimmung hervorrufen. Sollte dies stimmen, so würde es sich bei allen Nahtod-Erfahrungen um körperchemisch ausgelöste Halluzinationen handeln, um einen Trick der Natur, der das Sterben erleichtert. Von Untersuchungen der Wechselwirkung der Endorphine mit bekannten Übertragungsstoffen im Nervensystem erhofft sich die Wissenschaft neue Erkenntnisse über bislang rätselhafte Erscheinungen, wie die des Schmerzgeschehens, der Drogenabhängigkeit, einiger Geisteskrankheiten usw.
Was gegen die Endorphin-Hypothese spricht, ist unter anderem der gleichbleibend wiederkehrende Charakter der NTEs. Endorphine dürften auch kaum die bei solchen Erfahrungen häufig beobachteten außerkörperlichen Zustände erklären, bei denen der Patient nach der Reanimation Vorgänge in seiner unmittelbaren Umgebung während des Nahtodzustandes korrekt zu beschreiben weiß. Eines ist gewiß: Medizinisch läßt sich dieses Phänomen nicht interpretieren.

Dr. Sabom und Sarah Kreutzinger beschränkten sich bei ihrer NTE-Studie nicht nur auf die Widerlegung der Ketamin-, Endorphin- und Hypoxie-Hypothesen, sondern überprüften auch andere »natürliche« Erklärungen für NTEs. Sie geben zu, daß z. B. *Schläfenlappenanfälle* aufgrund einer Gehirn-Hypoxie beim komatösen Patienten Illusionen und Gefühle von Irrealität hervorrufen können, daß diese aber grundsätzlich von Nahtod-Phänomenen abweichen. Patienten mit Schläfenlappenanfällen zeigen folgende Symptome zusätzlich:
– Verzerrte, »abgeflachte« Phantome oder Halbphantome;
– plötzlich auftretende Gefühle von Verzweiflung, Schuld, Angst und Terror;
– aggressive und Selbstmordimpulse.
Mitunter wird hinter NTEs auch eine Form der *Entpersönlichung* vermutet, eine Reaktion auf extreme Gefahren, die unter anderem das Zeitempfinden des Bedrohten verändert. Sie baut auf den Erlebnissen von Personen auf, die sich *psychisch* in Todesnähe befanden. Menschen, die *physisch* dem Tod entkamen, beschreiben hingegen eine andere Erlebnisform. Ihnen ist ihr bevorstehender Tod meist nicht einmal bewußt. Sabom: »Die physiologische Theorie der Entpersönlichung trifft somit nicht auf das Sterbeerlebnis von Leuten zu, die bewußtlos und physisch dem Tod nahe waren.«

Dr. Fred Schoonmaker, Chefkardiologe am St.-Lukas-Hospital in Denver (USA), interessiert sich schon seit 1961 für Nahtoderlebnisse. Zu einem bedeutenden Durchbruch in seiner Forschungstätigkeit kam es allerdings erst 1979. Während all dieser Jahre untersuchte er in seiner Praxis mehr als tausend Fälle klinischen Todes. Dabei stellte er fest, daß rund 60 % aller Personen mit Herzstillstand über NTEs berichteten. Obgleich er auf eine formelle Auswertung der eingeholten Daten verzichtete, sammelte Dr. Schoonmaker dennoch sorgfältig alle nur denkbaren medizinischen und andere Hintergrundinformationen zu den einzelnen Fällen. Diese Daten gehören zu den ausführlichsten und besten Auswertungsergebnissen, die je zuvor in Verbindung mit Berichten aus Todesnähe zusammengetragen wurden. In vielen Fällen wurden Schoonmakers Patienten zur Zeit ihres Nahtodzustands mit Hilfe medizinisch-technischer Einrichtungen ständig überwacht. Auch dieser Arzt sammelte Berichte über unterschiedliche Erlebnisse, die sich zu einem Zeitpunkt ereigneten, als der klinische Beweis vorlag, daß die Sauerstoffzufuhr zum Gehirn der Patienten noch völlig intakt war, daß also Halluzinationen mit Sicherheit ausgeschlossen werden konnten.

Nach gewissenhafter Prüfung der unterschiedlichsten »normalen« Erklärungsmöglichkeiten meinte Dr. Schoonmaker in der Maiausgabe 1979 von *Anabiosis*, daß die von ihm erzielten Ergebnisse auf eine Art Weiterleben des menschlichen Bewußtseins über den körperlichen Tod hinaus hindeuten. Bei Kenneth Ring heißt es resümierend: »Durch die Nahtod-Forschung haben wir gelernt, den Tod mit anderen Augen zu betrachten, ihn nicht mehr zu fürchten, sondern ihn im Gegenteil als eine Begegnung mit der Liebe zu sehen. Wer den Tod versteht, wie es Menschen mit Nahtoderfahrung tun, braucht einfach keine Angst mehr vor dem Tod zu haben. Und wer von dieser Angst befreit ist, wird das Leben als ein Geschenk betrachten, so selbstverständlich leben wie ein Kind und sich freuen über jeden Tag. Nicht jeder kann oder muß eine Nahtoderfahrung haben, aber jeder kann, wenn er will, lernen, das, was eine Nahtoderfahrung vermittelt, für das eigene Leben fruchtbar zu machen. Natürlich steht hinter all dem die grundlegende Einsicht, daß es *nur* Leben gibt – das Leben jetzt, und das Leben, das diesem folgt, welches wir aber noch immer als »Tod« bezeichnen...«

2 Psi in Todesnähe

> »Sie scheinen etwas zu wissen,
> was wir, die wir gesund sind
> und dem Tod noch nicht ins Auge sehen,
> nicht begreifen können.
> Man könnte glauben, daß sich der Patient
> in den letzten Minuten seines Lebens
> in zwei Welten befindet:
> in jener, die wir kennen, und in jener,
> die wir das Weiterleben nach dem Tod nennen.«
>
> Dr. Ben Roberts, Psychologe

Die hier geschilderten Nahtoderlebnisse und deren Begleiterscheinungen sind, da sie sich weder medizinisch, noch orthodox-physikalisch deuten lassen, offenbar paranormaler Natur. Viele dieser Phänomene treten auch bei gesunden Menschen in unkritischen Situationen in Erscheinung, so unter anderem Astralkörperaustritte (AKEs), »Selbstschau« (Autoskopie), die Wahrnehmung Verstorbener (»Ghost«-Effekt), Zeitanomalien sowie Vorausschau (Präkognition).
Beim vorweggenommenen (NTE) bzw. endgültigen Übergang in die »nächste Welt« (Sterben), kommen meist noch weitere ungewöhnliche paranormale Erfahrungen hinzu:
– Der sogenannte »Tunneleffekt«, wahrscheinlich die zu überwindende Passage zwischen unserer 4D-Welt und der höherdimensionalen *Hyperwelt*;
– die Begegnung mit einem »Lichtwesen« und auch mit verstorbenen Angehörigen, die dem Sterbenden hilfreich zur Seite stehen oder auch zur Umkehr raten;
– die blitzschnelle *Rückschau* auf das eigene Leben, häufig verbunden mit einem »Alles-auf-einmal-Erfassen«, einem mentalen »Rundum-Blick«;

– absolute Klarheit der Gedanken, auch bei Menschen, die zuvor verwirrt oder gar geistesgestört waren;
– Wahrnehmung von Farben und Klängen höchster Brillanz bzw. vollkommener Reinheit, wie sie sich in unserer materiellen Welt nie realisieren lassen (selbst Blinde bzw. Taube können sie erfahren).
Alle diese Sonderwahrnehmungen des Bewußtseins geben Zeugnis von einer Realität jenseits der unsrigen, von Zuständen, die sich nach dem heutigen Stand der Wissenschaften nicht beschreiben oder gar interpretieren lassen und daher einer neuen Zuordnung bedürfen. Sie könnten aber durchaus die Fortexistenz des Bewußtseins Verstorbener in einer *für* uns immateriellen *Hyperwelt* beweisen und Ängste vor einem ewig währenden »Aus« abbauen helfen.
Immer wieder wird über Fälle berichtet, in denen Menschen im komatösen Zustand – unabhängig davon, ob sie wiederbelebt werden konnten oder dann doch noch starben – ganz deutlich Personen aus dem Kreis ihrer bereits »hinübergegangenen« Angehörigen oder Freunde sahen. Daß solche Erscheinungen sogar von Dritten wahrgenommen werden, ist allerdings ungewöhnlich.
»Im Winter 1948/49 pflegte ich eine sehr kranke, alte Dame, Mrs. Rosa B. Sie war eine kluge, gebildete und geistreiche Frau, die viele Jahre in New York City gelebt hatte. Damals wohnte sie im *Savoy Plaza Hotel* an der Fifth Avenue. Sie war bis zuletzt geistig voll ansprechbar.
Eines Nachmittags hatte ich die Patientin früh zu Bett gebracht. Sie sollte etwas schlafen. Ich saß, mit dem Rücken zur Tür, an einem kleinen Tisch am Fenster und machte einige Eintragungen im Krankenbericht. Mein Gesicht war ihrem Bett zugewandt.
Mrs. B. hatte schon geschlafen, doch plötzlich sah ich, wie sie sich im Bett aufrichtete, jemandem glücklich winkte und dabei lächelte. Ich schaute zur Tür, weil ich annahm, eine ihrer Töchter sei gekommen. Zu meiner Überraschung war es

eine ältere Dame, die ich nie zuvor gesehen hatte. Sie sah meiner Patientin verblüffend ähnlich, besaß die gleichen hellblauen Augen wie sie, hatte allerdings eine etwas längere Nase und ein kräftigeres Kinn. Ich konnte sie trotz der etwas heruntergelassenen Jalousien deutlich erkennen, denn es war hellichter Tag. Die seltsame Besucherin ging auf Mrs. B. zu und beugte sich über sie. Soweit ich mich erinnern kann, küßten sie sich. Doch als ich aufstand, um zum Bett hinüberzugehen, war die Dame mit einem Mal verschwunden. Meine Patientin schien überglücklich zu sein. Sie nahm meine Hand und sprach: ›Es ist meine Schwester.‹ Dann schlief sie wieder ein.
Ich sah die gleiche Erscheinung später noch zweimal, aber nicht mehr ganz so deutlich, und stets von einem anderen Zimmer aus. Immer, wenn sie kam, schien Mrs. B. sehr glücklich zu sein.«
L. Landau veröffentlichte diesen beeindruckenden Bericht einer lizenzierten Krankenschwester namens Margaret Moser im Journal der *Society for Psychical Research* (Gesellschaft zur Erforschung des Paranormalen), Band 42, 1963. Er macht deutlich, daß alte, kranke Menschen mit ihrem Bewußtsein bisweilen gleichzeitig auf zwei Realitätsebenen – Diesseits und Jenseits – weilten, daß sie die »drüben« wahrgenommenen Personen unter Umständen sogar in die materielle Gegenwart projizieren und im Bewußtsein Anwesender erscheinen lassen können.
Nach einer in *Anabiosis* veröffentlichten Untersuchung erleben Kinder Visionen in Todesnähe anders als Erwachsene, weil sie kulturell noch nicht in so hohem Maße »vorprogrammiert« und daher für ungewöhnliche Erfahrungen aufnahmebereiter sind. Es heißt hier, daß Kinder »Licht von unaussprechlicher Helligkeit« zweimal so häufig wie Erwachsene sahen. Erwachsene pflegen während solcher Erfahrungen ihre Identität zu bewahren. Kinder würden hingegen ihre kindliche Identität ablegen und »alterslos, weise«

werden. Auch finden sich in Nahtod-Schilderungen von Kindern zehn Prozent mehr außerkörperliche Erfahrungen sowie Fälle, in denen die Betreffenden außerhalb ihres Körpers denselben beobachteten.
Der berühmte Utrechter Parapsychologe Professor Dr. W. H. C. Tenhaeff (†) zitiert in seinem vielbeachteten Buch *Kontakte mit dem Jenseits?* einen jungen Studenten, der in einem holländischen Krankenhaus den Tod eines knapp zwei Jahre alten Kindes miterlebt hatte. Es war aus einem brennenden Haus gerettet worden, erlag aber wenig später seinen Brandverletzungen. Der Student sagte aus: »Ich nahm das kleine Kerlchen auf einem Kissen in meine Arme, um ihm den Tod zu erleichtern. Plötzlich richtete es sich auf und streckte die Händchen aus, wobei sein Gesichtchen vor Freude strahlte, so wie es Kinder tun, wenn sie etwas sehen, das ihnen sehr lieb ist. Gleich darauf starb es.« Tenhaeff schildert seinen Gewährsmann als eine wenig sensible Person, die dieser Vorfall dennoch »sehr betroffen« gemacht habe.
Es leuchtet ein, daß sich ein Zweijähriger zu einer außerkörperlichen Erfahrung nicht verbal zu äußern vermag. Allein seine Gestik läßt vermuten, daß er ein freudiges Erlebnis gehabt hatte. Vielleicht war es die Begegnung mit einem ihm vertrauten Angehörigen, der nicht mehr unter den Lebenden weilte.
Nicht selten versuchen die »Ausgetretenen« in Todesnähe – unwissend, daß sie sich mit ihrem Bewußtseins-»Körper« in einer anderen, feinstofflichen Realität befinden – mit ihrer materiellen Umgebung Kontakt aufzunehmen. Dr. Sabom schildert den mißglückten Kontaktversuch eines »ausgetretenen« 33jährigen US-Soldaten, dem in Vietnam von einer explodierten Mine beide Beine und ein Arm abgerissen worden waren. Seine »Selbstschau« begann bereits auf dem Schlachtfeld unmittelbar nach der Explosion. Man hatte ihn mit einem Rettungshubschrauber ins nächstgelegene Lazarett transportiert, wo er im OP seiner eigenen Operation

»zuschaute«, die er (sein Astralkörper) angesichts seiner fatalen Situation verzweifelt zu verhindern versuchte: »Ich versuchte immer wieder, sie [die Ärzte] aufzuhalten. Ich probierte sogar, sie zu packen und zu stoppen, denn ich war glücklich dort, wo ich war... Ich weiß noch genau, daß ich den Arzt packte... Es war fast so, als ob er überhaupt nicht da war. Ich packte ihn, und er war überhaupt nicht anwesend oder ich langte durch ihn hindurch oder so etwas Ähnliches.« Irgendwann hatte der Schwerverletzte das Gefühl, den OP verlassen zu haben, um zum Schlachtfeld zurückzukehren, wo seine Kameraden die Toten aufsammelten: »Während sie damit [mit dem Operieren] beschäftigt waren, bewegte ich mich plötzlich zum Schlachtfeld zurück, wo ich verwundet worden war. Ich sah all die Männer, die an diesem Tag gefallen waren, und beobachtete, wie sie in diese Ponchos eingerollt und die Verwundeten eingesammelt wurden... Ich kannte einen aus der Gruppe, und ich erinnere mich noch ganz deutlich, daß ich versuchte, ihn daran zu hindern, die Körper wegzuschaffen. Das gelang mir aber nicht, und ganz plötzlich war ich wieder im Lazarett... Es war fast so, als ob man sich an einem Ort materialisiert und im nächsten Augenblick wieder hier ist. Es dauerte nur den Bruchteil einer Sekunde.« Interessant ist hierbei, daß sich der Soldat während der Operation ausschließlich mit seinem Bewußtsein – seinem wahren Selbst – identifizierte. Von seinem materiellen Körper spricht er wie von etwas Nebensächlichem – einem Fremdobjekt, das er wegen dessen desolatem Zustand erst gar nicht mehr in Besitz nehmen wollte. Dieses paranormale Erlebnis verdeutlicht die übergeordnete Funktion des Bewußtseins und dessen autonomen Status.

Die universelle *Rückschau auf das eigene Leben* (das »Lebenspanorama«) ist ein weiteres wichtiges Nahtoderlebnis paranormaler Art, das mitunter auch von Menschen in höchst gefährlichen Situationen erlebt wird. Das Rück-

schauphänomen wurde erstmals im Jahre 1881 von dem französischen Psychologen Th. Ribot beschrieben: »Es sind verschiedene Berichte im Umlauf, wonach Menschen, die im letzten Augenblick vor dem Ertrinkungstod gerettet wurden, übereinstimmend angegeben haben, sie hätten, als eine Art Scheintod eingetreten war, ihre ganze Vergangenheit bis in die kleinsten Einzelheiten an sich vorbeiziehen gesehen.«
Diese Rückschau erfolgt blitzschnell und nimmt, ähnlich Träumen, nur Sekunden, vielleicht auch nur Sekundenbruchteile in Anspruch.
Bergsteiger, die aufgrund glücklicher Umstände Abstürze aus großen Höhen überlebten, berichten immer wieder über solche Lebenspanoramen. Obwohl diese Abstürze nur Sekunden beanspruchen und demzufolge die einzelnen Lebensereignisse dem Betroffenen rasant »vorgeführt« werden, nimmt er sie dennoch klar und einprägsam wahr. Er muß sie von einer »höheren Warte«, von einer übergeordneten, zeitlosen Dimension aus, erlebt haben.
Der Schweizer Geologe Professor Albert Heim – ein erfahrener Bergsteiger – wandte sich, aufgrund eines Eigenerlebnisses, ganz der Erforschung des Rückschau-Phänomens zu. Wieder einmal in den Alpen unterwegs, fegte ihm eine Windbö den Hut vom Kopf. Als Heim ihn ergreifen wollte, kam er ins Rutschen. Er verlor den Halt und stürzte in die Tiefe. Angesichts seines sicheren Todes setzte bei ihm automatisch die »Rückschau« ein: »Ich sah, wie sich mein ganzes vergangenes Leben in vielen Bildern abspielte, wie auf einer dicht vor mir befindlichen Bühne. Ich selbst war der Hauptdarsteller in der Aufführung. Es war... eine schnelle, verschwenderische Folge klarer, bestimmter Bilder... fast im gleichen Augenblick... Als blickte ich aus dem Fenster eines hohen Hauses, sah ich mich als siebenjährigen Jungen zur Schule gehen. Dann sah ich mich im Zimmer der vierten Klasse mit meinem verehrten Lehrer Weiß. Ich führte

mein Leben wie ein Schauspieler auf der Bühne vor, auf die ich vom obersten Rang des Theaters hinabblickte... ich erkannte mich bei eifriger Arbeit im Zeichensaal der Kantonsschule, beim Abnehmen von Prüfungen und bei Bergtouren... und wie ich das erste Bild vom Zürichberg zeichnete.«

Gelegentlich wollen Sterbende von »Lichtwesen« aufgefordert worden sein, ihr Leben wie in einem Film an sich vorbeiziehen zu lassen, um aus den begangenen Fehlern zu lernen. Wissenschaftler, die sich mit dem Rückschau-Phänomen befaßten, haben festgestellt, daß es in unterschiedlichen Varianten auftritt. So kann die Rückschau zu verschiedenen Zeitpunkten des Ereignisablaufs einsetzen, mit oder ohne Begleitung des »Lichtwesens«.

Die vorgeführten Ereignisse können in chronologischer Reihenfolge erscheinen oder in einer Gesamtschau gleichzeitig wahrgenommen werden, etwas, das mit unseren organischen Sehorganen gar nicht möglich wäre.

Manche Menschen erlebten buchstäblich alle Details ihres Lebens, andere nur die wichtigsten Segmente desselben. Lebenspanoramen können von Gefühlen, die der Betroffene bei den einzelnen Ereignissen gehabt hatte, begleitet sein oder völlig unpersönlich, d.h. teilnahmslos empfunden werden. Wenn auch die »vorgeführten« Ereignisse zum Teil als äußerst real (lebendig-bewegt, farbig) geschildert werden, gibt es in der Erscheinungsform doch gewisse Unterschiede: Szenen werden entweder »flach«, wie auf eine Leinwand projiziert oder auch plastisch, wie bei einem Hologramm frei im Raum schwebend, erneut durchlebt.

Die universelle Lebensrückschau ist ein »Vorgang«, der sich noch am ehesten holografisch deuten läßt. Und dieses Prinzip des holografischen Abrufs von Erinnerungen fügt sich nahtlos in das zuvor (Kapitel III/2 und 3) entwickelte Gehirn/Bewußtseins-Modell. Alle Erinnerungen sind in einem holografisch verschachtelten Bewußtseinsfeld gespeichert, was die Schnelligkeit der Rückschau oder auch die gleichzeitige Wahrnehmung *aller* Lebensabläufe – eine Alles-auf-einmal-Schau – erklären dürfte.

Dpa-Korrespondent und Buchautor Peter Andreas (P. Lüdemann, †), ein lieber Freund, mit dem ich jahrelang einen regen Gedankenaustausch pflegte, war ebenfalls der Auffassung, daß das Bewußtsein beim Sterben und auch während hypnotischer Rückführungen die vor dem inneren Auge ablaufenden Szenen als einen holografischen Film erlebt. Er schreibt:

»... Dabei scheint als ›Filter‹ die rechte Gehirnhälfte eingeschaltet zu werden. Sie hält Empfindungen und den seelisch-moralischen Inhalt einer Situation fest, während die linke Hälfte die Teile analysiert.« Weiter heißt es hier: »In unserem Bewußtsein befindet sich also die Auslösemechanik für die gesamte feinstoffliche Aufzeichnung, die Akasha-Chronik unserer bisherigen Leben..., nur daß sie in einzelnen Filmszenen herbeigeholt werden muß. Wir sind ja auch nicht in der Lage, einen Spielfilm durch ein einziges Foto zu ersetzen.«

Der Wiener Arzt Dr. med. Heinrich Huber verweist in einem Beitrag über das »kontinuierliche Bewußtsein« des Menschen auf einen weiteren paranormalen Aspekt der Nahtoderfahrung, der darauf schließen läßt, daß sich das Bewußtsein kurz vor dem Ablösen vom geplagten materiellen Körper frei entfalten und entsprechend klar äußern kann. Er zitiert Patienten, die kurz vor ihrem Tod oft eine Klarheit des Denkens und eine Bewußtwerdung erreichten, die sie infolge ihres Leidens vorher über Wochen und Monate nicht mehr hatten. Es wäre daher vermessen, wollte man alle Nahtoderlebnisse rundweg als Halluzinationen abtun. In manchen Fällen ist die Klarheit der Gedanken so ausgeprägt, daß Sterbende zwei Unterhaltungen synchron zu führen vermögen: eine mit den im Sterbezimmer Anwesenden und eine weitere mit den für diese unsichtbaren Wesenheiten.

Eng verbunden mit der Klarheit des Denkens, die manche Sterbende erkennen lassen, ist das Gefühl der Realität des Erlebten, über das Reanimierte hin und wieder berichten. Sabom erwähnt einen seiner Patienten, der das Gefühl gehabt hatte, sein Sterbeerlebnis sei viel realer als unsere irdische Welt gewesen. Wörtlich: »Mir kommt seitdem die Welt wie ein Zerrbild des wirklichen Lebens vor – so, als ob die Menschen nur Spiele spielten, als ob wir auf etwas vorbereitet würden, aber nicht wissen worauf.« Wie recht er mit dieser Annahme haben könnte, wird die Zukunft zeigen.

3 Zeitloses Jenseits

Victor Cleave, ein Eisenbahner aus Folkstone (England), der sich vor Jahren eine schwere Kopfverletzung mit einer tiefen Narbe im Scheitelbein zugezogen hatte, leidet seit einigen Monaten unter chronischer Müdigkeit.
Dann, an einem Mittwochabend, schläft er beim Essen plötzlich ein..., ohne am darauffolgenden Morgen aufzuwachen. Er schläft und schläft. Seine Frau ist besorgt, da Victors Atmung immer schwächer wird. Die eilends herbeigeholten Ärzte rechnen damit, daß es wegen unzureichender Sauerstoffzufuhr über kurz oder lang zum Herzstillstand kommt. Cleave, der in diesem Zustand keine feste Nahrung zu sich nehmen kann, wird künstlich ernährt. Seine Körpertemperatur muß bei 37 °C konstant gehalten werden, damit sein Gewebe keinen Schaden nimmt. Die bei Schlafkrankheit indizierte Therapie schlägt bei ihm nicht an. Ein hoffnungsloser Pflegefall. Geduldig sitzt seine Frau neben ihm am Bett, um da zu sein, wenn er doch noch zu sich kommen sollte. Und ihre Geduld wird schließlich belohnt. Nach vier langen Jahren schlägt Cleave mit einem Mal die

Augen auf, nimmt seine Umgebung wahr, scheint aber sein Orientierungsvermögen und seine Erinnerung total verloren zu haben. Er muß weit, weit weggewesen sein... in einer Art Traumwelt. Für Wesen, denen er dort begegnet sein will, gab es angeblich weder materielle Hindernisse, noch so etwas wie Zeit. Sie konnten sich ungehindert durch feste Objekte wie z. B. Wände hindurchbewegen und Materie entsprechend ihren Vorstellungen umformen. Trotz ihres bizarren Charakters erschien Cleave jene andere, zeitlose Welt äußerst real. Vielleicht glaubte er, zu den Ursprüngen allen Seins zurückgekehrt zu sein.

Reanimierte betonen immer wieder, im nahtodtypischen, außerkörperlichen Zustand kein Zeitgefühl gehabt zu haben. Sie müßten sich demzufolge mit ihrem Bewußtsein vorübergehend in einer zeitfreien bzw. zeitneutralen Realität außerhalb unserer vierdimensionalen Raumzeit aufgehalten haben. Das Gefühl der Zeitlosigkeit oder des Zeitstillstands im »ausgetretenen« Zustand – nennen wir es der Einfachheit halber den »Dornröschen-Effekt« – läßt sich leicht erklären, haben wir es doch ausschließlich mit unserem immateriellen Bewußtsein, für das Zeit als untergeordnete Dimension bedeutungslos ist, zu tun. Unser mehr als vier Dimensionen umfassendes Bewußtsein operiert im Traum, in Trance, bei Austritten im Nahtodbereich sowie in Zuständen, wie Cleave sie erlebte, in einer Welt, die ebenfalls höherdimensional beschaffen ist – einer *Hyperwelt*, in der nur hyperphysikalische Gesetze gelten und »Zeit« den Wert Null annimmt.

Reanimierte sollen sich gegenüber Dr. Moody dahingehend geäußert haben, daß während ihrer Nahtodsituation die Zeit »anders« abgelaufen sei. Geradezu typisch für diese Zustände erscheint die Äußerung einer Frau, die sich während ihres klinischen »Schein«-Todes in einer paradiesischen Umgebung aufgehalten haben will. Als er sie fragte, wie lange dieses Erlebnis gedauert habe, antwortete sie: »Man

könnte sagen eine Minute oder aber auch zehntausend Jahre. Beides würde auf dasselbe hinauslaufen.«
Von einem dimensional höheren Standort aus, von dem aus die Zeit (als vierte Dimension) eine untergeordnete Rolle spielt, muß dem Bewußtsein unsere materielle Raumzeit-Welt – die in ihr enthaltenen Abläufe – wie auf einem Präsentierteller ausgebreitet erscheinen. Unser Bewußtsein vermag, wenn es im »gelifteten« Zustand – Traum, Trance, Nahtod-Austritt usw. – über die Zeit-»Mauer« hinweg in die Zukunft schaut, Wissen über zukünftige Entwicklungen und Ereignisse zu erlangen, ein Phänomen, das als Präkognition (Vorauswissen) bezeichnet wird. Genaugenommen haben wir es zunächst mit zahllosen möglichen Zukünften zu tun, und nur der Verlauf der näheren Zukunft wird durch den sogenannten »freien Willen« bestimmt. Würde unser Bewußtsein die Entwicklung eines Lebens, einer Nation oder den der Welt in ihrer Gesamtheit von einer dimensional noch höheren Warte aus betrachten, müßte es schließlich auch das Ende der betreffenden Entwicklung, das offenbar unvermeidliche, bereits festliegende Schicksal erkennen. Während die nähere Zukunft weitgehend durch den »freien Willen« dirigiert wird, läßt sich der endgültige Schicksalseintritt hingegen nicht beeinflussen und ändern. Er wird – gewollt oder nicht gewollt, durch eine »höhere Macht« oder rein zufällig – durch viele andere, äußere Faktoren bestimmt.
Der Sterbeforscher Dr. Kenneth Ring berichtet über erstaunliche präkognitive Fähigkeiten von Nahtod-Patienten. Nach einem seiner Berichte im *Brain-Mind-Bulletin* sehen Sterbende mitunter nicht nur persönliche Ereignisse, sondern auch Katastrophen, sozioökologische Zusammenbrüche, Kriegsgeschehen usw. voraus.
Eine Reanimierte hatte im Nahtodzustand den Ausbruch des nordamerikanischen Vulkans St. Helen vorausgesehen, was von ihrer Familie zunächst als Halluzination abgetan

wurde. Nur zwei Stunden später kam es zu der unerwarteten Eruption. Zufall oder...?
Ein Mann beschrieb seiner Frau nach der Reanimation den beinahe fatal verlaufenen Reaktorunfall von Three Mile Island (USA) bereits zwei Tage vor dessen Eintritt. In einem anderen von Dr. Ring zitierten Fall sah sich ein Zehnjähriger, der auf dem Operationstisch im Sterben lag (er konnte durch den Eingriff dann doch noch gerettet werden), im Alter von 28 Jahren mit Frau und zwei Kindern in seinem späteren Haus. Während dieser Vision bemerkte er hinter der einen Wand ein seltsames Objekt, dessen Funktion er sich damals nicht erklären konnte. Als er sich dann später im Alter von 28 Jahren tatsächlich in der visionär wahrgenommenen Situation wiederfand, erkannte er in diesem Objekt einen Raumheizlüfter, der in seiner Kindheit noch nicht auf dem Markt war.
Dieser Fall gewinnt vor allem dadurch an Bedeutung, daß der Junge die spätere Familienszene nicht bildhaft-visionär – gewissermaßen als Außenstehender wie beim Fernsehen –, sondern als Rückerinnerung »erlebt« hatte, so als ob diese bereits Vergangenheit wäre. Wörtlich soll er geäußert haben: »Ich wußte, daß ich verheiratet war, ich ›fühlte‹ mich verheiratet. Es ist dieses seltsame, unmögliche Gefühl, an das ich mich noch so deutlich erinnere, und deshalb bleibt dieser Vorfall auch in meinem Bewußtsein haften. Ich sah nicht in die Zukunft, ich erlebte sie. Im Verlaufe dieses Geschehens war die Zukunft das Jetzt.«
Der Junge müßte demnach zum Zeitpunkt seiner Nahtod-Vorausschau auf einer von unendlich vielen Realitätsebenen, die unserer Meinung nach irgendwo in der Zukunft liegen, bereits verheiratet gewesen sein. Es müßten also *gleichzeitig* unendlich viele »Ausgaben« dieses Jungen geben, die alle unabhängig voneinander ihre eigene, ganz spezielle Entwicklung durchlaufen – sogenannte »Zeitvarianten«, mit unterschiedlichen Schicksalen –, eine geradezu phantastisch

anmutende Vorstellung, die aber entsprechend dem Parallelweltmodell des Physiktheoretikers Dr. Fred Alan Wolf durchaus denkbar wäre. Keine der Parallel-»Ausgaben« wüßte von der anderen, da alle dimensional oder auch zeitlich versetzt voneinander existierten. Im vorliegenden Fall hätte der Junge aus der Fülle seiner vielleicht unendlich vielen simultan ablaufenden parallelen Schicksalsvorgänge den richtigen Werdegang vorausgesehen. Was aber geschieht dann mit den Pseudo-»Ausgaben« des Jungen in den unendlich vielen anderen Parallelwelten? Leben diese dann ihr Eigenleben? Könnte es womöglich so sein, daß sich unser Bewußtsein bei einer dieser Pseudoexistenzen immer dann »einklinkt«, wenn unser derzeitiges irdisches Leben verlischt? Dann wäre unser Leben eine endlose Folge selektiver Reinkarnationen. Und unser Bewußtsein würde in immer neuen »Ausgaben« fortexistieren... bis in alle Ewigkeit.

V

Die Körperlosen

>»Die Grenze zwischen zwei Zuständen
> – dem Bekannten und dem Unbekannten –
> ist immer noch vorhanden;
> sie wird aber an manchen Stellen dünner.«
>
> Sir Oliver Lodge (1851–1940)

Was ist Wirklichkeit? Ist sie die Summe all unserer Wacherlebnisse, die Welt der Träume oder ein Zustand irgendwo zwischen diesen vermeintlichen Extremen? Bezeichnen wir bestimmte Aktivitäten und Ausflüsse unseres Bewußtseins nur deshalb als nicht real, weil diese sich der Registrierung, des physikalischen Zugriffs, entziehen? Oder ist die von uns im Wachzustand materiell empfundene Realität gar Teil eines gewaltigen, für uns unfaßbaren Traumgeschehens, das sogar den materiell-körperlichen Tod überdauert?
Es muß im Sommer 1972 gewesen sein. Wieder einmal hatten wir in Torbole, am Nordufer des Gardasees, Quartier bezogen. Zu meiner Ferienlektüre gehörte Robert Monroes Buch Der Mann mit den zwei Leben. *Es faszinierte mich ungemein, spielt es doch in einem Milieu, das meinen grenzwissenschaftlichen Theorien sehr nahe stand. Dennoch war Skepsis geboten. Möglicherweise beruhten seine »Reisen im zweiten Körper« – seine außerkörperlichen Erfahrungen – doch nur auf Einbildung. Vielleicht litt er an Halluzinationen, war er Opfer einer gespaltenen Persönlichkeit. Was mich mit seinen Ausführungen versöhnte und schließlich überzeugte, war die nüchterne Art, mit der er – ein Kommunikationsfachmann – seine Exkursionen im feinstoffli-*

chen Zustand beschrieb, die Akribie, mit der er jedes Detail seiner Erlebnisse untersuchte.
Das intensive Studium dieses Buches sollte für mich nicht ohne Folgen bleiben. Italiens sommerliche Hitze, unter der ich bis dahin nie zu leiden hatte, erschien mir mit einem Mal unerträglich. Nachts raubte sie mir den Schlaf, tagsüber traute ich mich wegen lästiger Gleichgewichtsstörungen nicht mehr ins Wasser.
Abendliche Spaziergänge wurden zum Alptraum. Ich mußte sie häufig abbrechen, weil selbst bei noch so geringen Steigungen mein Herz wild zu klopfen begann. Ich glaubte schon, mir einen schlimmen Myokardschaden zugezogen zu haben, mußte mir aber von einem dortigen Arzt sagen lassen, daß ich lediglich unter einer vorübergehenden, klimatisch bedingten Schwäche leiden würde. Die von ihm verordneten pflanzlichen Beruhigungsmittel zeigten allerdings nicht die erwartete Wirkung. Mein Schwächezustand, das beängstigende Gefühl des Weggetretenseins, hielt auch während der noch verbleibenden Zeit meines Aufenthalts an. Ich war verzweifelt.
Wieder zu Hause, kam es schließlich zum totalen Zusammenbruch. Der herbeigerufene Hausarzt konnte keine organischen Störungen feststellen und kam zu dem gleichen Untersuchungsergebnis wie sein italienischer Kollege. Pflanzliche Sedativa und Bettruhe waren so ziemlich das einzige, was er mir verordnete. Wenig beruhigend für mich.
Doch dann bahnte sich eine Krise an.
Ich wurde mit einem Phänomen konfrontiert, für das ich zunächst keine Erklärung fand: dem Austritt meines feinstofflichen Körpers (»Astralleibes«) während einer Phase zwischen dem Noch-Wachsein und Gerade-Einschlafen bzw. dem Noch-Schlafen und Gerade-Erwachen, was von Medizinern als »hypnagoger« Zustand bezeichnet wird. Das Gefühl, urplötzlich seitlich aus dem materiellen Körper herauszukippen und den Gesetzen der Schwerkraft trotzend –

bei vollem Bewußtsein – im Zimmer herumzuschweben, war geradezu überwältigend.
Monroes Austrittsprotokolle kamen mir in den Sinn. Waren sie vielleicht die Ursache meiner neuen Erfahrung? Hatten sie in meinem Bewußtsein möglicherweise Resonanzen ausgelöst, die diesen ersten »Austritt« bewirkten? Es war genau jenes Erlebnis, das mich von der Mehrstofflichkeit des menschlichen Körpers, der Existenz von zumindest einer weiteren Realität überzeugte.
Doch sollte es nicht bei dieser ersten außerkörperlichen Erfahrung bleiben. Wochenlang vermocht ICH Nacht für Nacht meinen materiellen Körper auf diese Weise zu verlassen. Der Ablauf der Ereignisse war dabei fast jedesmal der gleiche. Zunächst bemerkte ich während des hypnagogen Dämmerzustands in der rechten oberen Ecke meines imaginären »Blickfeldes« einen winzigen, intensiven Lichtpunkt. Konzentrierte ich mich auf diesen Bezugspunkt, verspürte ich nach wenigen Augenblicken ein wohliges Prickeln, das nach und nach meinen gesamten Körper erfaßte. Die keinesfalls subjektiven Gefühlsschauer pulsierten vom Nabel zum Kopf sowie zu den Füßen und umgekehrt. Irgendwie schienen sich diese Wallungen in ihrer Intensität allmählich »hochzuschaukeln«, bis plötzlich meine Trommelfelle zu »flattern« begannen. Bisweilen stellten sich bei mir während dieser Phase kurzzeitig Geräusch-»Halluzinationen« ein. Ich vernahm mit einem Mal irgendwelche zusammenhanglose, durch eine Art Hall-Effekt extrem verzerrte Wortfetzen (z. B.: A c h t u n g – A c h t u n g ...), Töne und Nebengeräusche. Damit schienen die »Vorbereitungen« für meinen »astralen« Austritt abgeschlossen zu sein. Von einem Augenblick zum anderen kippte die rechte Seite meines Feinstoffkörpers über die Bettkante sanft nach unten. Sofort balancierte die linke Seite die ungleiche Lage aus und ICH schwebte wenige Zentimeter frei über dem Boden, das »astrale« Double meiner Füße stets nach vorn ge-

richtet. Ich konnte mich nunmehr frei schwebend im Zimmer bewegen und gelegentlich auch Wände und Türen durchdringen. Ein erhabenes Gefühl der Leichtigkeit und Unbekümmertheit überkam mich. So etwa müßte es sein, wenn man seinen irdischen Körper für immer verläßt.
Bei all diesen »astralen« Kurzstrecken-Exkursionen innerhalb der eigenen Räume hatte ich eigentlich nie Angst verspürt, meine körperliche und geistige Unversehrtheit einzubüßen, weil ich mir stets bewußt war, gedankenschnell in meinen materiellen Körper zurückkehren zu können. Immer wenn ICH nach den Austritten zu mir (!) kam – bei Erreichen des vollen Wachzustandes –, hatte ich eine leicht erhöhte Pulsfrequenz, ein Phänomen, das mir aufgrund meiner positiven Erfahrungen, die ich inzwischen gesammelt hatte, keine Sorgen bereitete. Gesunde Menschen verwinden den anfänglichen Austritts-»Schock« offenbar ohne Schwierigkeiten. Dennoch: Jeder, der solche Austritte wochenlang fast jede Nacht intensiv erlebt, wird mir beipflichten, daß diese letzten Endes als ziemlich lästig empfunden werden, zumal man sich tags darauf meist recht zerschlagen fühlt.
Die Phase der unfreiwilligen Austritte dauerte bei mir etwa einen Monat. Dann ebbten sie rasch ab. Erst viel später – ich war bereits völlig genesen – stellte ich fest, daß ich dieses sonderbare Phänomen gelegentlich auch »künstlich«, d. h. ganz bewußt hervorbringen konnte. Ich brauchte mich im entspannten Zustand vor dem Einschlafen bzw. vor dem völligen Erwachen nur auf einen gedachten gleißend hellen Lichtpunkt im Raum zu konzentrieren, um den Austritts-Effekt einzuleiten.
Skeptiker deuten außerkörperliche Erfahrungen durchweg als Wachträume. Wer aber dieses Phänomen und alle seine Begleitumstände, so wie ich, selbst erfahren durfte, wird mit Sicherheit anderer Meinung sein. Echte außerkörperliche Zustände werden viel klarer, viel bewußter empfunden.

1 »Ausgetreten« – Die Realität des zweiten Körpers

Außerkörperlichkeit – das Losgelöstsein unseres bewußtseinsgesteuerten feinstofflichen »Doubles« vom biologischen Körper – gilt als mithin wichtigstes Phänomen des gesamten Nahtodszenariums. Das Interesse unvoreingenommener Ärzte und Thanatologen an Patientenberichten über sogenannte »Austritte« unseres immateriellen Zweitkörpers in Abwesenheit klinisch eruierbarer Körperfunktionen, d. h., nach Eintritt des klinischen Todes, ist deshalb so groß, weil, sollten sich natürliche oder pharmakologische Ursachen hierfür mit letzter Sicherheit ausschließen lassen [vgl. Kapitel IV/1], das Überleben des Bewußtseins nicht länger anzuzweifeln wäre. Hinzu kommt, daß sich solche außerkörperlichen Erlebnisse und Erfahrungen (AKE) auch an gesunden Menschen feststellen und besser noch als bei Nahtoten analysieren lassen. Dies vor allem, weil bei Gesunden keine körpereigenen, euphorisch stimmenden Stoffe (z. B. Endorphine) geltend gemacht werden können, deren Freisetzung nach Meinung von Dr. Ronald Siegel angeblich Nahtod-»Visionen« bewirken.

Der Kreis der Austrittserfahrenen dürfte viel größer sein als gemeinhin angenommen wird. Die meisten derer, die irgendwann einmal ein solches Erlebnis gehabt hatten und es, in Unkenntnis der wahren Zusammenhänge, als psychisches Manko betrachten, werden gegenüber Dritten schamhaft schweigen, was zwangsläufig auf eine hohe Dunkelziffer schließen läßt.

Der erste Wissenschaftler, der nachweislich außerkörperliche Erlebnisse statistisch auswertete, war der US-Soziologe Hornell Hart. Bereits 1952 stellte er 155 Studenten der Duke University in Durham, North Carolina, die Frage: »Haben Sie jemals wirklich Ihren materiellen Körper von einem Standpunkt außerhalb desselben gesehen, so als ständen Sie z. B. neben dem Bett und betrachteten sich, wie Sie im Bett liegen, oder schwebten Sie neben Ihrem Körper in der Luft?« Damals waren es 20 % der Befragten, die mindestens einmal ein solches Erlebnis gehabt hatten.
Als dann im Jahre 1966 die englische Wissenschaftlerin Celia Green 115 Studenten der Universität Southampton (England) eine ähnliche Frage stellte, wurde diese von 19 % der Angesprochenen bejaht. An der Oxford University, wo sie 1967 350 Studenten die gleiche Frage vorlegte, waren es sogar 34 %, die AKEs gehabt haben wollen. Die meisten von ihnen waren nach Austrittserlebnissen verwirrt und hatten für dieses Phänomen keine Erklärung.
Interessant ist auch die Feststellung der amerikanischen Forscher Robert Monroe und Herbert Greenhouse, die bei Vorlesungen über Astralkörperaustritte herausfanden, daß etwa ein Viertel bis zu einem Drittel ihrer Zuhörer AKEs erlebt haben wollen. Die freie Erörterung dieses delikaten Themas in aller Öffentlichkeit scheint der Aufhellung des AKE-Phänomens dienlich zu sein und Ängste abbauen zu helfen.
Der Psychologe Dr. Harvey J. Irwin von der University of New England (Australien) setzt sich in seinem 1985 erschienenen Buch *Flight of Mind* (Flug des Bewußtseins) kritisch mit den Verursachern außerkörperlicher Erfahrungen auseinander, und er untersucht die Vielzahl unterschiedlicher Informationen, die er und seine Kollegen hierüber weltweit zusammengetragen haben. Besondere Aufmerksamkeit widmet er der Phänomenologie der AKEs, den Bedingungen, unter denen diese stattfinden sowie der Psycho-

logie involvierter Personen. Er will ermittelt haben, daß es keine besondere Personengruppe gibt, die für AKEs prädestiniert ist. Fest steht nur, daß dieses Phänomen immer dann in Erscheinung tritt, wenn sich das »Gehirn« (gemeint ist das Bewußtsein) des Betreffenden »in einem Zustand hoher bzw. geringer Erregung befindet und seine Aufmerksamkeit vom eigenen Körper abgewandt ist«.
Irwin hält es für abwegig, AKEs als Halluzinationen zu bezeichnen, da seiner Meinung nach eine »Neuetikettierung« des Phänomens nichts zu dessen Deutung beitragen würde. Dies gilt natürlich ebenso für die simplen Erklärungen des amerikanischen Psychologen Ronald Siegel, der für außerkörperliche Erfahrungen im komatösen Zustand biochemische Wirkfaktoren geltend machen möchte.
Ein Gutteil von Irwins Untersuchungen befaßt sich mit dem bildlichen Vorstellungsvermögen sowie Wahrnehmungsmustern, über die bei Außerkörperlichkeit berichtet wird. Sie zwingen ihn jedoch zu der Feststellung, daß bei Menschen mit ausgeprägter Phantasie AKEs nicht häufiger als bei anderen Charakteren auftreten.
Schließlich gipfelt Irwins AKE-Theorie in der Vorstellung, daß Austritte durch die »totale Erfahrung von [mentaler] Absorption und Imagination« zustande kommen. Er hält es für denkbar, daß sie stattfinden, wenn die vom Körper ausgesandten Sinnessignale entweder völlig blockiert oder zumindest stark abgeschwächt werden.
Diese Theorie, so einleuchtend sie auf den ersten Blick auch erscheinen mag, erklärt allerdings nicht die fundamentalen Ursachen dieses Phänomens. Sie beschreibt allenfalls, wie jemand für AKE empfänglich gemacht wird und entkräftet keineswegs die Theorie der Loslösung des Astralkörpers vom materiellen Leib.
Alle diese Untersuchungen und Publikationen sagen aber wenig über den Verlauf außerkörperlicher Erfahrungen aus: unter welchen Umständen, wann, wo und warum sie über-

haupt zustande kommen, was die »Ausgetretenen« im Detail erlebt, was sie gefühlt haben usw.
Die meisten Austritte finden im Schlaf statt, obwohl es Situationen gibt, in denen zumindest der Beginn einer AKE im Wachzustand, bei voller Beleuchtung und in Anwesenheit Dritter erlebt wird. Ich selbst konnte einmal während meiner aktiven AKE-Phase die typischen Merkmale der Austritts-Einleitung hellwach, im Wohnzimmer sitzend, erfahren – ein merkwürdiges Gefühl. Sie endete mit dem gewohnten »Flattern« der Trommelfelle kurz vor dem eigentlichen Austritt. Gerade dieses Erlebnis hat mich davon überzeugt, daß Austritte etwas ganz anderes als Träume sind.
Ein typisches Merkmal für AKEs ist das Gefühl, beim Wiedereintritt in den materiellen Körper aus großer Höhe herunterzufallen. Man hält dies – vereinfacht ausgedrückt – für eine Reaktion des Körpers auf das »Herunterfahren« der hyperfrequenten Schwingungen unseres feinstofflichen »Doubles«, um diese den Vibrationen des materiellen Leibes anzupassen. Diese (hypothetischen) Schwingungen dürften jenseits des *elektromagnetischen Wellenspektrums* liegen und daher mit physikalischen Meßinstrumenten nicht anmeßbar sein. Personen mit echten Austrittserlebnissen sind diese subjektiven Vibrationen durchaus bekannt. Mir selbst vermittelten sie ein herrliches Gefühl des Losgelöstseins, der Ungebundenheit.
Das Bewußtsein, das »Selbst«, kann bei Austritten voll bzw. teilweise mitgeführt werden oder total ausgeschaltet sein. Untersuchungen haben gezeigt, daß bei vollem Bewußtsein AKEs besonders intensiv erlebt werden. In Fällen partiell vorhandenen Bewußtseins erinnert sich der Betreffende nur schwach, so, wie nach einem Traum, an seine Erlebnisse. Ganz »ohne Bewußtsein« fehlt dem »Ausgetretenen« jegliche Erinnerung an seine Erfahrungen während der Außerkörperlichkeit. Er kann sich an das Erlebte nur dann erinnern, wenn ihn Dritte im ausgetretenen Zustand wahrge-

nommen haben und ihm hierüber berichten. Die Intensität, mit der das Bewußtsein im Astralkörper vertreten ist, kann mitunter ganz erheblich schwanken, so daß während der Dauer des Austritts manche Szenen deutlicher, andere wiederum undeutlicher oder auch gar nicht wahrgenommen werden.

Die immaterielle Beschaffenheit des real existierenden Bewußtseins erhellt allein schon daraus, daß man mit seinen »astralen« Extremitäten normalerweise nichts anzufassen oder zu bewegen vermag, wie in dem zuvor geschilderten Fall des in Vietnam schwer verwundeten US-Soldaten (vgl. Kapitel IV/2).

Ähnliches widerfuhr einer Frau, bei der die Atmung ausgesetzt hatte. Im Reanimationsraum des Krankenhauses erlebte sie (ihr Astralkörper), wie die Ärzte an ihr (dem materiellen Körper) Wiederbelebungsversuche unternahmen: »Ich sah zu, wie ich wiederbelebt wurde. Es war wirklich eigenartig. Ich schwebte nicht etwa besonders hoch. Mir schien fast, als stünde ich auf einem Podest, aber nicht wesentlich höher als die anderen – vielleicht, daß ich so gerade eben über ihre Köpfe hinweg sah. Ich versuchte, mit ihnen zu reden, aber keiner konnte mich hören. Keiner hörte mir mehr zu... Die Ärzte und Schwestern trommelten auf meinen Körper, um die Infusion wirken zu lassen und mich zurückzuholen, während ich ständig versuchte ihnen zu sagen: ›Laßt mich in Ruhe. Hört doch endlich auf, auf mir herumzutrommeln.‹ Aber sie hörten mich nicht. Deswegen versuchte ich, ihre Hände wegzuschieben, damit sie meinen Körper nicht länger bearbeiteten – aber nichts geschah... ich konnte ihre Hände nicht wegdrücken. Zwar sah es schon so aus, als ob ich sie berührte, und ich gab mir alle Mühe, sie wegzuschieben, doch selbst, wenn ich mit aller Kraft dagegendrückte, blieben ihre Hände da, wo sie waren. Ich weiß nicht, ob meine Hände durch die ihren hindurch oder um sie herumgingen, oder was eigentlich los war. Sosehr ich sie

auch zu bewegen versuchte, schien doch auf ihre Hände überhaupt kein Druck zu wirken.«
In einem anderen Fall berichtet ein nach einem schweren Unfall Reanimierter über seine Erlebnisse im ausgetretenen Zustand: »Aus allen Richtungen kamen die Leute herbeigeströmt... Sowie sie ganz dicht herankamen, versuchte ich jedesmal, mich zur Seite zu drehen, um sie vorbeizulassen – aber sie liefen doch tatsächlich *durch mich hindurch*.«
Unlängst berichtete mir eine meiner Leserinnen über einen interessanten »Traum«, den sie während des Golfkrieges, als sie sich gerade in Indien aufhielt, erlebt hatte. Die mir geschilderten Umstände legen allerdings den Schluß nahe, daß es sich hierbei weniger um einen lebhaften Traum, als um eine Astralkörperprojektion gehandelt hat. Wörtlich heißt es hier: »Als ich 1991 in Indien war, herrschte gerade der Golfkrieg. Ich hatte mich vorher innerlich sehr damit beschäftigt und war zu der Überzeugung gelangt, daß nur eine Bewußtseinsveränderung der kriegführenden Parteien, und hier meinte ich insbesondere Saddam Hussein, einen wirklichen Frieden bringen könne.
Als ich nun in Indien weilte, beschäftigten mich ganz andere Dinge, und der Golfkrieg rückte in den Hintergrund. Trotzdem hatte ich gerade dort einen Traum, der mir sehr real vorkam. Ich erschien nämlich Saddam Hussein in seinem Arbeitszimmer. Ich saß halb auf seinem Schreibtisch und stützte mich mit der linken Hand ab. Überrascht und ärgerlich zugleich fragte er, woher ich komme. ›Ich bin nicht von dieser Welt‹, antwortete ich.
Er glaubte mir nicht, wollte meine Hand fassen. Doch seine Hand glitt durch meine hindurch. Er erschrak sehr. Ich wies ihn darauf hin, daß sein Handeln Konsequenzen haben würde und wollte ihn dies geistig schauen lassen. Da er jedoch dazu freiwillig nicht bereit war, versetzte ich ihn in Schlaf. Im Traum mußte er sich die Folgen seines Handelns in seiner nächsten Inkarnation anschauen...«

Interessant ist die Feststellung besagter Dame, daß Hussein sehr erschrocken war, als er beim Ergreifen ihrer fiktiven Hand keinen Gegendruck spürte. Demnach müßte, wenn es sich denn in diesem Fall um eine echte Astralprojektion gehandelt haben sollte, Hussein tatsächlich materiell zugegen und keine Halluzination gewesen sein. Die geradezu penibel geschilderte Szene der versuchten Berührung läßt den Eindruck aufkommen, daß wir es hier in keiner Weise mit einem Wachtraum zu tun haben. Könnte es sein, daß meine Informantin dem irakischen Herrscher als ein sehr reales, dreidimensional wirkendes »Geistwesen« erschienen war? Die Frage, ob man den feinstofflichen Körper durch »Absenken« der ihm zugrundeliegenden Hyperfrequenz wenigstens teilweise verstofflichen kann, um mit seinen pseudomateriellen Händen oder Füßen feste Objekte zu bewegen, wie dies in einigen Fällen geschehen sein soll, muß offen bleiben. Möglicherweise läßt sich der Astralkörper unter massiver Einwirkung des Bewußtseins so verdichten, daß man mit seinen quasi-materiellen Extremitäten tatsächlich Dinge anfassen, anheben oder fortbewegen kann. Vielleicht üben wir mit unserem Bewußtsein auch nur das aus, was in der Parapsychologie als *Psychokinese* bezeichnet wird – die Einwirkung desselben auf Materie, ohne diese direkt zu berühren oder hierfür technische Hilfsmittel in Anspruch zu nehmen. Beide Wirkmechanismen dürften im Prinzip auf das gleiche hinauslaufen.

Dr. Ernst Waelti, ein Schweizer Naturwissenschaftler mit Astralkörpererfahrung, hat sich über die zwitterhafte Beschaffenheit des Feinstoffkörpers Gedanken gemacht, ohne hierfür eine eindeutige Erklärung zu finden. Er und viele seiner Kollegen stimmen darin überein, daß man mit seinen feinstofflichen Händen zwar feste Objekte »betasten und anrühren, ja sogar durchdringen, aber nicht hochheben und bewegen« kann. In einem seiner Austrittsberichte heißt es: »...Ich lasse es bleiben und spaziere an der anderen Wand

des Zimmers zurück, wobei sich meine linke Schulter in der Wand drinnen befindet. Mit der rechten Hand schlage ich gegen die Wand und spüre deren körnige Oberflächenstruktur.« Waelti glaubt einer Täuschung erlegen zu sein und fragt: »Wie kann ich die Wand spüren, wenn ich gleichzeitig mit meiner linken Schulter in der Wand stecke, ohne durch deren Solidität in meiner Bewegung beeinträchtigt zu werden?« Weiter heißt es hier: »Ich hole mit meiner Rechten weit aus, um wuchtig gegen die Wand zu schlagen. Hand und Arm fahren durch den Stein wie durch eine Nebelwand.«
So ganz nebenbei nimmt er auch noch das Ticken des Weckers und die Atemzüge seiner Frau wahr – echte Geräusche seiner näheren Umgebung, die bei Träumen, anders als bei Astralkörperaustritten, jedoch meist in das Traumszenarium miteinbezogen werden.
Träume und Astralkörperaustritte werden häufig miteinander verwechselt. Bevor wir uns den typischen Unterscheidungsmerkmalen zuwenden, sollen hier, der besseren Übersicht wegen, die fünf wichtigsten Erscheinungsformen der Außerkörperlichkeit im Zusammenhang erwähnt werden:
– Der Astralkörper nimmt seine Umgebung (Personen und Objekte) wahr, ohne von anwesenden wachen Personen gesehen zu werden;
– er beobachtet ausschließlich sich selbst, seinen materiellen Leib (Autoskopie);
– er wird von Dritten im Wachzustand als eine Art Erscheinung (»Ghost«) wahrgenommen; in der einschlägigen Literatur ist von »Erscheinungen Lebender« die Rede (vgl. *Hyperwelt*, Langen Müller 1995)
– er begegnet dem Astralkörper einer anderen lebenden Person oder dem eines Verstorbenen, und schließlich:
– er vermag in diesem Zustand mit seinen astralen Extremitäten psychokinetisch materielle Objekte zu beeinflussen.

2 Träume sind ganz anders

> »Die Auflösung der Wirklichkeit
> in ein Geflecht von Kausalfäden
> ist ein Irrtum.«
>
> C. F. von Weizsäcker

In einer Augustnacht des Jahres 1974 träumt Shirley Motsinger aus Stillwater (Oklahoma), daß sie ihren ältesten Sohn Rick Mitchell in einem Krankenhaus besucht. Sein Bein hängt in einer Streckvorrichtung. Der Anblick seiner Verletzung bereitet ihr Sorgen.
Doch ihr Sohn tröstet sie: »Es ist nur eine Fraktur, und ich werde im Nu wieder draußen sein. Wieviel Uhr haben wir übrigens?« Mrs. Motsinger läßt ihren Sohn wissen, daß es genau 4.30 Uhr ist, höchste Zeit, nach Hause zu fahren. Dann wacht sie auf. Das Traumerlebnis erscheint ihr derart real, daß sie nicht mehr einschlafen kann.
Rick war im Alter von 18 Jahren freiwillig der Armee beigetreten und in Fort Gordon (Georgia) stationiert, weit weg von seinem Heimatort Tryon in Oklahoma. Er und seine Angehörigen hatten viele Wochen nichts voneinander gehört, was Mrs. Motsinger vermuten ließ, daß dies die eigentliche Ursache jenes bösen Traumes war. Sie wundert sich noch darüber, im Traum sogar Narkotika gerochen zu haben, als mit einem Mal das Telefon läutet. Der Anruf kommt aus einem Hospital in Des Moines, Iowa. Man teilt ihr mit, daß ihr Sohn von einem Auto angefahren worden sei und ein Bein gebrochen habe. Es ginge ihm aber soweit gut, und er könne schon bald wieder entlassen werden. Dann meldet sich Rick selbst zu Wort, um seiner Mutter zu beweisen, daß er wohlauf sei. Schläfrig kommt es über seine Lippen: »Hallo, Mutti, wieso bist du schon zu Hause? Du bist doch erst um 4.30 Uhr hier weg, und wir haben jetzt gerade erst 6 Uhr. Wie hast du das fertiggebracht? Bist du etwa geflogen?«

Als Rick auf Erholungsurlaub nach Hause kam, erzählte er seiner Mutter, daß er vor dem Unfall per Anhalter seine Großeltern in Creston (Iowa) und anschließend seine Eltern in Tyron besuchen wollte. In der Nähe von Des Moines war er von einem Auto angefahren worden. Ein Rettungswagen hatte ihn ins städtische Krankenhaus gebracht, wo man ihm nach dem Röntgen sofort einen Streckverband anlegte.

Dann aber geschah das Unfaßbare. Rick hatte »geträumt«, daß seine Mutter ihn besucht und auf der Kante des Krankenbettes gesessen hätte. Die »Traum«-Handlung erschien ihm so real, daß es Tage dauerte, bis er davon überzeugt war, dies alles nicht wirklich erlebt zu haben.

Was diesen Fall besonders interessant macht, sind die ganzen Begleitumstände: die korrekte, realistische Wahrnehmung der Beinverletzung, die sich eigentlich nur »astral«-hellsichtig deuten läßt, das »Gespräch« mit dem Sohn, durch das sie von seiner baldigen Entlassung erfuhr, die zeitliche Übereinstimmung der »Besuchszeit« sowie die seltsame Geruchsempfindung von Mrs. Motsinger, die den Bezug zum Krankenhausmilieu herstellte. Es bestehen kaum noch Zweifel: Beider Astralkörper müssen sich damals kurz nach dem Unfall im städtischen Hospital von Des Moines begegnet sein.

Dr. Stephan LaBerge vom Schlafforschungszentrum der Stanford University, der sich lange Zeit mit sogenannten *luziden Träumen* befaßt hat, d. h. mit Träumen, bei denen man weiß, daß man träumt, ist der Auffassung, daß sich das Bewußtsein bei AKE *nicht* vom materiellen Körper abhebt. In seinem 1985 veröffentlichten Buch *Lucid Dreaming* (Luzides Träumen) setzt er Astralkörperaustritte und »shared dreams« (Beteiligungsträume) luziden Träumen gleich, die »falsch« verlaufen: »Luzide Träume sind nur durch *ein* wesentliches Merkmal voneinander zu unterscheiden: Wie die Betreffenden ihre Erfahrungen von Fall zu Fall interpretieren.«

LaBerge stellt fest, daß sich Menschen mit luziden Träumen oft ihres »Traumkörpers« (Astralleib) bewußt sind. Deshalb könnte jemand mit einem lebhaften luziden Traum in seiner gewohnten Umgebung (z. B. in seiner Wohnung bzw. im Schlafzimmer) diesen leicht als AKE interpretieren. Die Tatsache, daß die Phänomenologie luzider Träume und die der Astralkörperaustritte einander ähneln, lassen nach LaBerge zwangsläufig auf gleiche Ursachen für beide Erfahrungsformen schließen. Sie enden seiner Meinung nach mit dem, was er als »falsches Erwachen« bezeichnet: der Schläfer denkt, erwacht zu sein, befindet sich aber in einem weiteren Traum, d. h. in einer Art Anschlußtraum. LaBerge bestreitet zwar nicht, daß einige Personen während ihres Pseudo-Austritts korrekte Angaben über Vorgänge an entfernten Orten machen können, führt dieses Phänomen jedoch auf »außersinnliche Wahrnehmung« (ASW), also auf Telepathie, Hellsehen, Präkognition usw. zurück. Tatsache ist, daß Personen mit AKE häufig über luzide Träume berichten. Hinzu kommt, daß bestimmte Techniken zur Selbstauslösung von AKE gelegentlich auch bei luziden Träumen und bei der Traumkontrolle praktiziert werden.
Dennoch ist LaBerges Theorie nachweisbar falsch. Man hat nämlich festgestellt, daß luzide Träume, anders als AKE, während des sogenannten REM-Schlafs (REM = *R*apid *E*ye *M*ovement) auftreten. Hierunter versteht man die Schlafphase, die durch schnelle Augapfelbewegungen charakterisiert ist, in deren Verlauf der Schläfer mit den Augen dem Traumgeschehen folgt.
Psychophysiologische Studien an »Ausgetretenen«, die seit den späten sechziger Jahren an den Universitäten von Virginia und Kalifornien (Davies) von der American Society for Psychical Research und der Psychical Research Foundation in Durham (Nordkarolina) durchgeführt wurden, haben eindeutig gezeigt, daß bei AKEs die Ausgangssituation eine ganz andere als beim REM-Traum ist.

Da Tiere für Psi-Signale besonders empfänglich und in ihrem Verhalten gegenüber physikalisch nicht erklärbaren Phänomenen unbestechlich sind, lag es nahe, ihre Fähigkeiten zum Nachweis etwa anwesender Astralkörper zu nutzen.
In Durham experimentierte seinerzeit der Psychologe Dr. Robert Morris mit dem bekannten amerikanischen Medium Keith (Blue) Harary, der mit seinem Feinstoff-(Astral-)körper erfolgreich Katzen, Hunde, Ratten und Schlangen zum Reagieren zwang.
Scott Rogo (†), ein bekannter amerikanischer Parapsychologe, der sich zeitlebens mit allen Psi-Phänomenen kritisch auseinandersetzte, war bei einigen dieser Experimente zugegen: »Als sich Harary außerhalb seines Körpers befand und in diesem Zustand zu der Schlange kam, hörte sie auf, in ihrer typischen Art im Käfig umherzukriechen, und unternahm buchstäblich einen Angriff. Bösartig schien sie nach etwas in der Luft zu schnappen. Das Ganze dauerte etwa 20 Sekunden, die genau mitten in dem Zeitraum lagen, in dem Keith behauptete, sich außerhalb seines Körpers bei der Schlange zu befinden, ohne daß er wußte, was im Labor vor sich ging [Harary war in einem anderen Raum untergebracht].«
Keith Hararys »astrale Besuche« bei einer Katze, die normalerweise in ihrem Käfig nervös hin und her lief und dabei fortwährend miaute, schienen auf das Tier hingegen beruhigend zu wirken. Dr. Morris wiederholte das Experiment insgesamt viermal. Jedesmal, wenn Harary behauptete, sein Astralkörper würde sich im Käfig aufhalten, wurde die Katze fast augenblicklich ruhig. Sie schien Hararys feinstoffliche Anwesenheit zu spüren, unterbrach ihr Umherlaufen und miaute kein einziges Mal.
Die Mehrzahl derer, die irgendwann einmal in ihrem Leben Austrittserlebnisse gehabt hatten, wissen zwischen AKE und Träumen gut zu unterscheiden. Diese Erlebnisse wer-

den trotz der ungewöhnlichen Umstände, unter denen Austritte stattfinden, durchweg als geradezu plastisch-real geschildert, wohingegen Träume meist an ihrem irrealen Charakter zu erkennen sind. Der berühmte österreichische Arzt und Psychoanalytiker Sigmund Freud (1856–1939) meinte einmal, die Irrealität der Traumerlebnisse reduziere für den Träumenden die Wichtigkeit des Trauminhalts und mache es ihm möglich, Nachfolgendes zu ertragen. Anders ausgedrückt: Das Irreale des Traums läßt den Träumenden trotz möglicherweise störender Wahrnehmungen weiterschlafen. Es wäre somit nichts anderes als eine Art »Sicherheitsventil«. AKE wird hingegen sowohl während des Erlebnisses selbst als auch später, in der Rückschau, als harte Realität empfunden.
Nach Ansicht des kanadischen Anthropologen und Soziologen Ian Currie, der sich in diversen Abhandlungen und Büchern sowohl mit Nahtoderlebnissen als auch außerkörperlichen Erfahrungen auseinandergesetzt hat, gibt es zwischen AKE und Träumen eine Reihe weiterer Unterscheidungsmerkmale:
– Im Traum sehen wir unseren eigenen Körper nicht gegenständlich von außerhalb desselben, wohingegen diese Fähigkeit für AKE typisch ist;
– bei AKE wird die Umwelt so wahrgenommen, wie sie sich uns am Tage bei normaler Betrachtung darstellt (es ist dies ein wichtiges Indiz dafür, daß vom Astralkörper zumindest ein Teil des Bewußtseins mitgeführt wird);
– Träumende wissen nach dem Aufwachen, daß sie geträumt haben. Diese Erkenntnis steht jedoch nicht am Ende einer AKE. Die feste Überzeugung, daß das Erlebte tatsächlich stattgefunden hat und kein Traum war, hält ein Leben lang an (was der Autor aus Erfahrung bestätigen kann);
– in manchen Fällen werden Schilderungen von außerkörperlichen Erlebnissen durch anwesende wache Dritte bestätigt;

– viele Personen mit AKEs berichten, daß sie ihre Umwelt lebhafter, wirklichkeitsnäher und sehr viel überzeugender wahrgenommen haben als im Wachzustand.

Aus eigener Erfahrung möchte der Autor zur Widerlegung der Traum-Hypothese noch folgende wesentliche Merkmale hinzufügen:

– Spontane AKEs treten nicht selten an mehreren Tagen hintereinander auf, was bei Träumen so gut wie ausgeschlossen ist;

– manchen Menschen, denen dieses interessante Phänomen keine Angst einflößt, können AKEs bewußt einleiten und auf diese Weise mit ihrem Astralkörper experimentieren;

– die funktionellen Merkmale des Zustandekommens von AKEs waren bei meinen eigenen »Austritten« stets identisch: Wahrnehmung eines gleißenden, immer größer werdenden Lichtpunktes in Deckenhöhe; das subjektive »Flattern« der Trommelfelle; das Hin- und Herpulsieren von Energieströmen, vom Kopf zum Nabel und von da zu den Füßen und umgekehrt; unerklärliche »Hall«-Effekte; das Herauskippen des Astralkörpers über die Bettkante; reale Wahrnehmung von Nebengeräuschen (Flugzeug-Motorenlärm, Glockenläuten, Bahngeräusche, z. B., wenn ein Zug eine Brücke überquert usw.), wie in der Einleitung zu diesem Kapitel beschrieben.

Während man bei den hier erwähnten AKE-Experimenten mit Tieren immer noch gewisse subjektive Einflüsse geltend machen könnte, scheiden diese bei Laborversuchen mit nichtlebenden Objekten von vornherein aus. Versetzen wir uns zurück in das Jahr 1972, in dem der aus Lettland stammende Psychologe Dr. Karlis Osis – er war lange Zeit Forschungsdirektor der *American Society for Psychical Research* (A. S. P. R.: Amerikanische Gesellschaft zur Erforschung des Paranormalen) – mit dem hochbegabten Psi-Medium Ingo Swann »Austritts«- bzw. sogenannte *Fernwahrnehmungs*-Experimente durchführte. Mit diesen wollen wir uns in der Folge etwas ausführlicher beschäftigen, da sie nicht nur die Existenz eines Astralkörpers, sondern indirekt auch dessen Fortbestehen nach dem physischen Tod beweisen könnten.

3 Zielflug – Experimente mit dem Astralkörper

Qualifizierte Fernwahrnehmungsmedien, wie z. B. der bekannte amerikanische Sensitive Ingo Swann, vermögen aufgrund ihrer natürlichen Veranlagung, aber auch durch Praktizieren bestimmter Einstimmungstechniken ihren bewußtseinsgesteuerten Astralkörper – ihr eigentliches »Ich« – willentlich austreten zu lassen, ihn »auf Reise« zu schicken, um fremde Örtlichkeiten und dortige Vorgänge zu beobachten. Swanns AKE-Talente wurden nicht nur von der A. S. P. R., sondern auch vom Stanford Research Institute International (SRI) in Menlo Park, Kalifornien, ausgiebig getestet. Während der Zeit des Kalten Krieges zeigten sich vor allem die US Navy und der CIA an medialer Fernwahrnehmung interessiert, um feindliche Objekte ganz ohne Gefahr auf Distanz auszukundschaften. Bei einem im Juli 1977 durchgeführten Experiment hatten Swann und andere Fernwahrnehmungsmedien den Auftrag, an Bord des US-Forschungstauchboots *Taurus* vor der südkalifornischen Insel Santa Catalina in einigen hundert Meter Tauchtiefe etwa 800 km entfernte Zielorte zu beschreiben. Diese Tests verliefen, wie aus SRI-Berichten hervorgeht, außerordentlich erfolgreich, und sie erhärten die von Parapsychologen vertretene Theorie, daß Wasser, genau wie sogenannte Faradaysche Käfige, Psi-Signale und Astralkörper-Exkursionen nicht abzublocken vermögen. Sie verhalten sich ganz anders als elektromagnetische Wellen, breiten sich also jenseits unserer Raumzeit – über den nur mathematisch erfaßbaren *Hyperraum* – aus.

Ingo Swann, der während seiner Kindheit bei einer Mandeloperation erstmals entdeckt haben will, daß er seinen Körper verlassen kann, verfeinerte als Erwachsener seine AKE-Techniken und konnte schließlich Austritte nach Belieben, selbst bei vollem Bewußtsein, vornehmen. Um aus seinem materiellen Körper austreten zu können, nimmt er in einem bequemen Sessel Platz, zündet sich eine seiner obligaten Zigarren an und läßt einem Teil seines »Ich« freien Lauf, wobei er den anwesenden Kontrollpersonen lässig seine Eindrücke vom Zielort schildert.

Die im Jahre 1972 von Dr. Karlis Osis in den Labors der A. S. P. R. durchgeführten Fernwahrnehmungsexperimente sollten zunächst Klarheit darüber verschaffen, ob Swanns Zielbeschreibungen tatsächlich mit den realen Gegebenheiten vor Ort übereinstimmen. Mit anderen Worten: Osis wollte ermitteln, ob AKE-Wahrnehmungen durch ähnliche Parameter bestimmt bzw. beeinträchtigt werden wie normale Sehvorgänge. In diesem Zusammenhang wählte Osis eine Versuchsanordnung, bei der in einer an der Decke des Raumes aufgehängten großformatigen Plattform unterschiedliche Bildobjekte hintereinander angeordnet waren. Sollte es sich zeigen, daß Swann diese perspektivisch wahrnahm, wäre der Funktionsmechanismus der Außerkörperlichkeit ein anderer als bei normaler Fernwahrnehmung oder Telepathie, da letztere kaum einen derart genauen Eindruck vom Zielobjekt vermitteln. Die perspektivische Sicht würde darauf hindeuten, daß bei AKE etwas völlig Eigenständiges den materiellen Körper verläßt. Swann wurde bei diesem Experiment an einen Elektroenzephalographen (EEG-Gerät) angeschlossen, um seine Gehirnwellenaktivitäten zu überwachen, weil man zwischen diesen und seinen »Austritten« Zusammenhänge vermutete. Osis bat Swann, sein Bewußtsein in Richtung Decke zu projizieren und in die an der Decke hängende Vorrichtung zu »schauen«, deren Inhalt seinen Blicken verborgen war.

Die Plattform enthielt zwei Zielbilder, die dort Rückseite an Rückseite plaziert waren. Osis forderte Swann auf, zunächst eines dieser Bilder zu »betrachten« und zu beschreiben, alsdann die Plattform zu umrunden, um danach, von der neuen Position aus, Details des anderen Bildes zu schildern. Nach Ablauf eines jeden Experiments wurde Swann gebeten, das jeweils wahrgenommene Bild zu skizzieren. Die Ergebnisse der Versuchsserie waren verblüffend. Bei diesen Experimenten stellte eines der Bilder ein umgekehrtes Herz mit einer darüberliegenden schwarzen Brieföffnerscheide und das andere eine dreifarbige Ringscheibe dar, aus der man, wie beim Aufteilen einer Torte, ein Segment herausgeschnitten hatte.
Im ausgetretenen Zustand konnte Swann alle diese Ziele genau erkennen und später in Skizzen wiedergeben. Seine Zeichnung von der Ringscheibe war von einer derart hohen Präzision, daß er sogar das Segment an der richtigen Stelle angeordnet hatte. Was das andere Bild anbelangt, zeichnete er ein mehr ovales Gebilde mit einem messerartigen Objekt obenauf. Die angegebenen Farben der Gegenstände stimmten mit denen auf den Zielbildern völlig überein.
Swann war bei diesen Experimenten stets für einige Überraschungen gut. Die A.S.P.R.-Mitarbeiter mußten sehr bald feststellen, daß Swanns AKE-Visionen entnervend genau sein konnten, daß er manchmal Zieldetails wahrnahm, die selbst sie zuvor nicht bemerkt hatten. So wurde z. B. bei einem Experiment die Vorrichtung innen sorgfältig mit weißem Papier ausgeschlagen, wobei die Person, die mit dem Zusammenbau des Zielobjekts befaßt war, einige Druckzeilen an der Wandung unbedeckt gelassen hatte. Swann konnte, als er sich auf das Zielobjekt konzentrierte, das Gedruckte zwar wahrnehmen, aber nicht lesen.
Nach Beendigung des Experiments, bevor das Behältnis von der Decke heruntergenommen und inspiziert worden war, wurde der Präparator unruhig. Er behauptete, der Versuch

müsse ein »Flop« gewesen sein, da im Behälter, im Gegensatz zu Swanns Behauptung, nichts Gedrucktes enthalten sei. Swann beharrte aber darauf, einige Zeilen »gesehen« zu haben. Bei der Inspektion der Vorrichtung mußten die Experimentatoren erstaunt und ein wenig verärgert feststellen, daß Swann Recht gehabt hatte.

Während eines anderen Experiments mit einem Testbehälter schien keine Wahrnehmung zustande kommen zu wollen. Swann ließ das Team wissen, daß dies nicht seine Schuld sei. Dennoch versuchte er unentwegt festzustellen, was sich in dem Testbehälter befand. Aber die Schwärze, der er sich, wie gewohnt, zu Beginn eines jeden Experiments gegenübersah, wollte nicht weichen. Erst als er sein Bewußtsein *in* das Behältnis »hineinschweben« ließ (normalerweise glaubte er, das Zielobjekt durch eine Öffnung zu sehen), stellte er fest, daß eine kleine Lampe, die zur Beleuchtung des Behälterinhalts diente, nicht eingeschaltet war. Die Experimentatoren behaupteten, daß dies nicht stimmen könne. Da Swann auf einer sofortigen Überprüfung bcharrte, kontrollierte einer der Anwesenden den Behälter. Die Lampe war tatsächlich außer Betrieb.

Um AKE-Wahrnehmungen noch besser von normalen visuellen Beobachtungen unterscheiden zu können, entwickelte Osis die sogenannte »Optical Box« (optischer Kasten). Es ist dies ein simpler schwarzer Kasten, der auf einem etwa 90 cm hohen und 60 cm breiten Podest ruht. In der Mitte der Vorderseite dieses Kastens befindet sich eine Öffnung. Beim Hineinschauen in den Kasten erkennt man ein Rad, das vier farblich unterschiedliche Segmente (Quadranten) aufweist. Im Behälter befindet sich ein Dia-Projektor, der irgendeines von zahlreichen Bildern auf einen der vier Quadranten zu projizieren scheint. »Scheint« deshalb, weil die Überlagerung des Bildes mit dem farbigen Quadranten in Wirklichkeit nur eine optische Täuschung ist – die Grundlage des gesamten Tests.

Osis spekulierte, daß ein AKE-Medium, wenn es im ausgetretenen Zustand durch die Öffnung schaut, die optische Täuschung ebenso korrekt wahrnimmt wie mit den Augen. Er vermutete ferner, daß, wenn lediglich Hellsehen im Spiel sein sollte, um das Innere des Kastens zu erkunden, die empfangenen Eindrücke nicht so deutlich sein dürften.
Osis konnte für seine »Optical Box«-Tests eine weitere Versuchsperson gewinnen – den ehemaligen Theologie-Professor Alex Tanous aus dem US-Bundesstaat Maine. Er postierte ihn, zur Überprüfung seiner Fähigkeiten, auf der gegenüberliegenden Seite des Korridors fünf Zimmer entfernt von dem Raum, in dem die »Optical Box« aufgestellt war.
Tanous erhielt den Auftrag, sich hinzusetzen oder hinzulegen, alsdann sich zur Box zu projizieren, dort »hineinzuschauen« und zu berichten, in welchen Quadranten er welche Bilder sehen würde.
Die ersten Versuche waren totale Mißerfolge. Tanous selbst entdeckte schon nach kurzer Zeit, woran dies lag. Hierzu heißt es in seinem Buch *Beyond Coincidence* (Jenseits des Zufalls): »Ich konnte das Zielbild deshalb nicht sehen, weil ich nicht groß genug war (!). Zumindest besaß mein anderes ›Ich‹ nicht die ausreichende Größe. Das Fenster auf der Frontseite der ›Optical Box‹ lag für eine Person mittlerer Größe etwa in Augenhöhe. Mein Astralkörper besitzt aber kaum die erforderliche Größe. Er ist nur ein kleiner Lichtball. Wenn ich mich nicht reckte und auf den Zehenspitzen stand, konnte ich nicht durch das Fenster schauen, und selbst dann war die ›Sicht‹ noch schlecht (sic!).«
Man baute für Tanous' Astralkörper das gewünschte Fußbänkchen, woraufhin seine Versuche fortan erfolgreich verliefen, d. h. er konnte die in der »Optical Box« enthaltenen Bilder problemlos wahrnehmen.
Anfang der achtziger Jahre wurden die Experimente dahingehend modifiziert, daß Osis vor dem Fenster der Box eine

abgeschirmte würfelförmige Meßvorrichtung aufhängen ließ. Dieser Würfel mit einer Kantenlänge von etwa 45 cm enthielt zwei Sensorplatten aus Blechmaterial mit den Abmessungen 20 cm x 23 cm. Sie hingen an dünnen Metallbändern, die ihrerseits an Isolatoren befestigt waren. Dehnungsmeßgeräte, die mit den Metallbändern in Verbindung standen, hatten die Aufgabe, etwaige Bewegungen der Sensorplatten zu registrieren. In einem benachbarten Raum stand ein Polygraph bereit, um die mit Hilfe des Dehnungsmeßgerätes ermittelten Daten über etwaige Veränderungen zu verstärken und auszudrucken. Man ging davon aus, daß Tanous, um das Sichtfenster der Box mit dem durch einen Zufallsgenerator gesteuerten Dia-Projektor zu erreichen, seinen Astralkörper zunächst in den Meßwürfel projizieren müsse. Manches deutete darauf hin, daß Tanous die Meßvorrichtung tatsächlich beeinflussen konnte – zweifellos ein psychokinetischer Effekt, eventuell in Verbindung mit seiner Astralkörperaktivität.
Später wurden noch diffizilere Experimente durchgeführt, um die Anwesenheit des Astralkörpers (und Bewußtseins) in der »Optical Box« zu erfassen.
Osis und dessen Mitarbeiterin Donna McCormick setzten für ihre Versuche unter anderem äußerst lichtempfindliche Videokameras und weitere elektronische Geräte ein. Sie gingen, genau wie die SRI-Wissenschaftler Russell Targ und Harold Puthoff, von drei Grundsatzfragen aus:
– Was geschieht im menschlichen Gehirn, wenn das Bewußtsein irgendwo hin projiziert wird?
– Was »sieht« die Versuchsperson außerhalb ihres Körpers?
– Was passiert an der Stelle, an der das Bewußtsein hinprojiziert wurde?
Zunächst einmal konnten an den Versuchspersonen im ausgetretenen Zustand Veränderungen ihrer Hirnwellenamplituden festgestellt werden, die auf eine Ruhigstellung des Hirns im Hinterkopfbereich hindeuteten.

Während einer AKE-Sitzung machte Targ eine erstaunliche Entdeckung: Als er die Polygraphenaufzeichnung einer weiblichen Versuchsperson überprüfte, fand er heraus, daß deren Gehirnwellen ein ungewöhnliches Muster aufwiesen. Es schien, als ob ihr Gehirn einen Rhythmus produziere, der weder für Wach- noch für Schlafzustände typisch ist. Diese Entdeckung stimmt auffallend mit der Praxis des Entstehens von AKE-Zuständen überein. AKEs werden ausnahmslos in sogenannten hypnagogen Zuständen produziert, tranceartigen Phasen zwischen dem Einschlafen und Aufwachen bzw. umgekehrt. Targs Aufzeichnungen wurden übrigens von Dr. William Dement, einem der bekanntesten amerikanischen Schlafforscher, überprüft. Auch er vermochte die aufgezeichneten Werte weder der Wach- noch der Schlafphase zuzuordnen.
Osis und McCormick ließen es mit der Untersuchung besonders begabter AKE- oder Fernwahrnehmungsmedien nicht bewenden. Eine breit angelegte Befragungsaktion – es wurden insgesamt 304 Fragebogen von Personen mit außerkörperlichen Erfahrungen ausgewertet – brachten erstaunliche Ergebnisse. In 16 aller Fälle wollen Zeugen die Astralreisenden sogar als Erscheinung wahrgenommen haben. Etwa ein Drittel der Befragten behauptete, sie hätten im ausgetretenen Zustand ihren eigenen Körper gesehen. Knapp 25% nahmen ihre Gestalt angeblich nicht wahr, während 14% symbolhafte Formen – einen Punkt im Raum, eine Energie- oder Lichtkugel – beobachtet haben wollen. 40% der »Ausgetretenen« gaben an, um Ecken, hinter Objekte oder durch Wände hindurch geschaut zu haben. Ein Drittel hatte das Gefühl gehabt, mit der Umgebung förmlich zu »verschmelzen«. Mehr als die Hälfte aller Astralreisenden meinte, die sie umgebenden Objekte transparent, glühend oder von einer Aura umgeben wahrgenommen zu haben. Manche von ihnen erschienen ihnen »belebt«; sie änderten ihre Form, vibrierten oder bewegten sich.

Mitte der achtziger Jahre behauptete der an der Universität von Taschkent (Usbekistan) dozierende russische Physiker Professor Grigorij Alexandrow mit seinem Astralkörper über einen längeren Zeitraum mehr als 500 »Fernreisen«, so unter anderem nach Bagdad, Bombay, Beirut und Washington unternommen zu haben. Dem amerikanischen Journalisten und Buchautor Henry Gris war es damals durch Vermittlung des russischen Parapsychologen Viktor Adamenko gelungen, den »astralreise-lustigen« Wissenschaftler zu einem Fernwahrnehmungsexperiment zu bewegen. Alexandrow sollte sich mit seinem Astralkörper von Taschkent aus in Zimmer 2001 des Moskauer Intourist-Hotels projizieren und dieses näher beschreiben. Der Zielort war nach dem Zufallsprinzip ausgewählt worden. Professor Alexandrow beschrieb ihn in Anwesenheit von Gris und Adamenko haargenau: »...Da befindet sich ein langer Schreibtisch vor den Fenstern, die Vorhänge haben Blumenmuster. Auf der gegenüberliegenden Straßenseite ist ein Laden mit der Aufschrift ›Geschenke‹ davor. Auf dem Schreibtisch [von Zimmer 2001] steht ein Fernsehgerät, auf das mit weißer Farbe die Zimmernummer aufgemalt ist. Im Zimmer liegen auch verschiedene Bücher und Zeitschriften herum, die sich mit Elektrizitätswerken befassen, und eine leere Kamerahülle.«

Alexandrow beschrieb den anwesenden Zeugen auch noch weitere, dort aufgestellte Möbelstücke. Daraufhin suchten Reporter einer amerikanischen Zeitschrift sofort das fragliche Hotelzimmer auf, wo ihnen ein hier untergebrachter Ingenieur Jurij Kuzmin, Leiter eines Elektrizitätswerkes, Einlaß gewährte. Sie stellten fest, daß Alexandrows Beschreibung in allen Einzelheiten zutraf. Anzumerken wäre noch, daß sich das Medium nie zuvor in Moskau aufgehalten hatte.

Immer wieder werde ich gefragt, ob man die Fähigkeit, Astralkörperaustritte gewollt herbeizuführen, antrainieren

10 Im Jahre 1977 unternahm das Stanford Research Institute *(SRI), Menlo Park, California, im Auftrag der CIA und US Navy vor der südkalifornischen Küste in 340 Meter Tauchtiefe Fernwahrnehmungsexperimente. An Bord des Tieftauchbootes* Taurus *befand sich das Spitzenmedium Ingo Swann. Die Versuche verliefen außergewöhnlich erfolgreich.*

11 Nachbau des Hauses der Familie Fox in Hydesville nahe New York. Es gilt als die »Geburtsstätte« des neuzeitlichen Spiritismus.

11a Kate Fox, die im Jahre 1848 mit Hilfe eines »Klopfgeistes« Regeln zur Kommunikation mit »Jenseitigen« aufgestellt haben soll.

12 Typischer spiritistischer Zirkel. Die Séancenteilnehmer treffen sich in entspannter Atmosphäre, um zwischen sich und jenseitigen Wesenheiten Verbindung herzustellen. Gelegentlich berühren sie sich rundum mit den Händen, um durch Kettenbildung einen stabileren Kontakt herzustellen.

13 Das am 5. Oktober 1930 bei Beauvais (Frankreich) abgestürzte britische Luftschiff R 101. In einer dramatisch verlaufenen Sitzung konnte das berühmte englische Medium Eileen Garrett mit einer Wesenheit Kontakt aufnehmen, die sich als Leutnant Carmichael Irwin, Kapitän des glücklosen Luftschiffs R 101, vorstellte. Die von ihm medial durchgegebenen Unfallursachen sollten sich bei späteren Untersuchungen als zutreffend erweisen.

14 Thomas Alva Edison, Erfinder der Glühbirne und des Telegraphen, arbeitete an einem Gerät, mit dem er telepathische Kontakte zwischen Lebenden und Verstorbenen herzustellen gedachte. Er hoffte, zwischen langen und kurzen Wellen Frequenzfenster zum Jenseits zu finden.

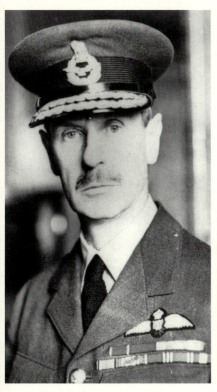 

15 Luftmarschall Lord Dowding, der im Zweiten Weltkrieg die Luftschlacht um England führte, war überzeugter Spiritualist, der Transkontakte zu gefallenen Piloten suchte. Er war von der Fortexistenz des menschlichen Bewußtseins nach dem Körpertod fest überzeugt.

16 Der englische Parapsychologe Harry Price (1881–1948), Begründer des National Laboratory of Psychical Research, legte den Grundstein für die berühmte Harry Price Library an der Universität London.

17 Die Harry Price Library enthält mehr als 20 000 Bände grenzwissenschaftlicher Literatur. Der Langen Müller Verlag ist mit einigen Bänden des Autors ebenfalls vertreten.

18 Der Wiener Transstimmen-Forscher Hans Luksch erhielt in zwei Mordfällen per Tonbandeinspielung die korrekten Namen der Täter.

19 Transstimmen-Experimente im Labor von H.-O. König im Jahre 1984, an denen (von rechts nach links) Professor Dr. Ernst Senkowski, Dr. Ralf Determeyer und Dipl.-Ing. Reiner M. Schäfer beteiligt waren.

kann. AKE-Insider wie Robert A. Monroe, Gründer des gleichnamigen Instituts in Faber (Virginia), bejahen dies uneingeschränkt, vorausgesetzt, daß man bestimmte Verhaltensregeln befolge und sie mit Ausdauer praktiziere:

– *Entspannung:* Sorgen Sie dafür, sich an einem ruhigen, wohltemperierten Ort möglichst liegend zu entspannen, Ihr Bewußtsein allmählich zu vertiefen.

– *Festlegung des Austrittszieles:* Visualisieren Sie den Zweck Ihrer »Reise«, die zu überwindenden Entfernungen und Erwartungen.

– *Konzentration:* Wählen Sie einen Konzentrationspunkt, z. B. (wie in meinem Fall) einen gleißend hellen Lichtpunkt, dessen Intensität immer stärker wird.

– *Vibrationsanpassung:* Die Intensivierung des Konzentrationspunktes leitet automatisch zu Vibrationen über, die spontan den ganzen Körper erfassen, vom Nabel zum Kopf resp. zu den Füßen und zurück pulsieren. Wenn man diesen wohltuenden Schwingungsvorgang nicht willentlich unterbricht, laufen er und alle nachfolgenden Prozesse – das Trommelfell-»Flattern«, das Vernehmen von Hall-Geräuschen usw. – automatisch ab.

– *Gedankenkontrolle:* Überwachung des Trennungs-(Ablöse-) und Schwebe-Fortbewegungsvorgangs bis hin zur Rückkehr in den biologischen Körper.

Manche Experimentatoren wenden bei der künstlichen Stimulation von »Austritten« bestimmte mediale Techniken an, um diese schneller herbeizuführen. Auf sie soll nicht weiter eingegangen werden, da es hierüber Spezialliteratur gibt. Hervorzuheben wäre noch, daß – so meine Erfahrung – AKEs nur dann gelingen, wenn der Körper des Austrittswilligen nicht übermüdet ist. Ist dies der Fall, wird der Betreffende die ideale hypnagoge Einleitungsphase überspringen und sofort einschlafen. Er wird dann allenfalls entsprechende Träume, aber keine echten außerkörperlichen Erlebnisse haben. Wer wie ich auch schon vermeintliche AKEs geträumt hat, wird spätestens nach dem Aufwachen sofort den ernüchternden Unterschied bemerken.

4 Indizien – »Austritte« als Überlebensbeweis?

Die Resultate der hier beschriebenen Experimente mit dem ausgetretenen Astralkörper lassen erkennen, daß es sich bei echten außerkörperlichen Erlebnissen weder um Träume und Halluzinationen noch um Hellsehen im herkömmlichen Sinne handelt. Als nächstes wäre zu klären, inwieweit die von gesunden Menschen erlebten AKEs – ohne sich dabei in einer lebensbedrohlichen Situation zu befinden – mit »Austritten« während der zuvor geschilderten Nahtod-Situationen (NTEs; Kapitel IV/1) identisch sind.
Der Psychiater Michael Schröter-Kunhardt vom Zentrum für Psychiatrie in Weinsberg, derzeit Deutschlands aktivster Thanatologe, sieht aufgrund eigener und fremder Forschungsergebnisse diese Übereinstimmung als erwiesen. In seinem Beitrag *A Review of Near Death Experiences* (Ein Überblick über Nahtoderfahrungen), der 1993 im amerikanischen Wissenschaftsjournal *Journal of Scientific Exploration* (Journal für wissenschaftliche Erforschung) veröffentlicht wurde, wird die Außerkörperlichkeit als wichtiges Element der Nahtoderfahrung beschrieben: »Sein Bewußtsein [das des Sterbenden] arbeitet in diesem Zustand weiter und unternimmt manchmal differente Versuche, die neue Existenz zu testen. Selbst Blinde können während der AKE sehen, und ihre Wahrnehmung läßt sich belegen! Beim Verlassen des Körpers hat der ›Ausgetretene‹ plötzlich keine Schmerzen mehr. Als ›Ausgetretener‹ kann er feste Objekte durchdringen, durch sie hindurchsehen und manchmal nachweislich die Gedanken anderer Menschen lesen.« Zusammenfassend meint Schröter-Kunhardt, daß die Fülle der vorliegenden Nahtod-Daten auf eine nicht-physikalische

Realität und paranormale Fähigkeit des Menschen schließen läßt.
Auch Raymond Moody hat bei seinen Untersuchungen die Übereinstimmung normaler AKEs mit »Austritten« im Nahtodzustand festgestellt: »Nehmen wir z. B. einmal an, es gebe eine direkte Fortsetzung des Lebens nach dem körperlichen Tod. Wenn das so wäre, dann müßte es einen Mechanismus geben..., der die Psyche oder Seele [gemeint ist das Bewußtsein] im Augenblick des physischen Todes aus dem Körper heraustreten läßt... Manchmal arbeiten unsere Organe nicht richtig, und auch unsere Vernunft, unsere Wahrnehmungskraft oder unsere Denkfähigkeit können uns gelegentlich in die Irre führen. Ganz entsprechend dürfen wir nicht annehmen, ein solcher hypothetischer Mechanismus zum Herauslösen des Bewußtseins aus dem Körper werde immer reibungslos funktionieren. Könnte es nicht sein, daß besondere Situationen (z. B. Belastungen) dazu führen, daß dieser Mechanismus vorzeitig in Gang gesetzt wird? Wenn dies alles wirklich so wäre, ließe sich damit die Ähnlichkeit zwischen Todesnäheerlebnis und anderen Erfahrungen, wie z. B. das Austreten der Seele [des Bewußtseins] aus dem Körper, erklären.«
Müßte man dann nicht noch einen Schritt weiter gehen und annehmen, daß AKE-Zustände nach dem Gehirntod fortdauern, daß sich der Astralleib, endgültig losgelöst vom materiellen Körper, weiter in eine raumzeit-ungebundene Welt hineinbewegt, die ausschließlich (materiell-)körperlosen Seinsformen dauerhaft vorbehalten ist?
Einer der ersten, der systematisch Vergleiche zwischen normaler AKE und Nahtod-»Austritten« anstellte und der seine Erkenntnisse in dem bereits 1918 erschienenen Buch *Man is a Spirit* (Der Mensch – ein Geist) niederlegte, war J. Arthur Hill, ein Freund von Oliver Lodge, der sich als Präsident der S.P.R. (1904–04) auch experimentell der Erforschung paranormaler Phänomene widmete.

Außerkörperliche Erfahrungen hielt Hill für eine Art »Probe« vor unserem eigentlichen Todes-»Auftritt«. Mehr ahnend als wissend bemerkte Hill: »Nach sorgfältiger Betrachtung dieser außerkörperlichen Erfahrungen und in der vorläufigen Annahme, es handele sich hierbei um etwas ganz Reales, ist es nur allzu verständlich anzunehmen, daß ›Tod‹ das gleiche bedeutet, vorausgesetzt, dieser Austritt stellt etwas Bleibendes dar.«

Der amerikanische Wissenschaftler Robert Crookall begann bereits 1950 mit der Katalogisierung medial eingeholter Informationen über Nahtoderfahrungen. Er versuchte erstmals das Nahtod-Erlebnisphänomen von der »anderen Seite her« zu ergründen. Was er bereits vermutet hatte, sollte sich bestätigen. Jenseitige Bewußtseinswesenheiten berichteten über gleiche Erfahrungen wie »Ausgetretene« im gesunden oder Nahtodzustand, nur daß diese sich von ihrem materiellen Körper für immer »abgenabelt« und die Barriere zwischen unserem Diesseits und der jenseitigen Welt endgültig hinter sich gelassen hatten. Und ihre Schilderungen knüpften da an, wo sie bei Reanimierten aufhörten.

In Crookalls erstem Buch *The Supreme Adventure* (Das größte Abenteuer) – einer vergleichenden Analyse – werden Parallelen zwischen normalen AKEs, Pseudo-Sterbebetterfahrungen und medial ermittelten nachtodlichen Zuständen aufgezeigt, die keinen Zweifel daran lassen, daß diese allesamt identisch sind.

Im Zusammenhang mit Crookalls AKE-Forschung erscheint die statistische Auswertung von mehr als tausend »Austritts«-Fällen besonders signifikant. Sie ergab, daß sich 85 % der Befragten während des »Austritts« in rein »irdischen« Bereichen, die verbleibenden 15 % in »jenseitigen« Gefilden aufhielten. Crookall meinte hierzu, daß es nichts Ungewöhnliches sei, in der »Welt der Toten« Verstorbene anzutreffen und mit ihnen Kontakt aufzunehmen.

Das im vorangegangenen Kapitel erwähnte AKE-Medium

Robert Monroe will während einer seiner Astralexkursionen einer verstorbenen Unbekannten begegnet sein, die er später anhand eines alten Fotos identifizieren konnte. Monroe erinnert sich: »Ich war gerade dabei, meinen materiellen Körper zu verlassen, als ich an der Tür etwas bemerkte. Es war eine weiße Gestalt, in Form und Größe einem Menschen ähnlich... Die Gestalt bewegte sich ins Zimmer herein, ging um das Bett herum und, auf Armeslänge von meinem Bett entfernt, ins Bad. Ich sah, daß es eine Frau von mittlerer Statur, mit glattem, dunklem Haar und ziemlich tiefliegenden Augen war, weder jung noch alt. Sie hielt sich nur wenige Sekunden im Badezimmer auf, dann kam sie heraus und ging abermals ums Bett. Ich setzte mich auf [gemeint ist: er richtete seinen astralen Oberkörper auf] und griff hinüber, um sie zu berühren. Ich wollte wissen, ob ich das wirklich konnte... Dann streckte sie beide Arme aus, nahm meine Hand in ihre Hände und umklammerte sie. Die Hände fühlten sich wirklich normal warm und lebendig an. Sie drückte leicht meine Hand, ließ sie sanft los, bewegte sich ums Bett und durch die Tür aus dem Zimmer.«
Interessant ist Monroes Feststellung, die Hände der Frau – den Gegendruck – realistisch »gespürt« zu haben. Während, wie zuvor anhand einiger Beispiele dargelegt, astrale Hände materielle Objekte mühelos durchdringen bzw. lebende Personen den Astralkörper eines Unfallopfers ungehindert durchschreiten, scheinen »Ausgetretene« unter sich – da beide von gleicher feinstofflicher Beschaffenheit sind, gewissermaßen den gleichen »Aggregatzustand« besitzen – Berührungen materiell zu empfinden. An diesem Beispiel zeigt sich ganz deutlich die Übereinstimmung des Astralkörpers Lebender, Sterbender und Toter.
Monroes astrale Begegnung sollte noch ein unerwartetes Nachspiel haben. Kurze Zeit nach dem nächtlichen Erlebnis lernte er seinen Nachbarn, den Psychiater Samuel Kahn kennen. Von ihm erfuhr er, daß in seinem Apartment zuvor

eine Mrs. W. gewohnt hätte, die aber inzwischen verstorben sei. Kahn, der die Dame gekannt hatte, holte auf Monroes Bitte hin ein Gruppenfoto hervor, auf dem sie zusammen mit etwa 50 anderen Personen abgebildet war. In der zweiten Reihe sah Monroe ein Gesicht, das ihm von seinem Austrittserlebnis her bekannt vorkam. Dr. Kahn bestätigte seine Vermutung: Es war tatsächlich das Gesicht der verstorbenen Mrs. W.

VI

Rückmeldungen aus dem Jenseits

> »Wenn man diese Ergebnisse mit Muße betrachtet, können sie einem die Nachtruhe rauben. Entweder muß man sie völlig ignorieren oder einige fundamentale Aspekte von Zeit und Raum in Frage stellen.«
>
> Professor Robert Jahn und Dr. Brenda Dunne
> Princeton University, PEAR
> in: *Technical Note PEAR 91003–11/1991*
> über: Wechselwirkungen »Mensch/Mensch«
> bzw. »Mensch/Maschine«

In den vorangegangenen Kapiteln beschäftigten wir uns »von unserer diesseitigen Position aus« objektiv mit dem Nachweis der Existenz eines autonomen »Ich« (Bewußtsein) und dessen Fortbestehen in einer »Hyperwelt« nach Beendigung unseres materiellen Dasein, nach Erlöschen unserer biologischen Körperfunktionen. Wir konnten uns dabei einem Zustand nähern, der in einem Zwischenbereich, in einer Art »Niemandsland« irgendwo zwischen dem Gerade-noch-Leben und Bereits-tot-Sein angesiedelt ist. Anhand glaubhafter Nahtod-Erlebnisschilderungen Reanimierter – Personen, die sich eine Zeitlang in diesem hypothetischen Bereich aufhielten – ist es uns gelungen, die Fortexistenz des Bewußtseins zumindest in dieser immateriellen Zwischenphase nachzuweisen.

Skeptiker mögen einwenden, daß Menschen mit Nahtoderlebnissen nie »völlig« tot, sondern nur vorübergehend ihrer biologischen Funktionen beraubt gewesen waren, da man sie

sonst nie hätte reanimieren können. Dieser Einwand ist genauso falsch wie der, sie hätten eigentlich doch noch »richtig« gelebt, und ihre Erlebnisse wären nichts als Halluzinationen gewesen, ausgelöst durch irgendwelche äußeren (künstlichen) oder körpereigenen Mechanismen.
Es stimmt zwar, daß noch kein »wirklich« Toter jemals als Lebender zurückgekommen ist, um über seine Erlebnisse von »noch weiter drüben« zu berichten, man sollte sich aber davor hüten, den real existierenden Bereich zwischen dem Noch-Leben und dem endgültigen Aus als »Leben« im herkömmlichen Sinne zu bezeichnen. Es handelt sich bei Nahtoderlebnissen vielmehr um Sonderfälle des Lebens oder auch des Todes, je nachdem, unter welchem Blickwinkel man Nahtodzustände sehen möchte.
Um diesseitige Aussagen zur Überlebensthematik zu überprüfen, sollten wir versuchen, uns auch von der »anderen Seite« her diesen Phänomenen zu nähern. Daß Berichte über jenseitige Manifestationen zwangsläufig spekulativer Natur sind, soll uns nicht davon abhalten, sie zu durchleuchten und nach Übereinstimmungen mit bekannten Nahtodfakten zu suchen.
Überzeugende Berichte über paranormale Aktivitäten aus nachtodlichen Existenzbereichen gibt es in großer Zahl. Was von der »anderen Seite« her für das Weiterbestehen unserer Bewußtseinspersönlichkeit nach dem biologischen Tod sprechen könnte, kommt durch konventionell-wissenschaftlich und animistisch nicht erklärbare Phänomene zum Ausdruck. Es sind dies im wesentlichen:
– mediale und instrumentelle Transkommunikation, d. h. Kontakte mit der geistigen Welt, dem Bewußtsein Verstorbener (Durchgaben in spiritistischen Zirkeln; sogenannte paranormale Tonband- und Telefonstimmen, Traumvideobilder, Transtexte über Computer, Faxgeräte usw.);
– Erscheinungen – Projektionen Verstorbener in das Bewußtsein Lebender (»Ghosts«);

– *Spuk- oder Poltergeistphänomene, ausgelöst durch psychokinetische Aktivitäten Jenseitiger;*
– *Besessenheitsfälle, in denen verwirrte, instabile Psycho-Entitäten Verstorbener das Bewußtsein Lebender besetzt halten und dadurch psychische und physische Krankheiten bewirken;*
– *unerklärliche Reinkarnationsfälle usw.*
Diesseitige Indizienbeweise sowie subjektiv gehandelte (anekdotische) Erfahrungsberichte über Kontakte und Erfahrungen mit jenseitigen Wesenheiten beweisen – jeweils für sich, d. h. separat betrachtet – recht wenig. Bewertet man beide jedoch im Zusammenhang, versucht man zudem, sich ihnen aus moderner, quantenphysikalischer Sicht zu nähern, werden Vermutungen zur Gewißheit: Das Überleben unseres Bewußtseins in einer andersdimensionalen Realität, wie auch immer wir sie zu bezeichnen pflegen, scheint ein Faktum zu sein, mit dem wir uns alle vertraut machen müssen, um unser diesseitiges Leben richtig einschätzen zu lernen.

1 Automatismen – Botschaften aus dem Verborgenen

> »Wir glauben nicht alles,
> aber wir glauben,
> daß alles untersucht werden soll.«
>
> Louis Pauwels & Jacques Bergier

Der berühmte englische Schriftsteller Charles Dickens (1812–1870) schrieb noch in seinem Todesjahr an seiner Erzählung *The Mystery of Edwin Drood* (Das Geheimnis des Edwin Drood), als ihn am 8. Juli eine Hirnblutung jäh dahinraffte und er sein Werk nicht mehr beenden konnte.

Zwei Jahre später will T. P. James, ein in Brattleboro (US-Bundesstaat Vermont) lebender Handwerker, der über die paranormale Fähigkeit des *automatischen Schreibens* verfügte, von Dickens mehrere Mitteilungen erhalten haben, die sich ab Weihnachten 1872 zu regelrechten »Diktaten« ausweiteten. Wie sich bei Beendigung der Durchgaben im Juli 1883 herausstellen sollte, handelte es sich bei diesen Niederschriften um den Teil der von Dickens zeitlebens nie fertiggestellten Novelle. Der von James verfaßte Text war nicht nur wesentlich länger als das hinterlassene Manuskript, sondern wie Literaturkritiker später bemerkten, auch in seiner Formulierung und in Dickens orthographischer Signatur erstaunlich perfekt. Original und durch automatisches Schreiben zustande gekommene Ergänzung wurden Jahre später unter dem Titel *The Mystery of Edwin Drood*.

Completed by Ch. Dickens, Brattleboro, Vt., published by T. P. James, 1874 veröffentlicht.

Automatisches Schreiben gehört zu den nicht vom Willen eines Menschen kontrollierten Handlungen – sogenannten *Automatismen*, denen auch das *automatische Buchstabieren* (Glas- und Tischrücken, Gebrauch von Planchetten und sogenannten Oui-ja-Brettern), *automatisches Sprechen, Zeichnen, Komponieren* usw. zuzurechnen sind. Beim automatischen Schreiben fangen manche besonders medial veranlagte Personen im Besitz von Papier und Schreibstift »automatisch«, d. h. ohne willentliches Zutun, zu schreiben an. Bezeichnenderweise können einige der Schreibenden während des automatischen Schreibvorgangs mühelos Gespräche führen oder gar ein Buch lesen. Es scheint, als ob ihnen bei ihrer Tätigkeit ein anderer die Hand führen würde.

Heute werden Automatismen recht unterschiedlich bewertet. Vertreter der *animistischen* Theorie sind der Meinung, daß die Ursache für dieses Phänomen im Menschen selbst zu suchen sei. Der bekannte deutsche Arzt und Parapsychologe Dr. Rudolf Tischner (1879–1961) hielt Automatismen für »Steigrohre des Unbewußten«, und Professor Max Dessoir (1869–1947) – Mediziner und Philosoph –, der der Parapsychologie ihren Namen gab, sah in ihnen »rein seelische (psychische) Vorgänge, die sich vom Ich abgespalten haben und nach einer besonderen Ausdrucksweise streben.« Beide machen für Automatismen ausschließlich Vorgänge im Unbewußten des Menschen verantwortlich und sind damit Verfechter einer rein animistischen Denkrichtung.

Hingegen sehen Spiritisten in Automatismen das Wirken jenseitiger Bewußtseinspersönlichkeiten, die sich diesseitiger Schreibmedien als »Psycho-Zombies« bedienen, um – meist über sogenannte *Kontrollgeister* – Botschaften aus der Nachwelt zu übermitteln.

Bei kommerziell betriebenen Séancen mit selbsternannten

Medien sind durch krankhaft übersteigerte Vorstellungen Fehlinterpretationen oder gar Manipulationen an der Tagesordnung. Doch gab und gibt es auch heute noch eine Reihe ehrlicher Naturtalente, von deren Können ich mich im Verlaufe einiger gelungener Sitzungen persönlich überzeugen konnte.

Der animistischen Deutung von vornherein den Vorzug zu geben, nur weil diese besser in unser steriles »standardisiertes« Weltbild paßt, ist unlogisch. Was sich im Medium manifestiert, ist allemal *reines Bewußtsein*, ganz gleich, ob es sich hierbei um unsere eigene, im Unbewußten verschüttete Spaltpersönlichkeit oder um eine fremde diesseitige bzw. jenseitige Bewußtseinspersönlichkeit handelt. Alle Optionen sind denkbar, und eine von ihnen schließt die andere nicht aus. Bewußtsein bleibt Bewußtsein, ganz gleich, von welcher »Richtung« her wir uns ihm nähern.

Die in neuerer Zeit von der Amerikanerin Jane Roberts (†) aufgezeichneten *Gespräche mit Seth* stellen insofern einen Sonderfall automatisch übermittelter Literatur dar, als daß die Durchgaben nicht von einem identifizierbaren Verstorbenen, sondern von einem »Energiepersönlichkeitskern Seth« stammen, der »nicht mehr in der physischen Form zentriert ist«. Er sprach durch Jane Roberts während ihrer Trancesitzungen zweimal wöchentlich. Und diese Botschaften wurden von ihrem Mann innerhalb eines Zeitraumes von mehr als sieben Jahren akribisch aufgezeichnet. Seth ließ sich in zahllosen Sitzungen eingehend über Wesen und Bestimmung des Menschen, seine Stellung im Kosmos der Dimensionen, über Bewußtsein, Zeit und fremde Realitäten, über theologische Themen und nachtodliche Zustände aus. Nichts Wesentliches blieb unbeantwortet.

Ich las das Buch *Gespräche mit Seth*, das bereits 1979 auf Deutsch erschienen war, erst Mitte der achtziger Jahre und machte dabei eine erstaunliche Feststellung. Einige der in diesem faszinierenden Werk enthaltenen Theorien über höherdimensionale Realitäten stimmen mit denen in meinem ersten, 1978 erschienenen Buch *Der Überraum* auffällig überein, was sich teilweise sogar bis in die von mir benutzte Terminologie auswirkt. Hatten Jane und ich, ohne uns persönlich zu kennen, vielleicht zufällig den gleichen Informanten?

Pearl L. Curran, die Frau des früheren Einwanderungskommissars in St. Louis, hatte von Freunden ein Oui-ja-Brett geschenkt bekommen, mit dessen Hilfe sie bei abendlichen Gesellschaften automatisch zu schreiben versuchte. Die auf dem mit Buchstaben in alphabetischer Folge und Zahlen bedeckten Brett durch Verrücken eines Glases oder anderen »Zeigers« mühsam buchstabierten Antworten wurden damals meist dem eigenen Unbewußten zugeschrieben. Seine Benutzer betrachteten es mehr als ein anspruchsloses, unterhaltsames Spiel, ohne tiefere Bedeutung. Aber, ist es das wirklich oder besitzt man mit dieser oder einer ähnlichen Vorrichtung nicht doch ein Instrument zur Kommunikation mit Verstorbenen?

An einem Juniabend des Jahres 1913 ereignet sich im Hause der Currans etwas, mit dem niemand der Anwesenden ernsthaft rechnet: Plötzlich meldet sich durch automatisches Buchstabieren eine Schriftstellerin Patience Worth, die vorgibt, im Jahre 1650 in Dorset (England) als Tochter eines Webers zur Welt gekommen zu sein. Sie sei irgendwann nach Amerika ausgewandert und dort, als Kolonistin, durch den Dolch eines Indianers auf tragische Weise ums Leben gekommen. Einige historische Fakten, von denen Mrs. Curran kaum Kenntnis haben konnte, ließen sich später einwandfrei nachweisen.

Im Verlaufe von zwei Jahrzehnten – die längste und seriöseste Verbindung in der damaligen Epoche des Spiritismus – »diktierte« Patience Worth ihrer diesseitigen Partnerin fünf Romane und 600 Gedichte, darunter ein episches Werk, das 70 000 Worte umfaßt. Die Übermittlung der Texte erfolgte anfangs über das Oui-ja-Brett und später durch automatisches Sprechen. Bekannt wurden ihre Werke *The Sorry Tale*, ein Roman, der zur Zeit Christi spielt, *Telka*, eine mittelalterliche Erzählung in Versen, *Hope Trueblood*, eine Geschichte aus dem 19. Jahrhundert sowie *The Pot upon the Wheel*. Für eines ihrer Werke erhielt sie sogar den Pulitzer-Preis.

Curran/Worth bediente sich eines mittelalterlichen Englisch, durchsetzt mit lateinischen und normannischen Worten. Aufgrund ihrer bürgerlichen Herkunft und durchschnittlichen Vorbildung hätte ihr Altenglisch völlig fremd sein müssen und dessen Gebrauch schon gar nicht mit dem Tempo, in dem sie Texte produzierte: bis zu 1700 Wörter pro Stunde. Im Prinzip war die Curran für die ihr aus dem Jenseits übertragene Aufgabe völlig ungeeignet. Sie las sehr wenig und hatte sich nie zuvor schriftstellerisch betätigt. Interessant ist, daß das Medium bei Übermittlung der Durchgaben Slang sprach und bei historischen Texten einwandfrei archaisierte, wohingegen sie sich im Alltag eines korrekten Englisch bediente.

Sprachforscher, die Mrs. Curran später begutachteten, waren der Ansicht, daß sie, um Gedichte im Stil der Epoche von Patience Worth zu verfassen, Jahre gebraucht hätte, um einschlägige Archive und Berge alter Literatur zu durchstöbern. Professor F. S. Schiller von der Universität Oxford vertrat die Auffassung, daß normalerweise ein Menschenleben nicht ausgereicht hätte, um ein Epos von 70 000 Worten im Englisch des 17. Jahrhunderts zu schreiben. Zu erwähnen wäre noch, daß Mrs. Curran, die bis zu ihrem Tode mit Patience Worth in Verbindung gestanden haben will und sich schließlich als deren Reinkarnation betrachtete, nie in England gewesen war.

»Jenseitige« sollen nicht nur beim Abfassen literarischer Werke, sondern in einigen Fällen auch beim Zustandekommen von Gemälden und Musikstücken Pate gestanden haben. So hat z. B. das englische Musikmedium Rosemary Brown, die über keinerlei gediegene musikalische Grundausbildung verfügt, automatisch viele Tonwerke produziert, die angeblich von Musikgenies wie Chopin, Beethoven, Brahms, Bach, Debussy, Grieg, Rachmaninow, Strawinsky usw. stammen. Die Brown behauptet, daß die Meister durch ihre direkte Einflußnahme ihr Überleben in einer jenseitigen Welt beweisen wollten. Einer ihrer Lieblinge ist Beethoven. Sie ist fest davon überzeugt, daß er mit ihr an einer »zehnten« Sinfonie arbeitet – ein umfangreiches Werk, das der berühmten Neunten ähneln soll.

Ein Musiksachverständiger, der anwesend war, als Rosemary Brown einige dieser Musikstücke niederschrieb, war von dem Tempo, mit dem sie die Kompositionen zu Papier brachte, stark beeindruckt. Sie ließ ihn wissen, daß dies nichts Ungewöhnliches sei, da die Musik bereits komponiert gewesen wäre, als sie ihr telepathisch übermittelt wurde.

Während man hinter den schriftlichen oder kompositorischen Leistungen einiger talentierter Medien – wie beeindruckend sie auch sein mögen – immer noch genial inszenierte Eigenerzeugnisse oder hervorragende Imitationen der Werke verstorbener Künstler vermuten könnte, dürfte dies für besonders spektakuläre Fälle von *Xenoglossie*, dem automatischen Sprechen, Lesen und Schreiben in einer *nicht erlernten Sprache*, kaum zutreffen. Diesem Phänomen begegnet man mitunter bei sogenannten *Rückführungen* in Hypnose. Manche Menschen erinnern sich in Trance nicht nur schicksalhafter Ereignisse in vergangenen Leben, sondern sprechen gelegentlich auch fließend in einer ihnen völlig fremden Sprache, die nicht selten präzise der jeweiligen Epoche und Situation entspricht. Ist es schon erstaunlich genug, wenn jemand plötzlich eine nicht erlernte Sprache beherrscht, versagt jede logische Erklärung, wenn diese von Experten als eine archaische, d. h. vor Jahrhunderten ge-

bräuchliche Sprachform, erkannt wird. Es wäre geradezu grotesk, wollte man Xenoglossie darauf zurückführen, daß Medien die wenigen Spezialisten für die eine oder andere archaische Sprachform (die diese vielleicht selbst nicht einmal fließend beherrschen) ständig telepathisch anzapften. Wäre es da nicht viel vernünftiger, anzunehmen, daß die betreffenden Personen (ihr Bewußtsein) vom Bewußtsein des Verstorbenen aus der Vergangenheit vorübergehend »übernommen« wird oder daß das Medium selbst eine Reinkarnation des Informanten darstellt, dessen Erinnerung gelegentlich »durchschlägt« – Sprachkenntnisse aus früheren Zeiten miteinbezogen?
Die Tochter des New Yorker Richters und Senatspräsidenten Edmonds, Laura, beherrschte nur ihre Muttersprache Englisch und ein paar simple französische Vokabeln, die sie in der Schule gelernt hatte. Als man ihr im Jahre 1859 anläßlich einer Abendgesellschaft einen Griechen vorstellte, soll sie sich mit diesem länger als eine Stunde auf Neugriechisch unterhalten haben. Es heißt, sie habe dem erstaunten Gast mitgeteilt, daß zur gleichen Stunde sein Sohn in Griechenland gestorben sei, was sich nachträglich als zutreffend erwies. Laura wollte wissen, daß aus ihr ein verstorbener Landsmann und Freund des Gastes gesprochen habe.
Philadelphia im Jahre 1955. Großes Aufsehen erregten damals die Regressionsversuche eines dortigen Arztes an Frau T. E.: Während sie sich in Tieftrance befand, sprach plötzlich eine männliche Stimme in gebrochenem Englisch aus ihr. Der Akzent, in dem sich die Wesenheit »Jensen Jacoby« durch sie bemerkbar machte, ließ auf dessen skandinavische Herkunft schließen.
Als besagter Arzt Dr. Nils Sahlin den früheren schwedischen Direktor des Amerikanisch-Schwedischen Historischen Museums in Philadelphia seinen Hypnoseexperimenten beiwohnen ließ, stellte es sich heraus, daß »Jensen« zwar modernes Schwedisch verstand, sich selbst aber einer ural-

ten Sprachform bediente. Er berichtete viel über seine Arbeit als Bauer in einem kleinen Dorf, die ständige Bedrohung durch die in sein Land einfallenden Russen und... schließlich auch darüber, wie er zu Tode gekommen war. Der renommierte Reinkarnationsforscher Professor Ian Stevenson vom Department of Behavioral Medicine and Psychology der University of Virginia (Charlottesville), der diesen Fall sechs Jahre lang gründlich untersucht hat, berichtet 1974 über das tragische Ende dieses Mannes in *Xenoglossy: A Review and Report of a Case* (Xenoglossie – Nachprüfung und Bericht eines Falles).
Es heißt hier: »Bei einer Sitzung erlebte Jensen noch einmal einen Vorfall, der sich zugetragen hatte, als er 62 Jahre alt war. Bei irgendwelchen Kämpfen mit Feinden watete er in ein Wasser (oder wurde hineingestoßen) und erhielt dann einen Schlag auf den Kopf, der ihn offenbar getötet hat... Jensen zeigte eine starke Abneigung gegen den Krieg. Er antwortete auf die meisten Fragen mit ziemlich ruhiger Stimme... Aber wenn ein Dolmetscher (ein schwedisch sprechender Interviewer) auf den Krieg zu sprechen kam, gab Jensen laut sein Mißfallen zu verstehen...«
Man unternahm mit »Jensen« auch visuelle Identifikationsexperimente. Dabei stellte es sich heraus, daß er mit modernen Gebrauchsgegenständen, die man »ihm« zeigte, absolut nichts anzufangen wußte. Hingegen waren ihm solche aus der Zeit bis ins 17. Jahrhundert, die man aus dem Museum beschafft hatte, sofort vertraut.
Während der Hypno-Sitzungen hatte man die in Schwedisch geführten Gespräche mit einem Recorder aufgezeichnet. Die bespielten Bänder wurden insgesamt zehn Spezialisten für altes und modernes Schwedisch vorgelegt. Nach Abhören der Bänder stimmten alle darin überein, daß »Jensen« genau der war, der er zu sein vorgab: ein einfacher Bauer, der im 17. Jahrhundert im Südwesten Schwedens nahe der norwegischen Grenze gelebt hat.

Man fragt sich unwillkürlich, wie eingefleischte Skeptiker diesen gewissenhaft recherchierten, überzeugend dargelegten Fall erklären möchten, ohne selbst unglaubwürdig zu erscheinen. Betrug oder Selbsttäuschung dürften hier mit Sicherheit auszuschließen sein. Das Bewußtsein längst Verstorbener scheint mitunter seltsame Pfade zu wandeln, autonom und jenseits von Raum und Zeit.

2 *Klopfzeichen – Spiritualismus in den »Kinderschuhen«*

Sein Portrait war nicht zu übersehen: Air Chief Marshal (Luftmarschall) Lord Dowding, Sieger der »Schlacht um England« – Nationalheld und... überzeugter Spiritualist. London, im April 1977, Belgrave Square 33: Zentrale der »Spiritualist Association of Great Britain«, der größten und ältesten spiritualistischen Organisation Englands. Dowdings Bild hängt – wie zur Begrüßung der Besucher – gleich neben dem Empfang. Es zeigt einen freundlich dreinschauenden Gentleman in Uniform, dessen Äußeres so gar nicht zu seinen »übersinnlichen« Ambitionen passen sollte. Verblüfft fragen wir unseren Gastgeber, den legendären englischen Heiler Tom Johanson, was einen hochdekorierten Offizier seiner Majestät veranlaßt habe, sich mit spiritualistischem Gedankengut zu beschäftigen. Wir erfahren, daß Lord Dowding, angeregt durch einschlägige Zeitungsartikel eines Reverend George Vale Owen, schon in jungen Jahren am Spiritualismus interessiert war. Es heißt, daß er während des Krieges durch ein nichtprofessionelles Medium des öfteren Mitteilungen von gefallenen Piloten erhalten habe.
Im Jahre 1943 nahm er an einer Séance des berühmten englischen Mediums Estelle Roberts teil, die sich als die dramatischste während des Zweiten Weltkriegs erweisen sollte. Damals meldeten sich in einem »Direkt-Stimmen«-Zirkel

vier junge Soldaten, die im Krieg ums Leben gekommen waren – David White und Arthur Heath von der Royal Navy sowie Bill Castello und Clive Wilson von der Royal Air Force. Anwesend waren unter anderem die Eltern der Gefallenen.
Als Lord Dowding Roberts Zirkel erstmals besuchte, tat er dies auf ausdrücklichen Wunsch der jenseitigen Kommunikatoren. Die Séance begann mit den üblichen Klopfsignalen im Morsecode, die den Buchstaben »V« (für »victory« = Sieg) ergaben. Danach kam es zu einer »Diskussion«, in deren Verlauf Dowding viele, unter anderem auch recht triviale Fragen stellte. So sagte er zu Clive Wilson, »soviel mir bekannt ist, hatten Sie in der RAF (Royal Air Force) einen ungewöhnlichen Spitznamen«, woraufhin dieser prompt erwiderte, »Yes, big feet« (Ja, Großfüße).
Im gleichen Jahr hielt der Luftmarschall in der Stadthalle von Wimbledon eine bedeutsame Rede, in der er, das Schicksal der Gefallenen ansprechend, aus seiner spiritualistischen Grundeinstellung keinen Hehl machte:
»Betrachtet sie nicht als tot, denn sie sind sehr lebendig und aktiv. Ich werde der Welt gern die Beweise darbieten, auf denen mein Glaube basiert. Meine Botschaft an die Hinterbliebenen und Geängstigten ist: Fürchtet nicht den Tod. Der letzte Feind ist nicht der Tod, sondern die Angst.«
Die Geschichte der »Spiritualist Association of Great Britain« (S.A.G.B.: Spiritualistische Vereinigung von Großbritannien) reicht bis ins Jahr 1872, die des Spiritualismus (oder Spiritismus) jedoch noch viel weiter zurück.
An einem kalten Dezembertag des Jahres 1847 bezog der Farmer John Fox mit Frau und zwei Töchtern – Margaretta (10) und Kate (7) – ein kleines Haus in der Ortschaft Hydesville im US-Bundesstaat New York. Ihr Vorgänger, Michael Weakman, war dort ein Jahr zuvor durch unerklärliche Geräusche belästigt worden, weshalb er schließlich das Haus aufgab. Ab Mitte März 1848 geschah etwas, das die beschauliche ländliche Idylle der Familie Fox abrupt beenden

sollte. Sie vernahm plötzlich – zuerst nur in den Abendstunden, dann aber auch nachts – Klopflaute und andere störende Geräusche wie Schritte, Objektbewegungen usw., deren Herkunft nicht zu ermitteln war. Das unheimliche Geschehen wiederholte sich am 31. März, wobei die beiden Kinder rein zufällig entdeckten, daß die Klopflaute irgendwie »intelligent« gesteuert sein mußten. John Fox wörtlich: »Meine Jüngste, Kate, sagte, ›Mr. Splitfoot (Spaltfuß) tu, was ich mache!‹ und klatschte dann mehrmals in die Hände. Darauf war sofort das Klopfgeräusch zu hören, und zwar genauso oft [wie sie geklatscht hatte]. Als sie innehielt, setzte es [das Klopfen] ebenfalls aus. Danach sagte Margaretta so zum Spaß: ›Jetzt mach, was ich mache!‹ Sie zählte eins, zwei, drei, vier und schlug dabei die Hände zusammen. Die Klopfzeichen kamen prompt wie zuvor. Margaretta wagte vor Schreck nicht noch einmal zu klatschen.«

Dem mit den Fox' befreundeten Isaac Port gelang es schließlich, ein Klopfalphabet zu entwickeln, das eine sinnvolle Kommunikation mit dem unsichtbaren Verursacher der Geräusche ermöglichte. Eine bestimmte Anzahl von Klopfzeichen, sogenannte *Raps*, die hintereinander, d. h. zusammenhängend, zu vernehmen waren, wurden jeweils einem ganz bestimmten Buchstaben zugeordnet (z. B. a = einmal, b = zweimal, c = dreimal usw. klopfen).

Mit Hilfe des Klopfalphabets gelang es den Fox' schließlich, die Herkunft der Geräusche zu ermitteln: Es meldete sich ein Händler namens Charles B. Rosma, der dort im Alter von 31 Jahren seines mitgeführten Geldes wegen ermordet und im Keller verscharrt worden war. Familie Fox nahm diese Mitteilung sehr ernst und entdeckte nach mehrmaligem Graben im Keller des Hauses tatsächlich Skelettreste, die, um die spukhaften Laute endgültig loszuwerden, auf dem örtlichen Friedhof beigesetzt wurden. Dennoch wollten die Geräuschbelästigungen auch dann nicht aufhören. Nach dem grauenhaften Fund, den der bekannte englische

Schriftsteller Sir Arthur Conan Doyle in seinem 1926 erschienenen Buch *Geschichte des Spiritismus* ausführlich beschrieben hat, schickte John Fox – um das Wohl seiner Töchter besorgt – diese außer Haus. Margaretta wurde von seiner Schwester in Rochester und Kate von Freunden im Nachbarort aufgenommen. Interessant ist, daß die aufdringlichen Raps den beiden folgten. Die Mädchen witterten ihre »Chance« und betätigten sich später als Berufsmedien. Wie bei so vielen Sensitiven waren auch ihre Darbietungen nicht immer frei von Machenschaften: echte paranormale Manifestationen und betrügerische Manipulationen wechselten einander ab. Eine unkritische, leichtgläubige Klientel, die sich an Jenseitskontakten »auf Abruf« berauschte, war nur allzu schnell bereit, den Eskapaden der unter Erfolgszwang stehenden Medien mit Nachsicht zu begegnen. Kritiker meinten später, daß zumindest die anfänglich in Hydesville registrierten Rap-Phänomene echt gewesen seien. Dies um so mehr, als daß der Fall des ermordeten Händlers Rosma 56 Jahre später im Sinne der aus dem Jenseits vermittelten Botschaft aufgeklärt werden konnte. Im Jahre 1904 – keiner der Fox' weilte mehr unter den Lebenden – spielte in dem inzwischen leerstehenden Haus eine Gruppe Kinder, als plötzlich eine Kellermauer, die man bis dahin für eine tragende Wand gehalten hatte, einstürzte und den Blick auf ein kopfloses Skelett freigab. Es war der Torso des dort eingemauerten Rosma.
Kritiker der spiritualistischen Szene erwähnen höchst selten die bereits Mitte des vorigen Jahrhunderts durchgeführten wissenschaftlichen Experimente zum Nachweis der bei spiritualistischen Sitzungen auftretenden paranormalen Begleitphänomene. Der erste amerikanische Wissenschaftler, der sich ihrer annahm, war Professor Dr. Robert Hare (1781–1858). Er hatte an den Universitäten Havard und Yale promoviert und danach eine Professur für Chemie an der Pennsylvania University übernommen. Hare war angetre-

ten, seinen ganzen Einfluß geltend zu machen, um »die Flut des populären Wahnsinns«, die »sich rasch ausbreitende Irreführung durch den Spiritismus« aufzuhalten. Im Unterschied zu seinen Kollegen bemühte er sich aufrichtig, die paranormalen Phänomene psychokinetischer Art – Spiritisten brachten sie damals ausschließlich mit dem Wirken Jenseitiger in Verbindung – wissenschaftlich, d. h. unvoreingenommen zu untersuchen. Zu diesem Zweck konstruierte er einige raffinierte mechanische Vorrichtungen, mit denen er nachweisen wollte, daß sich manche Medien beim Levitieren (Schwebenlassen) und Bewegen von Objekten irgendwelcher »fauler« Tricks bedienten. Aber es sollte alles anders kommen. Er selbst schien im Verlauf seiner Experimente zum Spielball jenseitiger Kräfte zu werden. Während einer Séance lag Hare selbst einmal flach auf einem Tisch, als dieser sich plötzlich vom Boden abzuheben und im Takt eines Musikstückes zu »klopfen« begann. Auf einer Reise nach Montreal (Kanada) in Begleitung seines Spitzenmediums wurde er mit zahlreichen, teil grotesken Streichen »Jenseitiger« konfrontiert: Schlüssel und Reiseutensilien verschwanden, um sich andernorts unverhofft zu materialisieren – aus dem Nichts aufzutauchen. In einem von ihm belegten Hotelzimmer geschah es, daß ein Teil seiner Versuchseinrichtung aus einer verschlossenen Reisetasche hervorkam und sich, vor seinen Augen, von selbst am Bettrahmen aufhängte, daß sich Billardkugeln, die er für seine Experimente benutzte, selbständig machten, um auf seinen Kopf niederzuprasseln. Nach Jahren des Experimentierens veröffentlichte Hare das Ergebnis seiner Untersuchungen. Aus einem erbitterten Gegner des Spiritualismus, der ausgezogen war, paranormale Phänomene zu widerlegen, war ein überzeugter Anhänger geworden.
Angeregt durch Hares Aktivitäten begann ein weiterer prominenter amerikanischer Wissenschaftler, der Biochemiker Professor James J. Mapes, sich für spiritualistische Manife-

stationen zu interessieren. Er organisierte einen aus zwölf Personen bestehenden Zirkel, dem erst nach wochenlangem vergeblichen Experimentieren Erfolg beschieden war. Auf Schreibpapier, das unter einen Tisch gehalten wurde, erschienen plötzlich Mitteilungen von fremder Hand, Stühle wurden mitsamt den darauf Sitzenden nach hinten gezogen, Musikinstrumente begannen von selbst zu spielen und eine Handvoll Münzen, die jemand auf den Boden geworfen hatte, stapelten sich sogleich in einem Wasserglas. Aufgrund der erfolgreich verlaufenen Experimente war auch Mapes von der Existenz jenseitiger Einflüsse überzeugt.
Die Welle des Spiritualismus, die im Amerika des 19. Jahrhunderts ihren Ausgang genommen hatte, begann, ausgelöst durch Berichte interessierter Reisender, allmählich nach Europa überzuschwappen. Erste Séancen wurden in Paris, London und im fernen St. Petersburg abgehalten. Die Reaktionen der Teilnehmer waren geteilt. Sie reichten von vorbehaltloser, begeisterter Zustimmung über verhaltene Akzeptanz bis hin zu totaler Ablehnung und Verächtlichmachung der Experimentatoren.
Der französische Lehrer Professor Hippolyte Léon Rivail (1804–1869), ein Schüler Pestalozzis, soll aufgrund seiner physikalischen Grundausbildung – er unterhielt in Paris ein pädagogisches Institut und galt als Verfasser mehrerer Lehrbücher – an spiritistischen Praktiken zunächst völlig desinteressiert gewesen sein. Er beschäftigte sich zwar mit dem damals höchst aktuellen *Mesmerismus* – dem sogenannten animalischen Magnetismus –, dem man heilende Wirkung zuschrieb, trat aber erst 1856 dem spiritistischen Zirkel der Mme. d'Abunour bei. Rivail analysierte die dort im Laufe von fünf Jahren eingegangenen »Botschaften« und veröffentlichte sie in dem berühmt gewordenen *Buch der Geister* (1868).
Während einer der von ihm besuchten Séancen erfuhr Rivail, daß er die frühere Inkarnation eines bretonischen Bau-

ern namens *Allan Kardec* sei. Unter diesem Pseudonym veröffentlichte er in der Folge insgesamt fünf Bücher und ein Monatsmagazin *La Revue Spirite*. Der durch ihn begründete *Kardecianismus* wurde im Laufe der Jahre zu einer großen pseudoreligiösen Bewegung, die Spiritualismus und Reinkarnationsglaube miteinander verband. Sie fand vor allem in Frankreich und Brasilien regen Zuspruch.

Kardecs Lehre besagt, daß der Mensch aus einem materiellen Körper, einer Seele (oder dem inkarnierten Geist) sowie einer »halbmateriellen Hülle«, dem *Périspirit* – ein Zustand zwischen reinem Geist und Physis – besteht. Der Begriff »Périspirit« läßt sich noch am ehesten mit dem von russischen Forschern entdeckten *Bioplasma* – biologisches Plasma –, das im Hochfrequenzfeld nachgewiesen wurde, vergleichen.

Nach Kardec nimmt das Neugeborene eine »vorübergehende«, d. h. materielle oder sterbliche Gestalt an. Wenn sich der Körper beim biologischen Tod auflöst, wird der Geist freigesetzt. Mit anderen Worten: Die Seele (das Bewußtsein) lebt weiter; sie behält ihre Périspirit-Form bei und kann gelegentlich als *Erscheinung* wahrgenommen werden. »Geist« ist nach Kardec kein abstrakter Begriff, sondern ein ganz realer Seinszustand. In unserer irdischen Existenz sieht er das Streben zur Vervollkommnung, die durch zahllose Reinkarnationen erreicht werden soll.

Im Jahre 1882 wurde auf Anregung des renommierten englischen Physik-Professors Sir William Barrett (1845–1926) und anderer angesehener Wissenschaftler die *Society for Psychical Research* (S. P. R.: Gesellschaft für Psychische Forschung) gegründet (»psychic« bedeutet heute so viel wie »parapsychologisch«). Ihre Gründer hatten sich vorgenommen, die zahlreichen, in Verbindung mit spiritistischen Aktivitäten auftretenden und vielfach umstrittenen Psi-Phänomene akribisch zu untersuchen. Die Ergebnisse der von der S. P. R. durchgeführten Untersuchungen wurden fortan in sogenannten *Proceedings* und im *Journal of the S. P. R.* veröffentlicht, was allmählich zu einer Versachlichung des zuvor okkult dargestellten Szenariums führte.

3   Beweise von »drüben«

> *»Wir – die Menschen – sind im Kern zeitlose, unzerstörbare, ›multidimensionale‹ Wesen als Teilbewußtseinsstrukturen, die – je nach Sichtweise – nacheinander inkarnieren oder ›gleichzeitig‹ existieren.«*
>
> Professor Dr. Ernst Senkowski

Aus dem elektronisch aufgezeichneten Protokoll eines privaten *Reading* (mediale Sitzung) mit dem englischen Trancemedium Mr. Horrey in den Räumen der MSA, London, Belgrave Square 33 (April 1977); 30 Minuten nach Sitzungsbeginn: »*...Your father has a favorite sister... her name is Göötruud [Gertrud]!*: *...Ihr Vater hat eine Lieblingsschwester... ihr Name ist Gertrud!«*
Ich hole tief Luft. Meine Frau, die neben mir sitzt, ist ebenso sprachlos wie ich. Mr. Horrey, dem unsere Verblüffung sicher nicht entgangen ist, wiederholt, als wolle er die Richtigkeit seiner Aussage unterstreichen, »Göötruud!«. Die Fakten stimmen: Mein Vater hatte zwei Brüder und zwei Schwestern. Die jüngere – Gertrud – war tatsächlich seine Lieblingsschwester, und sie lebte noch bis vor einigen Monaten hochbetagt in einem Bamberger Altersheim.
Wie konnte es sein, daß ein Fremder, jemand, mit dem ich bislang nie zu tun hatte, den korrekten Vornamen meiner Tante wußte? Man kennt allein schon in deutschsprachigen Ländern Tausende anderer weiblicher Vornamen. Warum also gerade diesen, den richtigen? Hatte ihn Horrey viel-

leicht doch nur erraten und... Glück gehabt? Ein Zufallstreffer? Oder hatte er uns beide nur (!) telepathisch angezapft, was schon erstaunlich genug gewesen wäre? Wie aber sollte er das, wo wir doch zu keiner Zeit (und schon gar nicht während dieser spannenden Sitzung) an unsere Tante gedacht hatten?

Plötzlich nahm Horreys Stimme eine andere Färbung an, er schien sich irgendwie verändert zu haben. Mein Vater sprach aus ihm. Er ließ mich wissen, daß er beim Abfassen meiner Buchtexte stets bei mir sei, daß er meinen Gedankengängen sehr wohl folgen könne: »You are right, my son« (Du hast recht, mein Sohn), kam es über Horreys Lippen.

Wir bewunderten die Ungezwungenheit, mit der dieses überzeugend wirkende Medium uns seine Botschaften aus der »anderen Welt« übermittelte, wie es Dinge wußte, über die nur *wir* informiert sein konnten. Und vieles von dem, was Horrey uns vorausgesagt hat, ist inzwischen eingetroffen, hat sich im wesentlichen als zutreffend erwiesen.

Skeptikern sei gesagt, daß wir vor unserer Englandreise mit der MSA niemals in Verbindung standen. Den Besuchstermin hatten wir zwei Tage vor der Sitzung von unserem Londoner Hotel aus vereinbart. Daher erscheint es völlig absurd, anzunehmen, daß sich zuvor jemand in Deutschland über unsere Verhältnisse erkundigt haben könnte. Bei wem auch, wäre zu fragen.

Heute, knapp zwanzig Jahre nach diesem eindrucksvollen Erlebnis, bin ich fest davon überzeugt, daß Mr. Horrey irgend etwas »angezapft« haben muß, das in seiner Existenz zeitlos zu sein scheint. Warum sollte es nicht das unsterbliche Bewußtsein meines Vaters gewesen sein?

Anfang dieses Jahrhunderts entwickelten einige Damen, die der *Society for Psychical Research (S. P. R.)*, London, nahestanden, die Fähigkeit des *automatischen Schreibens*. Jede von ihnen arbeitete unabhängig von der anderen und schickte die empfangenen »Jenseits«-Botschaften zwecks Auswertung an die S. P. R. Dort bemerkte man schon bald, daß sich manche der Aufzeichnungen auf ein und dasselbe Thema bezogen, daß die einzelnen eintreffenden Texte Teile einer ganz bestimmten Botschaft waren. Man hatte den Eindruck, als ob eine fremde, übergeordnete Intelligenz ein Gesamtmanuskript über die Schreibenden in aller Welt verteilen würde. Die zerstückelte Botschaft – sie wurde unter der etwas verwirrenden Bezeichnung *Kreuzkorrespondenz* bekannt – traf bei den automatisch schreibenden Damen »scheibchenweise« ein. Der englische Geschäftsmann John George Piddington – er war von 1924 bis 1925 Präsident der S. P. R. – sprach von »ganz kleinen Fragmenten sehr komplexer Struktur«.

Die medial übermittelten Informationen stammten angeblich von verstorbenen S. P. R.-Mitgliedern: Edmund Gurney (1847–1888), Henry Butcher, dem Philosophen und Altphilologen Frederic William Henry Myers (1843–1901), dem Philosophen Henry Sidgwick (1838–1900) und Arthur Woollgar Verrall (1851–1912), der sich als Literaturwissenschaftler verdient gemacht hatte. Angeblich wollten sie mit dem Aufteilen der Gesamtbotschaft sicherstellen, daß zwischen den Empfängerinnen, die geographisch weit voneinander getrennt lebten (England, Indien und USA) kein telepathischer Kontakt zustande kam. Die jenseitigen Informanten sollen ihre Identität dadurch bewiesen haben, daß sie in die Detailmitteilungen selten benutzte, aber bezugsreiche Stellen aus der klassischen und modernen Literatur sowie entsprechende Zitate einflochten. Die Literaturstellen waren teilweise so wenig bekannt, daß zu ihrer Deutung häufig Spezialisten herangezogen werden mußten.

Es war schon bald nach dem Tode Myers im Jahre 1901, daß die mit der S. P. R. in Verbindung stehenden Automatistinnen Botschaften erhielten, mit denen sie zunächst nichts anzufangen wußten. Die meisten dieser kryptographischen

Mitteilungen waren mit »Myers« unterzeichnet und enthielten von Fall zu Fall Anweisungen, das Niedergeschriebene an eine bestimmte Person (eines der anderen Medien) oder direkt an die S. P. R. zu schicken. Weiter hieß es hierin, die einzelnen, offenbar sinnlos erscheinenden Teilmanuskripte zu sammeln, da sie nach dem Zusammenfügen ein Ganzes ergäben. Myers wörtlich: »Ich teile den Text unter euch so auf, daß keiner allein etwas damit anfangen kann, aber zusammen ergibt er einen Sinn.«
Es sollte einige Zeit vergehen, bis die Schreibenden erkannten, mit wem und was sie es zu tun hatten. Dreißig Jahre insgesamt dauerte der Übermittlungsvorgang. Für die Jenseitigen dürfte überhaupt keine Zeit vergangen sein, da diese auf höherdimensionalen Existenzebenen als untergeordnete Dimension überhaupt keine Rolle spielt.
Zusammengesetzt enthalten die Mitteilungen unter anderem auch Aussagen über den sogenannten »Tod« und nachtodliche Zustände. Myers muß es sehr schwer gefallen sein, die dimensionale Hürde zwischen der Hyperwelt und uns zu überwinden: »Wenn ich euch doch nur... den Beweis erbringen könnte,... daß ich noch existiere. Und noch ein Versuch, die Blockade zu durchbrechen – ein Kampf, eine Botschaft durchzubringen. Wie kann ich eure Hand gefügig machen – wie kann ich sie überzeugen? Ich bemühe mich... unter unsäglichen Schwierigkeiten... Es ist mir nicht möglich festzustellen, wieviel von dem, was ich euch mitteile, bei euch ankommt... Ich komme mir vor, als hätte ich mein Empfehlungsschreiben vorgelegt – die Beweise meiner Identität immer und immer wieder bis zum Überdruß erbracht. Der beste Vergleich, der mir einfällt, die Schwierigkeiten zu erklären, die das Übermitteln einer Botschaft bereitet, ist, daß ich hinter einer zugefrorenen Scheibe zu stehen scheine, die das Gesehene verschwimmen läßt und die Geräusche unterdrückt...«
Nachdem Myers sicher sein konnte, seine irdischen An-

sprechpartner überzeugt zu haben, begann er – genau 23 Jahre nach seinem irdischen Ableben – das nachtodliche »Leben« genauer zu beschreiben. Er unterscheidet zwischen sieben postmortalen Zuständen:
– *Stufe 1:* Der Zustand im Augenblick des Todes.
– *Stufe 2:* Während einer kurzen Zwischenstation ziehen Erinnerungsbilder aus dem Leben an seinem geistigen Auge vorbei.
– *Stufe 3:* Der Tote führt ein Scheinleben in einer Art Traumwelt, das ihm aber ganz real erscheint. Der Zustand ist dem irdischen Leben so ähnlich, daß oft »längere Zeit« vergeht, bevor der Tote bemerkt, daß »etwas nicht mehr stimmt«, daß er gestorben ist. Er erschafft sich diese Welt selbst und ist ein Gefangener seiner Wünsche, Triebe und Begierden, die er aus dem irdischen Leben mit hinübergenommen hat.
– *Stufe 4:* Das Bewußtsein beginnt, sich von seiner Erdverbundenheit zu lösen. Zeit und Raum sind aufgehoben; sie werden zu herrlichen Formen und Farben. Man vernimmt Laute von unbeschreiblicher Reinheit.
– *Stufe 5:* Das Bewußtsein (Seele) erhält einen Flammenkörper, der es befähigt, unbeschadet durch das Universum zu »fliegen«.
– *Stufe 6:* Der Betreffende befindet sich in der »Region des Lichts«. Das Bewußtsein lebt jetzt gestaltlos, als »weißes Licht im reinen Gedenken seines Schöpfers«.
– *Stufe 7:* Das Bewußtsein vereinigt sich mit Gott. Es geht »in die Reihen der Unsterblichen ein«.
Solche Höhenflüge sollen, so Myers, allerdings nur wenigen Auserwählten vergönnt sein.
Besonders interessant erscheint Transitstufe 3 – ein phantastisch anmutendes Szenarium, das so gar nicht in das von den Religionen vorgezeichnete Jenseits-Bild paßt. Was Myers schilderte, war nichts anderes, als ein Erdenleben in einer Art *Parallelwelt* – für viele, die nach dem Tode eine

»himmlische« Existenz – ein Paradies – erwartet hatten, sicher eine herbe Enttäuschung.
Die neue Wirklichkeit schien sich von der bisherigen, irdischen in nichts zu unterscheiden: Die Hinübergegangenen pflegten Eßgewohnheiten wie auf Erden, sie bewohnten Häuser, gingen zur Arbeit und verbrachten ihre Freizeit wie gewohnt. Sie spielten Golf, tranken Whisky, rauchten Zigarren und erlebten sexuelle Abenteuer. Eine nachtodliche Existenz, vergleichbar mit unserer irdischen, in einem jener von ernstzunehmenden Physiktheoretikern realistisch bewerteten parallelen Universen, erscheint gar nicht einmal so abwegig. Unser unsterbliches Bewußtsein könnte nach unserem biologischen Tod überall existieren oder »Aufnahme finden«: als autonomes, körperloses Bewußtseinswesen auf dimensional anderen Seinsebenen (Hyperwelt), zu einer späteren Zeit in einem reinkarnierten Menschen und sicher auch in erdähnlichen materiellen (parallelen) Gefilden, eben nur raumzeitlich von unserem Jetzt versetzt. Die moderne theoretische Physik setzt der Phantasie keine Grenzen, bietet mehr »unglaubliche« Möglichkeiten als skeptisch eingestellte Wissenschaftler zu erahnen vermögen.
Wie real sich jenseitige Bewußtseinswesenheiten in unserer Welt zu äußern vermögen, zeigt der Fall des am 5. Oktober 1930 bei Beauvais (Frankreich) abgestürzten britischen Luftschiffs R 101, das im Personenverkehr eingesetzt werden sollte. Bei dieser schrecklichen Katastrophe waren 48 Passagiere in den Flammen umgekommen.
Bereits zwei Tage nach diesem verheerenden Unglück meldete sich bei dem berühmten englischen Medium Eileen Garrett eine Wesenheit, die sich als Kapitän des R 101 – Leutnant Carmichael Irwin – vorstellte. In abgehackten Sätzen beschrieb er die Situation kurz vor dem Absturz und die technischen Mängel, die diesen verursacht hatten. Sie sollten sich sechs Monate später, nach Abschluß der offiziellen Untersuchungen, als zutreffend erweisen.

Die denkwürdige Séance war von dem bekannten Parapsychologen Henry Price (1881–1948) organisiert worden und fand in dem von ihm gegründeten *National Laboratory for Psychical Research* statt. Eigentlich hatte man damals mit dem kurz zuvor verstorbenen Schriftsteller Sir Arthur Conan Doyle Kontakt aufnehmen wollen. Doch dann meldete sich plötzlich Irwins gequälte Stimme: »Ich muß etwas dagegen unternehmen... dieser riesige Flugapparat ist einfach viel zu schwer, eine zu große Last für die Motoren, die es kaum schaffen können. Selbst die Motoren sind zu schwer. Deshalb habe ich so oft besondere Sicherheitsvorkehrungen vorgenommen. Unser Schub ist viel zu gering, der Antrieb ist nur mangelhaft. Kontrollstelle informieren... neuen Abstieg versuchen? Daran ist nicht zu denken. Ein Triebwerk ist defekt... die Ölpumpe ist verstopft... wir fliegen viel zu niedrig und können nicht mehr aufsteigen. Zusatzmotor kann nicht mehr benutzt werden. Die Ladung ist für diesen langen Flug viel zu groß. Die Fluggeschwindigkeit ist mangelhaft und das Schiff schaukelt beängstigend... hohe Reibung an der Außenhaut... sie reibt sich aneinander... etwas scheint mit der Maschine nicht zu stimmen... ist zu schwer... wir können nicht steigen... trotz verzweifelter Versuche erreichen wir nicht die nötige Höhe... immer kürzere Abstände zwischen den verzweifelten Versuchen, wieder an Höhe zu gewinnen. Niemand kennt das Schiff gut genug. Das Wetter ist für einen langen Flug viel zu schlecht. Die Außenhaut ist vollkommen durchnäßt, und das Schiff senkt seine Nase alarmierend. Es ist unmöglich, wieder hochzukommen. Können absolut nichts tun. Fast die Dächer von Achy gestreift. Halten uns an der Eisenbahnlinie entlang... Eine Untersuchung, die sie später durchführen werden, wird zeigen, daß die Plane nicht mehr elastisch genug war... außerdem ist sie viel zu schwer. Das Mittelstück ist völlig falsch angebracht worden... es ist auch viel zu schwer und hat Übergewicht, was die Maschine

bei weitem überfordert...« Dann bricht der Kontakt jäh ab.
Ein anwesender Reporter, Ian D. Coster, hatte dies alles mitstenografiert und die Story tags darauf in der *Morning Post* veröffentlicht. Der medial übermittelte Bericht wurde auch von einem der Konstrukteure des R 101, Mr. Charlton, gelesen. Angetan von der sachlichen Schilderung technischer Details, mit der ein Laie wie Frau Garrett gar nicht vertraut sein konnte, bat Charlton um Überlassung des aus dem Stenogramm übertragenen Originaltextes. Zu seiner Überraschung enthielt dieser mehr als 40 technisch korrekt wiedergegebene Einzelheiten. Charlton war fest davon überzeugt, daß die an der Sitzung Beteiligten tatsächlich eine zeitlich versetzte Originaldurchsage vernommen hatten. Während weiterer Séancen, bei denen selbst Angehörige der zivilen Luftfahrtbehörde anwesend waren, wurden auch andere Besatzungsmitglieder des R 101 »angehört«, die zu den Ursachen des Absturzes noch mehr zu berichten wußten. Die Vermutung, aus Eileen Garretts Mund tatsächlich die Stimmen der zu Tode gekommenen Besatzung gehört zu haben, wurde allmählich zur makabren Gewißheit.
In jüngster Zeit konnten auf medialem Wege sogar zahlreiche Schwerverbrechen aufgeklärt und die Täter der Justiz überantwortet werden. Die an der Aufklärung beteiligten Medien behaupteten fast ausnahmslos, ihre Informationen, die zur Überführung der Schuldigen führten, von Jenseitigen, meist von den Ermordeten selbst, erhalten zu haben.
Im Februar 1977 entdeckten Chicagoer Polizeibeamte die Leiche der als vermißt gemeldeten 48jährigen Teresita Basa in deren Apartment. Jemand hatte sie brutal erstochen und dann partiell verbrannt. Die aus den Philippinen stammende Frau hatte bis zu ihrem Tode im Chicagoer Edgewater Hospital als Atemtherapeutin gearbeitet, wo sie sich großer Beliebtheit erfreute. Eine Sonderkommission der Polizei versuchte fieberhaft, des Mörders habhaft zu werden, doch ihre Bemühungen blieben ohne Erfolg.

Vier Monate nach dem Mord geschah im Hause des in Skokie wohnenden philippinischen Arztes Dr. Jose Chua etwas Unerkläriches. Seine Frau, die ebenfalls im Edgewater Hospital tätig war, fiel plötzlich in tiefe Trance und begann in diesem Zustand Tagalong – ein philippinischer Dialekt – zu sprechen. Das Mordopfer meldete sich: »Ich bin Teresita Basa!« Die Stimme teilte Dr. Chua mit, daß ein gewisser Allan Showery der Mörder sei, ein im Hospital arbeitender Krankenpfleger. Er habe Teresita wegen ihres Schmuckes ermordet. Ein paar Tage später fiel Frau Chua erneut in Trance. »Teresita« beklagte sich darüber, daß Showery seiner Freundin ihren Cocktail-Ring geschenkt habe. Nachdem sich die Ermordete ein drittes Mal gemeldet hatte, verständigte Dr. Chua die Polizei. Die Ermittler Joseph Stachula und Lee Epplen waren zunächst ausgesprochen skeptisch. Da jedoch die Spurensuche bis zu diesem Zeitpunkt ergebnislos verlaufen war, entschlossen sich die beiden, Chuas Hinweis nachzugehen. Beim Durchsuchen der Wohnung des Verdächtigen fand man schließlich den entwendeten Schmuck. Der perlenbesetzte Cocktail-Ring war, wie von Teresita medial gemeldet, tatsächlich im Besitz von Showerys Freundin. Der Überführte wurde vor Gericht gestellt und wegen Mordes angeklagt.

In den USA nehmen die polizeilichen Ermittlungsbehörden bei der Suche nach vermißten Personen und Aufklärung von Kapitalverbrechen nicht selten die Dienste bewährter Hellsehmedien in Anspruch. Obwohl der Autor schon vor längerer Zeit mit Hilfe eines Stuttgarter Mediums den Fall einer vermißten, geistig verwirrten Person erfolgreich aufklären konnte, lehnen hiesige Dienststellen die Mitarbeit von Sensitiven aus fadenscheinigen Gründen ab.

Seit der Entdeckung des Tonbandstimmen-Phänomens durch Friedrich Jürgenson Ende der fünfziger Jahre haben einige Experimentatoren mit Bandgeräten oder Recordern auch Aussagen Vermißter und Ermordeter aufzeichnen und

zur Klärung des jeweiligen Sachverhalts beitragen können. So war es dem aus Wien stammenden technischen Kaufmann und Stimmenforscher Hans Luksch wiederholt gelungen, durch Befragen der Mordopfer mittels Tonband die Namen der Täter ausfindig zu machen.
Bei seinem ersten »Fall« handelte es sich um den Mord an dem Beamten Günter Bar, der im österreichischen Linz auf offener Straße erstochen worden war. Als Luksch in seinem Wiener Tonstudio mit Freunden zu einer Einspielung zusammenkam, tappte die Polizei immer noch im dunkeln. Auf seine Frage nach dem Mörder von Bar kam nur wenige Sekunden später die Antwort: »Sie war's.« Der österreichische Tonfall war nicht zu überhören. Tags darauf erfuhr Luksch aus der Zeitung, daß die Ehefrau des Ermordeten die Tat gestanden hatte.
Den Mord an dem Wiener Taxifahrer Franz Mayerhöfer, der auf einem Parkplatz im niederösterreichischen Gumpoldskirchen erschossen aufgefunden worden war, konnte der Trans-»Detektiv« Luksch ebenfalls noch vor der Polizei aufklären. Als er das jenseitige Mordopfer nach dem Namen des Täters befragte, erhielt er die im Dialekt ausgesprochene Antwort »da Buzeck« (der Buzeck). Einen Monat später verhaftete die Polizei den Wiener Taxiunternehmer »Boucek«, der nach längerem Verhör die Tat gestand. Luksch will übrigens von 40 befragten Mordopfern in sieben Fällen die richtigen Namen der Täter genannt bekommen haben.
Tonbandstimmen-Dokumente werden von der Justiz als Beweismittel abgelehnt. Sie zeugen jedoch, was viel wichtiger erscheint, von der realen Existenz einer *Hyperwelt*, in die unser Bewußtsein beim biologischen Tod überwechselt. Grund genug, um sich einem Forschungsbereich zuzuwenden, der in den letzten Jahrzehnten als *Instrumentelle Transkommunikation* viel zur Bestätigung medialer Aussagen und zur Aufhellung der brennenden Frage nach einer jenseitigen Fortexistenz beigetragen hat.

4 Berichte aus dem Reich der »Toten«

> »Die Stimmen haben mir bewiesen,
> daß es ein nachtodliches Leben gibt,
> daß unsere Wesenheit den Tod überlebt,
> daß es andere Dimensionen,
> andere Welten gibt.«
>
> F. Jürgenson
> in einem Interview mit *esotera* (12/1975)

> »Hier meldet sich Friedel [Jürgenson]
> aus Schweden...
> Wie Ihnen bekannt ist, sind wir in der Lage,
> beliebig in Ihre Struktur einzutreten...
> Die Projektion befindet sich
> seit dem 17. Januar 1991
> in den Quanten der Nicht-Raumzeit.«
>
> Transwesenheit F. Jürgenson am 13.10.1994
> Text vom Computer-Monitor bei A. Homes
> abgefilmt
> [Tastatur und Monitor hatten sich
> von selbst eingeschaltet]

Wer die frühe Entwicklungsgeschichte der Elektronik und der drahtlosen Kommunikation aufmerksam studiert, wird feststellen, daß sich deren große Pioniere wie Sir Oliver Lodge (1854–1940), Guglielmo Marconi (1874–1937) und Thomas Alva Edison (1847–1931) nicht nur für spiritualistische Theorien interessierten, sondern diese auch in die Praxis umzusetzen versuchten.

Der berühmte englische Physiker Sir Oliver Lodge – er war von 1901–1904 Präsident der S. P. R. –, dessen Experimente mit der drahtlosen Kommunikation die Grundlage für Marconis erstes Radio bildeten, war fest davon überzeugt, daß es irgendwann einmal zu instrumentellen Kontakten mit Transwesenheiten kommen würde.

Im Jahre 1920 entwickelte Edison eine elektronische Vorrichtung, mit der er »Jenseitige« zu kontaktieren versuchte. Er hoffte, irgendwo zwischen dem Lang- und Kurzwellenbereich eine Frequenz finden zu können, die telepathischen Kontakt zwischen unserer und der »anderen« Welt ermöglichen würde. Darüber hinaus beschäftigte ihn bis zu seinem Tode eine Erfindung, die das Auffangen von Stimmen aus der Vergangenheit ermöglichen sollte. Wie Marconi, hielt er es für denkbar, mit einem solchen »Empfänger für Stimmen aus der Vergangenheit« die letzten Worte Christi am Kreuz aufzeichnen zu können.

Was Edison und Marconi zeitlebens nicht vergönnt war – die Entwicklung eines *Chronovisors* (Zeit-TV-Geräts) –, soll angeblich dem italienischen Benediktinerpater Alfredo Pellegrino Ernetti, Inhaber des einzigen Lehrstuhls für archaische Musik, Doktor der altorientalischen Sprachen, Philosophie und Theologie, zusammen mit einer Gruppe ausländischer Wissenschaftler schon vor Jahren gelungen sein. Dieser *Chronovisor* soll nach Mitteilung von Professor Dr. E. Senkowski, der Ernetti anläßlich einer Tagung im norditalienischen Riva persönlich sprechen konnte, aus drei Baugruppen bestehen: einer Serienschaltung mehrerer Antennen aus »allen Metallen«, einem »Selektor« zur Auswahl der gewünschten Information nach Zeit, Ort und Person, und einer Vorrichtung zum Umwandeln und Darstellen von Bild und Ton analog einem Fernsehgerät. Mit diesem »Zeit-TV-Gerät« lassen sich nach Ernettis eigener Behauptung die »höheren Orts« gespeicherten Energien in ihre ursprünglichen Bild- und Tonfassungen zurückverwandeln, also sichtbar und hörbar machen. Ob Ernetti mit seinem *Chronovisor* tatsächlich Geschehnisse aus uralten Zeiten oder solche aus simultan mit uns existierenden, parallelen Welten empfängt, mag dahingestellt bleiben. Zu dicht ist die Mauer des Schweigens, die dieses Gerät umgibt.

Anders verhält es sich mit der Entdeckung des schwedi-

schen Filmproduzenten Friedrich Jürgenson, der im Jahre 1959 beim Abspielen eines Tonbandes mit Vogelstimmen, die er im Wald aufgenommen hatte, plötzlich die Stimme seiner toten Mutter vernahm: »Friedel, mein kleiner Friedel, kannst du mich hören?« Immer und immer wieder hörte er das Band ab, um sicherzugehen, daß er auch nicht einer akustischen Täuschung aufgesessen war. Doch die Stimme seiner Mutter war deutlich zu hören und reproduzierbar.
Als der aus Lettland stammende Schriftsteller Konstantin Raudive (1909–1974) von Jürgensons Zufallsentdeckung erfuhr, begann auch er zu experimentieren, wobei er sich ganz unterschiedlicher Techniken bediente: angefangen von einfachen Mikrofoneinspielungen bis hin zum Einsatz komplexer elektronischer Systeme. Bis Ende der sechziger Jahre hatte Raudive, der wie ein Besessener arbeitete, weit mehr als 70 000 Einzelstimmen registriert. Sein Buch, in dem er über seine eigene Forschungsarbeit berichtet (*Unhörbares wird hörbar*), verhalf der instrumentellen Transkommunikationsforschung (kurz: ITK) auch in England und in den USA zum Durchbruch.
Heute experimentieren weltweit Zehntausende interessierter Laien und Fachleute mit elektronischen Aufzeichnungsgeräten unterschiedlicher Komplexität. Die Ergebnisse der Experimente scheinen nicht so sehr vom Aufbau der Empfangsanlage und von der gewählten Einspielmethode, sondern mehr noch von der Medialität des Betreibers, der feinstofflichen Verbundenheit mit der jenseitigen Realität abzuhängen. Unsere »diesseitige« Physik hat für die millionenfach praktizierte Überbrückung zwischen unserer Raumzeitwelt und Bewußtseinswesenheiten in einer höherdimensionalen Nachwelt keine Erklärung. Offiziell existieren keine Funktionsmodelle für den Informationsaustausch mit Existenzen in der *Hyperwelt*, deren Dimensionen angeblich rein hypothetischer, spekulativer Natur sind, deren Vorhandensein aber in praxi schon längst als erwiesen gilt.

Der Küste des südlichen Queensland (Australien) vorgelagert ist die kleine, nur zehn Quadratkilometer große Insel Macleay Island. Sie beherbergt nur ein paar Dutzend Menschen. Hier wohnt auch, ganz allein in seinem Häuschen, der Rentner Ernest Baxter. Er hat nur ein Hobby: sein Tonbandgerät, mit dem er gelegentlich Radiosendungen und Vogelstimmen aufnimmt.

Einer seiner Freunde lieh ihm einmal das Buch *Der Mensch im Universum*, aus dem er einige Abschnitte auf Tonband zitierte, um sich diese später nochmals vorspielen zu können. Er legte ein funkelnagelneues Band ein und begann zu lesen. Nach wenigen Minuten beschlich ihn ein seltsames Gefühl. Es war ihm, als ob ihn jemand »verdrängen«, am Sprechen hindern wolle. Baxter sprach zwar weiter, aber der Eindruck der Anwesenheit von etwas Unsichtbarem blieb.

Beim Abspielen des besprochenen Bandes sollte Baxter eine Überraschung erleben. Nachdem zuerst nur seine eigene Stimme zu vernehmen war, manifestierten sich auf dem Band plötzlich drei unterschiedliche Männerstimmen: eine jugendlich klingende, eine mit fremdländischem Akzent und eine dritte, völlig unverständliche, die sich wie eine mit zu hoher Geschwindigkeit abgespielte Schallplatte anhörte. Während sich der Wortlaut der erkennbaren Stimmen eindeutig auf den Inhalt des Buches bezog, blieb die Bedeutung der unverständlichen Drittstimme ein Rätsel.

Der zutiefst beunruhigte Baxter setzte mit seinem Motorboot zum nur wenige Kilometer entfernten Festland über und ließ das Tonbandgerät von einem Fachmann untersuchen. Dieser konnte jedoch keinerlei Mängel entdecken. Da das benutzte Band ganz neu war, schied unzureichendes Löschen von vorher darauf Gesprochenem mit Sicherheit aus. Einer von Baxters Freunden machte den Vorschlag, das Band auf einem Tonbandgerät mit verstellbarer Geschwindigkeit ablaufen zu lassen. Beim Abhören des Bandes mit einer langsameren Geschwindigkeit meldete sich mit einem Mal Baxters verstorbener Vater: »Ernest, mein Sohn, warum hörst du nicht auf mich.« Was dann folgte, war eine regelrechte »Gardinenpredigt«, mit der er seinem Sohn Untätigkeit in häuslichen Dingen vorwarf. Die Herkunft der beiden anderen Stimmen war allerdings nicht zu ermitteln.

Der Schweizer Pfarrer L. Schmid aus Oeschgen, der sich viele Jahre mit dem Tonbandstimmen-Phänomen befaßt hatte, meinte einmal, daß jede Einspielung für sich allein relativ wenig aussagen würde und daß die Arbeit des Stimmenforschers der mühsamen Tätigkeit eines Goldwäschers gleichkäme, der aus einer Unmenge wertlosen Sandes die wenigen »Goldkörner« – die beweiskräftigen Durchgaben – herauszusieben habe. Schmid zitierte drei selbsterlebte Fälle, die sich seiner Meinung nach nur jenseits-paranormal erklären lassen:

– »Bei der Suche nach einem in der Umgebung von Lugano verunglückten Touristen konnten auf meinem Tonband in mehr als 300 Kilometer Entfernung präzise topographische Hinweise gehört werden.«

– »Ein Ingenieur aus Mailand fragte bei mir schriftlich an, ob ich vielleicht einmal von seinem Sohn David eine Botschaft erhalten habe. Unter den registrierten Stimmen fand sich wirklich eine solche, die sich mit dem Namen ›Davide‹ vorstellte und kurz erklärte: ›beati fiori bianchi‹ [ital.: schöne weiße Blumen]. Der Vater war über diese Aussage sehr erstaunt, da sein verstorbener Sohn ihn im Traum um weiße Blumen gebeten hatte.«

– »Auf die Frage einer Dame aus dem Wallis nach dem Befinden ihres Vaters hörte man sofort deutliche Trommelwirbel. Erst jetzt erfuhr ich, daß dieser Mann während seines Lebens ein passionierter Tambour gewesen war. Weitere Nachforschungen ergaben, daß der Klang genau mit dem der von ihm benutzten Trommel übereinstimmte, wenn man sie mit der Hand schlägt.«

Aufgrund der Vielsprachigkeit der Stimmen, d. h. des häufigen Überwechselns von einer Sprache in eine andere schon innerhalb eines einzigen Satzes, schließt Schmid Aktivitäten des eigenen Unbewußten (dem des Experimentators) mit Sicherheit aus.
Jürgenson, der sich mit diesem Phänomen ebenfalls gründlich beschäftigt hatte, sieht in der Vielsprachigkeit »die bewußte Absicht der unbekannten jenseitigen Sprecher, ihre Manifestationen einwandfrei von normalen irdischen Tonbandaufnahmen oder von regulären Rundfunksendungen zu unterscheiden.
Nahezu 40 Jahre instrumenteller Transkommunikation haben gezeigt, daß es noch zahlreiche weitere Indizien für die nichtirdische Herkunft echter Tonbandstimmen gibt. Auffallend ist z. B. das außerordentlich rasche Sprechtempo und der eigenartige gebundene Rhythmus, mit dem sich die meisten Stimmen melden. Auf die Besonderheit der Geschwindigkeitsdifferenzen verweist der Kommunikationspsychologe Dr. Ralf Determeyer: »Das zeigt sich bereits bei normaler Abhörgeschwindigkeit, wenn verschiedentlich schneller gesprochen wird, als man dies zu hören gewohnt ist.«
In einem früheren Beitrag zur Stimmen-Thematik heißt es weiter: »Erst recht freilich fällt dieser Effekt beim Umschalten auf höhere oder niedere Bandgeschwindigkeiten auf. Hier dürften unter regulären Bedingungen keine »normal« schnell sprechenden Stimmen auftreten, sondern nur »entstellte« Geräusche sonst normaler Sprachlaute. Doch man kann die Abhörgeschwindigkeit beliebig nach oben oder nach unten verändern; eingespielte Stimmen ursprünglich sehr hoher oder sehr niedriger Frequenz sind dann immer noch normal verständlich zu hören.
Determeyer läßt sich in seinem Beitrag auch über den sogenannten »Rückwärtseffekt« aus, der dann auftreten kann, wenn man bespielte Bänder entgegen der Aufnahme-Lauf-

richtung (rückwärts) abhört. Üblicherweise »degenerieren« dann normale Sätze zu einem unverständlichen Kauderwelsch. Wenn aber beim Rückwärtslauf entgegen allen Erwartungen normale Worte oder gar ganze Sätze deutlich vernehmbar artikuliert werden, dürfte dies, so Determeyer, auf deren paranormale Entstehung hindeuten. Mit anderen Worten: In einer Information stecken bei veränderten Hörabläufen unter Umständen weitere Mitteilungen. Erfahrene Experimentatoren wollen festgestellt haben, daß etwa zehn bis 20% der gut verständlichen Einspielungen den »Rückwärtseffekt« aufweisen. Alles deutet darauf hin, daß sich hinter diesem Phänomen ein steuerndes intelligentes Prinzip verbirgt.
Determeyer führt Fälle an, in denen die beim Rückwärtslaufen empfangenen Aussagen die beim Vorwärtslaufen registrierten sinnvoll ergänzen, mitunter sogar in Form eines Reimes. Er hält es zudem für wahrscheinlich, daß sich »zwei Wesenheiten unter Zuhilfenahme von Oberschwingungen stimmlicher Formanten die gleiche Trägerfrequenz teilen«, und dies, aus Energiegründen, in entgegengesetzter Zeitrichtung.
Für die Echtheit paranormal eingespielter Transstimmen spricht ein Experiment, das Determeyer am 9. November 1975 in einem schalldichten Raum im Studio Münster des WDR unter professionellen Bedingungen durchgeführt hat. Hierzu heißt es bei ihm wörtlich: »Frei von störenden Überlagerungsgeräuschen konnte ich bereits bei normaler Abhörgeschwindigkeit für die 15minütige Aufnahme 483 verschiedene, sehr leise Stimmen auszählen. Ich hörte andererseits auch deutlich, daß mir bei Mikrofonaufnahmen fast jedesmal auf Fragen gezielte Antworten gegeben wurden, auch wenn ich diese wegen ungenügender Lautstärke meistens nicht verstehen konnte. Der Charakter des geistigen Feedbacks ist jedoch unverkennbar. Man hat also das Gefühl, daß die Stimmen einfach ›da‹ sind. Sie brauchen ledig-

lich energetisch ›passende‹ Trägerfrequenzen, um in unseren Hörbereich hineinverstärkt zu werden.«
Dieses »einfach da sein« kommt auch im blitzschnellen Beantworten von Fragen zum Ausdruck. Jürgenson stellte einmal fest, daß die meisten Antworten der Jenseitigen bereits vorliegen, d. h. auf Band dokumentiert sind, noch bevor die Fragen zu Ende gesprochen wurden. Hieraus wäre zu folgern, daß die »Stimmen« aus einem Bereich jenseits unserer kausalen Raumzeit stammen müßten – ein »Ort«, an dem es einen Zeitbegriff entsprechend unserer Definition nicht gibt. In einem solchen *Hyperraum* würde »unsere Zeit« nur eine untergeordnete bzw. überhaupt keine Rolle spielen, würde »Zeitlosigkeit« herrschen. Hier müßten Gegenwart, Zukunft und Vergangenheit zusammenfließen, einander verwischen. Es wäre dies ein Zustand der *Gleichzeitigkeit*, der Ewigkeit. Und von diesem erhabenen Standort aus müßten *unsere Vergangenheit und Zukunft*, wie auf einem »Präsentierteller« ausgebreitet, gut zu überschauen sein. Dies würde auch erklären, warum unsere jenseitigen »Gesprächspartner« genau wissen, was wir sie fragen möchten. Sie sind aufgrund ihrer zeitneutralen Existenz über alles Vergangene und Zukünftige bestens informiert. Immer wieder berichten Experimentatoren über gut dokumentierte Voraussagen Jenseitiger, über sogenannte *präkognitive* Mitteilungen, die später zum angegebenen Termin tatsächlich in Erfüllung gehen.
Ingenieur Franz Seidl (†), Wien, gehörte zu den wenigen Transkommunikationspionieren, die sich sowohl erfinderisch als auch theoretisch mit dem Stimmenphänomen befaßt haben. Seidls exzellente Forschungsarbeit gipfelte in der Feststellung, daß es sich bei den Tonbandstimmen um ein *Mischphänomen* handele, ein Phänomen, das sowohl animistisch (durch Lebende psychokinetisch ausgelöst), als auch spiritualistisch (Einwirkung Jenseitiger) gewertet werden müsse. Dieser Theorie kann man bedenkenlos bei-

pflichten, da der Status des »stimmenauslösenden« Bewußtseins von Lebenden und Toten stets der gleiche ist. Seidl versuchte schon in den siebziger Jahren die Paranormalität des Transkommunikationsphänomens durch eine neue Aufnahmemethode – das Prinzip der »Konservenstimmen« – zu beweisen. Die Aschaffenburger Stimmen-Expertin Hildegard Schäfer beschrieb diese Methode in einem Bericht über die 5. Jahrestagung (1979) des »Vereins für Tonbandforschung (VTF)« in Horb a. N.: »Es handelt sich dabei um zwei verschiedene Radioprogramme, die auf Kassette überspielt werden. Die Einspielung erfolgt ohne jede zusätzliche Energiequelle. Ingenieur Seidl erzielte damit frappierende Erfolge. Der Beweis für die Paranormalität ist hier eklatant, da Stimmen, die nach dem Einspielen auf dem Tonband erscheinen, nicht auf ›natürlichem‹ Wege in die Kassette gekommen sein können und eine Nachprüfung jederzeit möglich ist. Solche Stimmen lassen schwerlich eine andere als die paranormale Deutung zu.«

Es ist erstaunlich, wie viele Wissenschaftler, vor allem Kommunikationsexperten von Rang und Namen, zum TK-Phänomen gehört und auch experimentell in Anspruch genommen wurden.

Jürgenson wurde einmal gefragt, ob er mit Sicherheit ausschließen könne, daß die Tonbandstimmen nicht doch natürlichen Ursprungs seien. Seine Antwort muß all denen zu denken geben, die auch heute noch am paranormalen Zustandekommen dieser »Stimmen« zweifeln: »Nach sechs, sieben Jahren dauernden Tests... haben die Techniker festgestellt, daß es paranormale Stimmen sind. Das heißt, daß sie nicht von im Versuchsraum anwesenden Personen oder von Radiosendungen verursacht worden sein können. Techniker, die ganz eindeutig bestätigt haben, daß die Stimmen aus einer unbekannten Quelle stammen, sind unter anderem T. Laurent, Professor an der Technischen Hochschule Stockholm, ein großer Physiker und Elektroniker. Dann ist

da noch Kjell Stensson, Technischer Leiter bei der schwedischen Rundfunk- und Fernsehanstalt ›Sveriges Radio‹, Stockholm.«
Auf die Frage nach dem technischen Einkreisen des Phänomens und die hierzu notwendige Versuchsanordnung eingehend, meinte Jürgenson: »Wir haben Einspielungen durchgeführt mit elektronischen Abschirmungen [sog. Faradaysche Käfige], so daß keine Radiowellen hereinkommen konnten – die Stimmen kamen dennoch durch! Wir haben Ein- und Abspielungen ohne Kontakte mit elektrischen Leitungen, also mit Batteriegeräten, durchgeführt. Wir waren draußen in der Natur, im Wald, am See und haben Einspielungen gemacht, und die waren genausogut. Auf diesem Wege konnte man ausschließen, daß Störungen von elektrischen Leitungen, von Kabeln, Telefonen usw. als Ursachen in Frage kommen.
Amerikanische Wissenschaftler (Laurent und Stensson) wollen festgestellt haben, daß die Qualität der Stimmen etwas mit den Mondphasen zu tun hat. Bei klarem Mondschein, vor allem bei Vollmond, ließen sich, so deren Behauptung, hinsichtlich Lautstärke und Verständlichkeit, die besten Ergebnisse erzielen. Diese Erkenntnisse könnten darauf hindeuten, daß bei den Einspielungen gravitative Einflüsse mitbestimmend oder sogar ausschlaggebend sind, daß, wie manche vermuten, dimensionale Übergänge zur *Hyperwelt* ausschließlich über die *Gravitation* zustande kommen.
Jürgenson selbst will zwar nie Stimmen *wachbewußter* Lebender, aber die einiger Sterbender aufgezeichnet haben, von Kranken, die bewußtlos im Hospital lagen. Er zitiert den Fall einer Dame, die einen Gehirntumor hatte: »Sie hat uns auf Band angesprochen und gesagt, sie sei im ›Weltraum‹. Zuerst kam eine andere Stimme, die sagte, ›sag ihm etwas, das kommt aufs Band zu Friedel.‹ Und eine weitere meinte, ›du kannst sprechen über die Unsterblichkeit.‹

Schließlich sagte die Stimme der Sterbenden noch, ›Ich hatte Krebs‹. Ich kenne aber auch Fälle, in denen schlafende Menschen auf das Band kamen und mit den ›Toten‹ sprachen.« Diese Beispiele lassen erkennen, daß sich noch-lebende Personen nur in veränderten Bewußtseinszuständen – Schlaf, Hypnose, Trance, Bewußtlosigkeit, Koma usw. – auf Tonband artikulieren können. Das Freisetzen von Gedanken und deren psychokinetische Übermittlung auf Band ist offenbar nur möglich, wenn der Wachbewußtseinszustand mit all seinen äußeren Ablenkungen unterdrückt, d. h. »abgewürgt« wird.

Jürgenson wurde einmal gefragt, ob seine jenseitigen »Gesprächspartner« in ihren Dimensionen, in denen die Dinge für sie ebenso real wirken wie unsere materielle Welt für uns, ihrerseits auch Apparaturen entwickelten, die ihnen die Kontaktaufnahme mit unserer Realität erlauben. Er bejahte dies und begründete seine Annahme mit dem Auftreten bestimmter Begleitphänomene wie Halleffekte, Räuspern, Einschalt- und Laufgeräusche. Dies deckt sich auffallend mit Myers Kreuzkorrespondenz-Berichten über ein »ganz normales« Leben im Jenseits (Kapitel VI/3) und könnte bedeuten, daß unser »Nachleben« in einer Parallelwelt stattfindet.

Mein Wiener Freund Gerhard Steinhäuser (†) hielt es für möglich, daß »irgendwelche Gesprächsfetzen [natürlich auch die geschilderten Unterhaltungen] aus der Vergangenheit oder sogar aus der Zukunft kommen«, und daß sie keineswegs nur von »Gestorbenen« stammen. Er bezog sich dabei auf neueste Fachliteratur und zitierte G. Wick, daß die Zeit-»Wände« wahrscheinlich dünner seien als wir glauben. Noch tiefschürfender argumentiert der bekannte Transkommunikationsforscher Professor Dr. Ernst Senkowski, der Transkontakte nicht länger nach dem üblichen Sender-Empfänger-Schema, sondern als »Resonanzen ähnlicher informatorischer Muster« verstanden wissen will. Wörtlich:

»Es ist dann völlig ununterscheidbar und unerheblich, ob eine Tonbandstimme nach unserem Schubladendenken im animistischen Sinn vom Experimentator oder im spiritistischen Sinn von einem Jenseitigen oder von beiden ›erzeugt‹ wird – oder ob sie als Ergebnis von Allem-in-Allem erscheint. Wesentlich ist allein die Existenz der ihr innewohnenden Information, die in verschiedenen Empfängern gänzlich unterschiedliche Reaktionen auslösen kann, wie es die praktische Erfahrung lehrt.«
Transinformationen werden heute instrumentell auf recht unterschiedliche Weise empfangen: direkt aus dem Radio, auf Tonband und dem Fernseh-Bildschirm, über Video und Computer (Monitor und Drucker) sowie mittels Telefon. Man könnte annehmen, daß gerade die Telefon-Stimmen, da normalerweise kaum kontrollierbar, besonders manipulationsanfällig sind. Da der in meinem Buch *Hyperwelt* mit Computer-Transtexten zitierte Adolf Homes (Rivenich) in jüngster Zeit häufig paranormale Telefonanrufe erhält, hat er bei sich von der Deutschen Telekom, Trier, eine Überwachungsschaltung installieren lassen. Mit ihr kann man auf einfache Weise feststellen, ob ein echter oder ein vorgetäuschter Jenseits-Anruf vorliegt. Immer dann, wenn Homes einen solchen Anruf erhält, betätigt er eine Taste, die das Überwachungsgerät bei der Deutschen Telekom in Trier aktiviert. Gleichzeitig schaltet sich bei ihm automatisch ein mit dem Telefon verbundener Recorder ein, um das Gespräch zu dokumentieren. Bis Anfang April 1996 will Homes vier telefonische Transkontakte gehabt haben. Es sind dies Telefon-Durchsagen, die er zwar hören und mit dem Recorder belegen kann, die aber von der postalischen Überwachungseinrichtung als solche nicht registriert wurden. Demzufolge konnten ihm diese Telefonate wohl kaum über Postkabel übermittelt worden sein. Die korrekte Installation der Kontrollschaltung kann Homes übrigens durch ein postamtliches Dokument belegen.

Interessant ist, daß sich nicht nur bei uns, sondern offenbar auch in Transbereichen Kommunikationsgruppen bilden, die an einer kontinuierlichen Informationsübermittlung interessiert zu sein scheinen. So meldet sich z. B. bei dem Luxemburger *Cercle d'Etudes sur la Transcommunication CETL* (Harsch-Fischbach) Konstantin Raudive mit einer Transkontaktgruppe *Zeitstrom-Cozeit* und eine angeblich nichthumanoide höhere Wesenheit *Techniker/Archivar.*
Bei Homes manifestierte sich am 15. Januar 1996 um 07.45 Uhr MEZ per Computerausdruck erstmals Konstantin Raudive mit einer Gruppe, die sich *Föderation des Lichts (FDL)* nennt. Sie überraschte den inzwischen mit Transkontakten kaum noch zu beeindruckenden Homes durch die lakonische Ankündigung: *Wir, die so lebendig sind wie Ihr«,* was erneut an Myers »Erfahrungsbericht« aus dem Jenseits erinnert. Sehr mysteriös erscheint die Bemerkung im gleichen Computertext: »Die *Föderation des Lichts* kommt aus Eurer Zukunft und Vergangenheit, um Euch in Eurer Gegenwart zu helfen.« »Trans-Raudive« lüftet auch ein wenig den Schleier, den das Zustandekommen der Transkontakte vom Jenseits aus umgibt: »Es sei mitgeteilt, daß unsere Kontakte zu anderen Welten eine Art *Hyperraum-Brücke* benötigen, die vom kosmischen Bewußtsein aktiviert wird. Diese Tore entstehen durch kontrollierte Modulation der Geistform sowie Dimensionsverschiebungen. Die jeweiligen Sender und Empfänger halten sich teilweise in Zwischenwelten auf und ermöglichen die Transformation... Viele Menschen empfangen unsere Informationen auf telepathischem Wege [gemeint ist medial]. Die Kontakte über Eure Apparaturen bleiben selten, da Eure Physik und Logik durch Manipulation verändert wurden... Durch R4 [Adolf Homes] und andere antitechnische [sic] Kanäle öffnen wir Zeitkorridore, durch die unsere Informationen gelangen...«
Es erscheint müßig, über dieses *Hyperraum-Engineering*

20, 20a Portraitbilder des schwedischen Filmproduzenten und Transstimmen-Forschers Friedrich Jürgenson; links: lebend, rechts: Transvideobild des verstorbenen Jürgenson zum Vergleich.

21 Transkommunikationsexperte Professor Dr. Ernst Senkowski, Mainz (rechts); daneben Experimentator Adolf Homes, Rievenich, der seit einigen Jahren ständig Transmitteilungen über Radio, Fernsehen, Telefon und Computer erhält.

22 Die Deutsche Telekom, Trier, installierte in Adolf Homes' Wohnung eine Telefon-Überwachungsschaltung, um festzustellen, ob dort echte oder vorgetäuschte »Jenseitsanrufe« eintreffen. Sie bestätigte ihm, daß zwischen dem 11.11.1996 und dem 11.3.96 keine normalen Telefonate registriert wurden. Dennoch erhielt Homes in dieser Zeit mehrere unerklärliche Anrufe, offenbar nicht über Amtsleitungen.

22a Die von der Deutschen Telekom bei Adolf Homes installierte Fangschaltung.

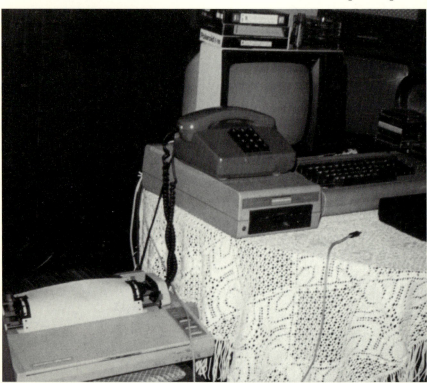

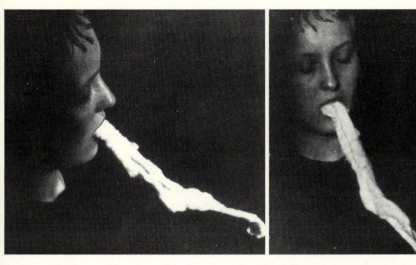

23 *Materialisation von* Ektoplasma *(Bioplasma) aus dem Mund des 19jährigen polnischen Materialisationsmediums Stanislawa P. während einer Sitzung in München am 25. Januar 1913.*

24 *Der amerikanische Nuklearphysiker Thomas E. Bearden befaßt sich seit seiner Militärzeit umfassend mit grenzwissenschaftlichen Phänomenen. Er hat für diese plausible paraphysikalische Theorien entwickelt.*

25 *Das von Bearden konzipierte »Biofeld«-Modell berücksichtigt sowohl materielle als auch immaterielle, d.h. Bewußtseins-Existenzformen. Den Übergang von einem Biofeld zum anderen bezeichnet er als »Orthorotieren«.*

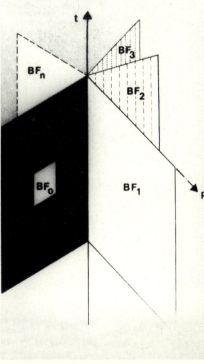

26 Amateurfotograf Tony O'Rahilly aus Wen, Grafschaft Shropshire (England), fotografierte das dortige, 1995 in Brand geratene Rathaus. Auf dem Negativ ist, von Flammen umgeben, die Gestalt eines Mädchens zu sehen, das er beim Fotografieren dort nicht bemerkt haben will. Einheimische wollen in ihm die Gestalt von Jane Churm erkannt haben, die 1677 versehentlich den Ort in Brand gesteckt hatte.

Spekulationen anzustellen, da es auf einer für uns Irdische nicht nachvollziehbaren Logik und »Physik« beruht. Vage Anhaltspunkte bieten allenfalls die vom Autor in einigen seiner Bücher angedeutete und an den Universitäten von Princeton (Professor Robert Jahn und Dr. Brenda Dunne) und Nevada (Dr. Dean Radin) erforschte *Bewußtseins-Physik*, die an quantenphysikalische Erkenntnisse anknüpft. Wem diese Berichte aus der »anderen Welt« – einer von vielleicht unendlich vielen parallelen Realitäten – suspekt erscheint, möge sich an die in jüngster Zeit mehrenden TV-Berichte über High-Tech-Computer und ihre weltweite Vernetzung, an die zunehmende Erschließung des *Cyberspace*, an die zahllosen Experimente mit der sogenannten *künstlichen Intelligenz* und an die schrecklichen Versuche zur Manipulation des menschlichen Bewußtseins (vgl. *PSI-Agenten*; Langen Müller, 1994) erinnern. Transkontakte sind nur eine logische Folge dieser Entwicklung. Daß sie auf den ersten Blick einem jeden von uns »unmöglich« erscheinen, hängt mit unserer einseitig-materialistischen Programmierung, mit der Nichtmiteinbeziehung des anders-dimensionalen, körperunabhängigen Bewußtseins in biologische und physikalische Prozesse zusammen. Mit zunehmender Sensibilisierung der High-Tech-Bereiche wird man der von der Parapsychologie und progressiven Neuen Physik als »Wirkmechanismus« schon längst entdeckten »Bewußtseins-Connection« mehr Bedeutung beimessen müssen.
Erschreckt hat mich ein Bericht in dem amerikanischen Magazin *Omni* (8/1990), in dem die spätere Möglichkeit einer Überwachung des menschlichen Bewußtseins – der Gedanken, Absichten, Meinungen usw. – als eine moderne Form der Verbrechensverhinderung prognostiziert wird. Es heißt hier in einem Beitrag, mit dem auf die Art der Überwachung anspielenden Titel *Crime Bytes Back*: »Im Jahre 2025 könnten die [technischen] Voraussetzungen, sich in die Gedanken der Menschen einzuschalten, soweit gediehen sein, daß

vielleicht schon die Vorstellung, ein Verbrechen zu begehen, illegal wäre.« Diese Prognose macht deutlich, daß sich Wissenschaftler, trotz gegenteiliger Behauptung, schon heute zumindest theoretisch mit der Integration des Bewußtseins in unsere technische Realität befassen. Ob zum Guten oder zum Schaden der Menschheit, wird sich noch zeigen. Diese Entwicklung dürfte jedenfalls nicht aufzuhalten sein.

VII

Die »Untoten« – Begegnungen der virtuellen Art

> »*Der Grundirrtum der bisher vorherrschenden
> materialistischen Wissenschaft bei Ihnen
> besteht darin,
> daß Sie versuchen,
> das Gesetz von Ursache und Wirkung,
> das in einem beschränkten Bereich richtig ist,
> auf alle Erscheinungen zu übertragen,
> auch auf solche,
> wo es keine Gültigkeit hat.*«
>
> Transwesenheit »Raudive« im Dezember 1988
> im Direktstimmen-Kontakt

Wysox ist ein kleiner, unbedeutender Ort im Norden von Pennsylvania, nach dem man in den üblichen Landkarten vom amerikanischen Kontinent vergeblich sucht. Hier kennt jeder jeden, hier geschieht nichts Ungewöhnliches. Bis zu jenem feucht-heißen August-Nachmittag des Jahres 1927...
Einem der wenigen dort haltenden Busse entsteigt ein untersetzter rothaariger Mann. Seine Ankunft bleibt nicht unbemerkt. Lillian Parks Tante, Ethel Gilley und einige andere Frauen, die unmittelbar neben der Bushaltestelle Einkäufe tätigen, beobachten den Fremden, der sich nach einer Unterkunft erkundigt. Man empfiehlt ihm ein kleines Hotel, in dem er dann auch absteigt. An der Rezeption fragt er eher beiläufig nach einer Familie Weston und erfährt, daß diese drei Meilen südlich von Wysox eine Farm bewirtschaftet. Er dankt dem Informanten und verläßt daraufhin das Hotel. Es sollte dies das letzte Mal sein, daß ihn jemand lebend zu sehen bekommt.

Drei Tage später, am 29. August, entdeckt der 14jährige Ben Weston den nackten Körper des rothaarigen Fremden in einem Flüßchen ganz in der Nähe des Anwesens seiner Eltern. Sogleich meldet er seinen Fund dem Ortssheriff. Die Obduktion der Leiche ergab, daß der Mann ermordet worden war.
Natürlich fiel der Verdacht sogleich auf die Westons. Diese bestritten jedoch vehement, den Rothaarigen gekannt oder auch nur gesehen zu haben. Man konnte ihnen nichts nachweisen. Niemand wurde verhaftet, und die schreckliche Tat blieb ungesühnt. Da die Leiche keine besonderen Merkmale aufwies, konnte man den Fremden auch nicht identifizieren. Nachforschungen ergaben lediglich, daß der Ermordete aus südöstlicher Richtung, möglicherweise aus New York, angereist war. Damit schien der Fall abgeschlossen zu sein.
Zwei Jahre nach dem tragischen Geschehen beschlossen die Westons nach West Virginia zu übersiedeln. Sie verkauften ihre Farm an Lillian Parks Tante Ethel und Onkel Charles. Die aber sollten in ihrem neu erworbenen Heim schon bald mit Ereignissen konfrontiert werden, deren Hergang die Vermutung aufkommen ließ, daß die Westons doch etwas mit der Ermordung des Fremden zu tun hatten. Noch im gleichen Jahr besuchte die verwitwete Harriet McClure in Begleitung ihrer Tochter Lillian ihre Schwester Ethel, um auf deren Farm ein paar Wochen Urlaub zu machen.
Die inzwischen verheiratete Lillian Parks erinnert sich: »Sofort nach unserem Eintreffen bei Tante Ethel in Wysox ließ diese uns wissen, daß sie seit kurzem unter einer zuvor nie gekannten Nervosität litt. Schon dreimal habe sie, als sie sich im zweiten Stock aufhielt, im Parterre merkwürdige Geräusche vernommen. Als sie nachschaute, habe sie, zu Tode erschrocken, den rothaarigen Fremden mit einem großen dunkelhäutigen Mann in Overalls kämpfen gesehen. Die durch den heftigen Kampf verursachten Geräusche – die dumpfen Schläge und das Stöhnen – zehre allmählich an ihren Ner-

ven. Sie seit stets in ihr Nähzimmer geflüchtet und habe dieses erst dann verlassen, wenn Onkel Charles von der Arbeit nach Hause kam. Der aber wurde jedesmal wütend und behauptete, daß sie eine allzu üppige Phantasie besäße.
Am 28. Juli, als wir ungefähr eine Woche dort verbracht hatten, wurden wir selbst unverhofft Zeugen des unheimlichen Phantomkampfes am Treppenaufgang. Meine zehn Jahre alte Kusine Gail und ich befanden uns im Nähzimmer, um Puppenkleider zu nähen, während Mutter und Tante Ethel an der Nähmaschine hantierten. Plötzlich vernahmen wir die Geräusche, über die unsere Tante gesprochen hatte. Wir stürzten nach draußen und sahen an den untersten Treppenstufen wie zwei Männer leise fluchend miteinander kämpften. Innerhalb weniger Minuten verblaßte die makabre Szene, erstarben die aufgeregten Stimmen. Tante Ethel warf uns einen vielsagenden Blick zu und meinte schließlich, ›ich habe es euch ja gesagt‹.
Onkel Charles mußte an diesem Abend zugeben, daß seine Frau sicher nicht phantasiert habe. Er schloß nicht aus, daß dem rothaarigen Mann in ihrem Haus Gewalt angetan worden war und forderte uns auf, für den Ruhelosen zu beten. Unsere Gebete müssen wohl erhört worden sein, denn Tante und Onkel lebten noch viele Jahre in ihrem großen weißen Haus, ohne die Kampfszene noch einmal erleben zu müssen.«
Erscheinungen dieser Art sind äußerst realistisch wirkende, schockierende und furchteinflößende Erlebnisse, über die schon seit Jahrtausenden in mündlichen und schriftlichen Überlieferungen der meisten Natur- und Kulturvölker berichtet wird. Einbrüche fremder Realitäten in unsere materielle Welt hinterlassen bei den meisten von uns begreiflicherweise Verständnislosigkeit, Ängste und Widerwillen, was nicht verwunderlich ist, da wir uns urplötzlich Situationen gegenübersehen, die wir nicht unter Kontrolle haben.
Die Zahl derer, die einmal oder wiederholt mit Erscheinun-

gen konfrontiert wurde, dürfte mittlerweile in die Millionen gehen. Häufig waren sie Gegenstand akribischer Untersuchungen, so vor allem in den neunziger Jahren des vorigen und in den dreißiger, vierziger und siebziger Jahren dieses Jahrhunderts. Sie zählen zu den interessantesten Erfahrungen der Menschheit, da sie, als typische Bewußtseinsphänomene, ähnlich wie die mediale und instrumentelle Transkommunikation, für das »Überleben« unserer Bewußtseinspersönlichkeit sprechen könnten.
Schauplätze spukhafter Erscheinungen sind nicht allein historische Bauwerke – Schlösser, Burgen, Ruinen –, fluchbeladene Herrenhäuser, Friedhöfe und Schlachtfelder. Man begegnet ihnen ebenso in modernen Apartments, in Flughäfen, Bahnhöfen und Konzertsälen. Und dies keinesfalls ausschließlich zur nachtschlafenden Zeit im halbwachen Zustand oder im Traum, sondern auch bei hellichtem Tage, im dichtesten Verkehrsgewühl und in Anwesenheit Dritter.
Grundsätzlich wäre zwischen Erscheinungen – ausgetretene Astralkörper – Toter, Sterbender und Lebender zu unterscheiden. Es handelt sich bei diesen Manifestationen allemal um Projektionen des menschlichen Bewußtseins in das Unbewußte anderer Personen, ganz gleich, wo immer sich diese auch aufhalten mögen.
Man hat festgestellt, daß die Beweggründe für das Erscheinen »Verstorbener« unterschiedlicher Natur sein können: Reue über begangene Fehler, über Unrecht, das man anderen zeitlebens zugefügt hat, unerledigt gebliebene Vorhaben, eine allzu enge Verbundenheit mit irdischen Besitzständen, der bei einer Gewalttat erlittene Schock oder das Unvermögen, die neue Situation – das materielle »Totsein« – zu begreifen.
Jenseitige Bewußtseinspersönlichkeiten – im pervertierten Sprachgebrauch auch als »Untote« bezeichnet – manifestieren sich auf ganz unterschiedliche Weise: Als »Präsenzen« – subjektiv wahrgenommene unsichtbare Wesenheiten –,

sichtbare Erscheinungen und sogenannte *Materialisationen*, dreidimensional-lebendig wirkende Phantome, die man gelegentlich sogar anfassen kann.

Gerade wegen der Vielzahl gut bezeugter Fälle von Erscheinungen Lebender, die durch Astralkörperaustritte zustande kommen, müssen sichtbare Manifestationen Verstorbener ernstgenommen und als potentielles Indiz für die Fortexistenz unserer Bewußtseinspersönlichkeit in einer anderen Realität gewertet werden. Mit ihnen wollen wir uns in der Folge beschäftigen.

1 »Ghosts« – Hologramme des Bewußtseins

Paranormale Erscheinungen, gleich welcher Herkunft, wurden entsprechend den Vorstellungen einer rein materialistisch geprägten Wissenschaftsphilosophie bislang als Wachtraumprodukte oder, schlimmer noch, als pathologisch bedingte Halluzinationen geltungssüchtiger Phantasten gedeutet. Dies ist um so bedauerlicher, als daß gerade jüngste Untersuchungen an den Universitäten von Princeton und Nevada die überragende Rolle des »nichtphysikalischen« Bewußtseins in der physikalischen Realität immer deutlicher erkennen lassen. Gemeint sind vor allem die temporäre Aufhebung physikalischer Gesetzmäßigkeiten durch den Einfluß übergeordneter Bewußtseinsfelder (vgl. Kapitel III/3) sowie des Ursache-Wirkungs-Prinzips, an dessen Stelle der Begriff *Gleichzeitigkeit* zu treten hat: Unser »Jetzt« entspricht auch allen Zeitpunkten in der Zukunft und *gleichzeitig* ebensolchen in der Vergangenheit. Zeit degeneriert unter dem Gesichtspunkt einer omni-dimensionalen Ewigkeit zum Nichts.
Obwohl dies von Albert Einstein schon vor achtzig Jahren postuliert wurde, hat das Gros unserer Naturwissenschaftler selbst heute noch Mühe, seine verwegenen Gedankengänge nachzuvollziehen, in die Praxis umzusetzen. Daher laviert man, gewollt oder ungewollt, scheinbar anomale (Psi-)Phänomene vorschnell ins erkenntnistheoretische Abseits, überläßt man deren Deutung nur allzugern Psychologen, Psychiatern, Neurologen und... natürlich auch den

Theologen. Dabei gilt die Einflußnahme des Bewußtseins auf unsere materielle Welt allein schon durch die Einführung des quantenphysikalischen Begriffs des *Beobachtereffekts* – der Beobachter verursacht den Zusammenbruch der Wellenfunktion – als erwiesen. Hieraus erhellt nicht zuletzt auch die Realität vieler spektraler Erscheinungen, die der Autor als Projektionsprodukte des Bewußtseins in unterschiedlichen Darbietungsformen verstanden wissen will:
– *Erscheinungen Lebender* sind gewollt oder ungewollt herbeigeführte Astralkörperprojektionen des eigenen Bewußtseins in das Bewußtsein anderer, wie zuvor (Kapitel V) ausführlich beschrieben.
Für die Fähigkeit an zwei oder mehr Orten zur gleichen Zeit zu erscheinen, wurde der Begriff *Bilokation* (eigentlich: Zweiörtlichkeit) eingeführt. In der Antike schrieb man sie unter anderem dem *Apollonius von Tyana, Aristeas* und *Pythagoras*, in der christlichen Überlieferung dem *Antonius von Padua, Severus von Ravenna* und zahlreichen anderen Heiligen sowie, in neuerer Zeit, dem italienischen Franziskaner *Pater Pio* (Francesco Forgione, 1887–1968) zu.
– *Erscheinungen Sterbender*, deren Bewußtsein im Begriff steht, sich vom biologischen Körper zu trennen, um in der *Hyperwelt* (Jenseits) Aufnahme zu finden. Mit ihrem Erscheinen – es gibt Tausende gut bezeugter Fälle dieser Art – wollen sie nahestehenden Personen ihr Ableben bzw. ihre Fortexistenz in einer »Nachwelt« signalisieren.
– *Erscheinungen Verstorbener* (auch: *Psi-Halluzinationen*), deren autonomes Transbewußtsein sich nachts im halbwachen Zustand, im Traum oder in Trance, aber auch bei Tage, in veränderten Bewußtseinszuständen im Unbewußten des Wahrnehmenden manifestiert.
Treten ein und dieselben Phantome (und Geschehnisse) am gleichen Ort oder in der gleichen Gegend auf, spricht man von ortsgebundenen Erscheinungen – ein »Endlos-Prozeß«, der darauf hindeuten könnte, daß alles in unserer ma-

teriellen Welt filmartig und sich-ständig-wiederholend abläuft.

Nicht selten werden Erscheinungen selbst bei Tage von mehreren Personen gleichzeitig wahrgenommen. Obwohl solche Mehrfachsichtungen von Skeptikern gelegentlich mit telepathischer Übertragung des einmal Wahrgenommenen ins Bewußtsein anderer anwesender Personen begründet wird, kommt diesem Phänomen dennoch besondere Bedeutung zu. Dies vor allem, weil in einigen gut bezeugten Fällen jeder der Anwesenden die Erscheinung in einer anderen Form und/oder in einer anderen Handlung wahrgenommen haben will. Dadurch erfährt der angeblich auf Telepathie beruhende »Stimmgabel«-Effekt eine erhebliche Einschränkung.

Es gibt zahlreiche Fälle, in denen den Wahrnehmenden das Ableben der »gesichteten« Person gar nicht bekannt und auch nicht zu erwarten war. Über ein solches besonders aussagekräftiges Erlebnis berichtet Andrew MacKenzie in *Apparitions and Ghosts* (Erscheinungen und Geister). Es betrifft einen 15jährigen Schüler namens Healey, der zur damaligen Zeit bei seinen Eltern in Middleton, einem Vorort von Leeds (England) lebte: »Ich fuhr am 16. oder 17. Juni 1935 mit dem Rad von der Schule nach Hause. Ich kam die Dewsbury Road in Leeds herunter und befand mich an einer verkehrsreichen Straße, dem Hunslet Hall Road. Da sah ich meinen Großvater James Healey, der mir entgegenkam und in die andere Richtung ging. Als ich in etwa zwei Meter Entfernung an ihm vorbeifuhr, winkte ich ihm zu und rief, ›Hallo, Opa!‹. Ich war gewohnt, ihn etwa hier zu treffen, weil er regelmäßig zwei- oder dreimal pro Woche in einem Geschäft in der Nähe Tabak kaufte. Er hob sich durch seinen üppigen Schnauzbart und einen Spazierstock, den er stets bei sich trug, von der Umgebung ab. Wie üblich hob Großvater seinen Stock, winkte zurück und rief, ›Hallo, Morton!‹.

Ich fuhr weiter und Großvater setzte seinen Weg nach Hause fort. Ich sah mich nicht um... Wenige Minuten später kam ich nach Hause und erzählte meiner Mutter und meinem Stiefvater beiläufig, daß ich Großvater unterwegs getroffen habe. Sie schwiegen lange und sahen sich an. Dann sagte mein Stiefvater, ›du erzählst es ihm am besten‹, und ging aus dem Zimmer. Daraufhin teilte mir meine Mutter mit, daß mein Großvater vor drei Tagen gestorben sei.«

Die Lokalzeitung *Evening Gazette* berichtete im September 1981 über einen ähnlichen Vorfall, wonach ein in Colchester (Essex) ansässiges Ehepaar einen acht Tage zuvor durch Selbstmord aus dem Leben geschiedenen Bekannten, kurz nachdem man seine Leiche entdeckt hatte, auf dem dortigen Marktplatz lebend gesehen und ihm sogar die Hand geschüttelt haben will. Man hatte Gerald Marten in seiner Garage in Braintree (Essex) tot aufgefunden. Gerichtsmediziner wollen festgestellt haben, daß der Tote bereits eine Woche dort gelegen habe. Die Mutter des Verstorbenen, Pauline Heath, beschrieb die Bekannten ihres Sohnes als glaubwürdige, ernstzunehmende Menschen, die, jeder Publicity abgeneigt, anonym bleiben wollten.

Sollte das Ehepaar dies alles nur halluziniert oder gar »erfunden« haben? Wohl kaum. Innerhalb unserer Realität wäre der vermeintliche Händedruck ohnehin nur subjektiv zu werten. D. h., Umstehende müßten beobachtet haben, wie die beiden einen Unsichtbaren begrüßten, wie sie mit jemandem sprachen, der gar nicht materiell anwesend war. Oder könnte es gar sein, daß auch sie eines lebensecht wirkenden Phantoms ansichtig wurden, daß eine kleine Enklave des Marktplatzes für einen Augenblick mit der parallelen Realität des Verstorbenen überlappte, in der der Händedruck objektiv stattfand?

Von ortsgebundenen Erscheinungen geht eine unglaubliche Faszination aus. Sie lassen uns die unzähligen Realitäten und Existenzen jenseits unserer vierdimensionalen Welt

schwach erahnen. So berichtete der schwedische Arzt und Psychiater Nils O. Jacobson über den Fall eines Völkerkundlers, der in einer abgelegenen Gegend selbst zweimal mit der gleichen Erscheinung konfrontiert worden war: »Anfang August 1967 fuhr ich gegen 22 Uhr mit dem Auto auf der Landstraße 119 westlich von Ryd (Schweden), ungefähr ein Kilometer von der Grenze vor Schonen. Die Nacht war sternenklar, es herrschte völlige Windstille. Ich hatte mich bequem zurückgelehnt, fuhr mit etwa 90 Stundenkilometer und hatte das Radio angestellt, als ich ein paar hundert Meter vor mir im Scheinwerferlicht mitten auf der Straße etwas sah. Ich dachte zunächst, es sei ein Tier, als ich aber näher kam, konnte ich sehen, daß es ein Mensch war, der offenbar überhaupt nicht bemerkte, daß sich ein Auto näherte. Ich blendete mehrmals auf und ab, jedoch ohne Erfolg. Ich hatte schon einmal einem Betrunkenen, der mitten auf der Straße vor mir hergegangen war, im letzten Augenblick ausweichen müssen. Daran dachte ich jetzt und trat kräftig auf die Bremse. Mein Erstaunen wuchs, als ich mich dem Mann näherte. Niemals hatte ich an einem heute lebenden Menschen so altertümliche Kleidung gesehen. Ich war jetzt ganz nahe an ihn herangekommen und fuhr im Schneckentempo so weit links wie möglich [damals galt in Schweden noch Linksverkehr].
Der Mann trug einen lose sitzenden blusenartigen, kragenlosen grauen Rock aus grobem Tuch, der in der Taille von einem Lederriemen zusammengehalten wurde. Sein Rock bauschte sich über und unter dem Riemen. Die Hosen waren grau und aus dem gleichen Material wie der Rock. Auch sie hingen lose herab und waren unter den Knien mit Riemen festgebunden. Riemen waren auch kreuzweise um Schienbein und Waden gewickelt und an mokassinartigen, weichen Lederschuhen befestigt. Auf dem Kopf trug er einen dunklen halbkugelförmigen Hut. Über seine linke Schulter hatte er den Riemen einer Jagdtasche geschlungen,

die an seiner rechten Hüfte hing. An seiner linken Hüfte baumelte ein Pulverhorn. In der linken Hand hielt er eine lange Büchse...

Ich konnte erkennen, daß der Mann lange Haare und einen recht üppigen Bart hatte. Ich hoffte, er würde sich umdrehen, so daß ich sein Gesicht sehen könnte. Aber er kümmerte sich nicht im geringsten um mich, sondern ging mit leichten, federnden Schritten geradeaus weiter. Mit dem Blick starr auf seinen Kopf gerichtet fuhr ich weiter, bis ich direkt neben ihm war. Aber im gleichen Augenblick, als ich ihn durch das Seitenfenster hätte sehen müssen, war er auch schon verschwunden.

Ich trat voll auf die Bremse, schaltete das Rücklicht ein und sprang aus dem Wagen, in der Annahme, daß er hingefallen sei. Aber die Straße lag öde und verlassen da... Leider packte mich jetzt der Schrecken, und ich fuhr im Höllentempo davon.

Ende November des gleichen Jahres fuhr ich wieder auf dieser Straße. Zur gleichen Zeit und am selben Platz begegnete ich dem Mann noch einmal. Im Unterschied zum ersten Mal war die Straße naß und dunkel. Daher sah ich ihn jetzt im Scheinwerferlicht noch deutlicher. Auch war mittlerweile Rechtsverkehr eingeführt worden, so daß meine Möglichkeiten, den Mann zu beobachten, noch besser waren, als ich ihn nun rechts überholte... Ich beschloß, den Dingen auf den Grund zu gehen. Deshalb fuhr ich jetzt im Leerlauf, öffnete ein wenig die Tür, schaltete das Rücklicht ein und griff, bevor ich langsam an der sonderbaren Erscheinung vorbeirollte, nach meiner Taschenlampe. In diesem Moment entdeckte ich, daß der Mann einen Schatten warf, was ich beim ersten Mal nicht bemerkt hatte.

Wie ich geahnt hatte, verschwand er in gleicher Weise, wie beim ersten Mal. Nur eine Sekunde danach war ich auf der Straße, die ebenso still dalag wie damals. Nicht das geringste Geräusch von Schritten oder Knistern im Wald. Niemand hatte sich im Straßengraben versteckt und nirgends waren Fußspuren zu sehen.«

Beim zweiten Mal prüfte Jacobsons Informant akribisch alle möglichen äußeren Einflüsse, die eine Täuschung hätten verursachen können. Er konstatierte: Windstille, sternenklarer Himmel, Straße unbeleuchtet, keine Häuser in der Nähe und niemand weit und breit. Es gab da keine Büsche und Bäume, kein Gestell für Milchkannen und keine Straßenschilder – nichts Verdächtiges.

Nach dem zweiten Zwischenfall erkundigte sich der Autofahrer im nächstgelegenen Dorf diskret, ob man von einem »Original« gehört habe, das mit einer Büchse in der Hand nächtens durch die Gegend streife. Die Menschen dort reagierten auf seine Frage höchst merkwürdig, wollten oder konnten ihm offenbar nichts Genaues sagen. Nur eine schwerhörige alte Frau, der er seine Frage ein zweites Mal stellen mußte, meinte erschrocken, »Jesus, er hat den alten Mann gesehen.«

Auch in diesem besonderen Fall muß man sich fragen, ob der Autofahrer tatsächlich nur die *Projektion* eines Verstorbenen *in seinem Bewußtsein* wahrgenommen hatte oder ob er auf einem bestimmten Streckenabschnitt vorübergehend *in eine parallel zu unserer Zeit ablaufende Zeitperiode* geraten war, in der jene unheimliche Gestalt tatsächlich existierte – »existiert« wäre dann wohl richtiger.

In der »Ghost«-Literatur finden sich zahlreiche Fälle vermeintlicher Kollisionen mit Phantomgestalten. Autofahrer können beim plötzlichen Auftauchen (Materialisieren) solcher real wirkenden Erscheinungen nicht mehr rechtzeitig bremsen und fahren durch diese »hindurch«, meist nicht ohne einen gehörigen Schrecken davonzutragen.

Achim Schirner aus Marktzeuln nahe Coburg will vor wenigen Jahren einen solchen »Zusammenstoß« erlebt haben. Einer meiner Leser, Thomas Klemenz, der diesen Fall persönlich recherchierte, berichtet: »Er (Schirner) näherte sich mit 90 bis 100 Stundenkilometer unserem Dorf, als etwa am Ortseingang ein Mann mit dunklem knielangem Mantel, Cowboyhut und ebensolcher Hose mitten auf der Fahrbahn stand, seinen Blick auf das herannahende Auto gerichtet. Sein gesamtes Erscheinungsbild wurde mir als ›altmodisch‹ beschrieben, etwa im Stil der 50er oder 60er Jahre. Der zu Tode erschrockene Fahrer leitete sofort eine Vollbremsung ein, merkte aber, daß der Bremsweg nicht ganz ausreichen würde, um einen Zusammenstoß mit dem Mann zu vermeiden, der unentwegt seine Position innehielt. An dem Punkt, an dem der Aufprall hätte erfolgen müssen, geschah das Unglaubliche: Er fuhr durch den Mann hindurch. Als er die bewußte Stelle passiert hatte und ganz verwundert in den Rückspiegel sah, stellte er fest, daß der Mann immer noch auf der Straße stand, diesmal in die andere Richtung blickend, ihm nachschauend. Sofort wurde meinem Bekannten klar, daß er eine Wesenheit ›überfahren‹ hatte, die nicht von dieser Welt war.«

Mitunter projizieren auf tragische Weise ums Leben gekommene Personen die in ihrem Bewußtseinsfeld gespeicherten Persönlichkeitsengramme ins Unbewußte der ihnen nahestehenden Menschen. Mit diesen telepathisch erfolgenden Projektionen wollen sie offenbar ihren Übergang in die jenseitige Realität signalisieren, den »Empfänger« der Mitteilung auf die erst später eintreffende (offizielle) »Todesnachricht« schonend vorbereiten.

Am Abend des 24. November 1944 lag die Mutter von Ronald Sokell, der im Zweiten Weltkrieg als Offizier in der Royal Air Force diente, zu Hause im Bett und schlief. Der Mond schien hell, als sie gegen zwei Uhr erwachte und beim Hochschauen plötzlich ihren Sohn in seiner Fliegeruniform vor sich stehen sah. Er schien vollkörperlich anwesend zu sein. »Hallo, Ron«, sprach sie ihn an. Er aber antwortete ihr nicht, obwohl er auf sie herabschaute. »Ron« war still, vielleicht ein wenig verwirrt, womöglich, weil sein Vater nicht neben ihr lag [als Geistlicher hielt er in jener Nacht irgendwo eine Predigt]. Frau Sokell, die weder verängstigt noch beunruhigt war, schlief gleich wieder ein. Als sie zwei Stunden später erneut erwachte, stand die Gestalt ihres Sohnes immer noch an der gleichen Stelle. Obwohl sie »Ron« erneut ansprach, antwortete er nicht. Nur zwei Tage später erhielten die Sokells vom Kriegsministerium Bescheid, daß ihr Sohn vom Feindflug nicht zurückgekehrt sei. Frau Sokell hatte die Erscheinung ihres Sohns genau in der Nacht gesehen, die ihm zum Verhängnis geworden war.

Es gibt sogar Fälle, in denen die Verstorbenen den Wahrnehmenden andeuten, wie sie zu Tode kamen. Der bekannte amerikanische Parapsychologe Scott Rogo (†) zitiert in *An Experience of Phantoms* (Ein Phantom-Erlebnis) eine Mrs. Paquet, die mitten in der Nacht erwachte, um sich eine Tasse Tee zuzubereiten. Doch dazu kam sie erst gar nicht: »Ich drehte mich um und sah meinen Bruder Edmund, der nur wenige Meter von mir entfernt dastand... Er drehte mir den Rücken zu... und war im Begriff, nach vorn zu fallen – weg von mir –, scheinbar vorwärtsgetrieben von zwei Schlingen... eines Seiles, das an seinen Beinen zerrte. Dann verschwand er über eine niedrige Reling oder Schiffswand... Ich ließ die Tasse sinken, schlug die Hände vors Gesicht und rief: ›Mein Gott, Ed ist ertrunken!‹«

Später stellte es sich heraus, daß ihr Bruder tatsächlich ertrunken war, genau so, wie sie es offenbar im veränderten Bewußtseinszustand wahrgenommen hatte. Die zeitliche Differenz zwischen dem Geschehen und der nächtlichen Manifestation betrug sechs Stunden.

Wenn gleich zwei Personen die Gestalt eines Verstorbenen sehen, die zudem noch einen Schatten wirft, versagen alle herkömmlichen Erklärungsmöglichkeiten. Hier wäre ein Erscheinungsfall zu zitieren, den kein geringerer als der berühmte englische Mathematiker und zeitweilige Präsident der S.P.R., G.N.M. Tyrrell, in seinem Buch *Appari-*

tions (Erscheinungen) schilderte. Eine Frau P. und ihr Ehemann hatten sich zur Ruhe begeben. Sie hockte noch eine Weile neben dem Kinderbett, um ihr Baby zu betrachten. Die Schlafzimmertür war verschlossen und das Licht brannte. Frau P. wörtlich: »Gerade brachte ich meinen Körper... in eine halbsitzende Position und dachte an nichts anderes, als an meine Besorgungen am nächsten Tag, als ich plötzlich zu meinem größten Erstaunen am Fuß meines Bettes einen Herrn stehen sah, der wie ein Marineoffizier gekleidet war... Sein Gesicht lag, von mir aus gesehen, im Schatten...
Der Besucher lehnte mit beiden Armen auf der Bettkante. Ich war zu verblüfft, um Angst zu haben, fragte mich aber, wer dies wohl sein könnte. Sofort berührte ich meinen Mann, dessen Gesicht von mir abgewandt war, an den Schultern und sagte, ›Willi, wer ist das?‹ Mein Mann drehte sich um und schaute nur wenige Sekunden erstaunt auf den Eindringling. Indem er sich etwas aufrichtete, rief er, ›Was zum Teufel tun Sie hier, Sir?‹ Als die Erscheinung Haltung angenommen hatte, ließ sie mit einer gebieterischen, vorwurfsvollen Stimme ›Willie, Willie‹ vernehmen.
Ich beobachtete meinen Mann und bemerkte, daß er vor Aufregung im Gesicht ganz weiß war. Er sprang aus dem Bett, so, als ob er sich auf den Fremden stürzen wolle, hielt aber, total verwirrt, neben dem Bett inne, während das Phantom gemächlich der Zimmerwand zustrebte, die im rechten Winkel zur Lampe lag. Als es die Lampe passierte, fiel ein langer Schatten in den Raum... Dann verschwand die Gestalt. Es schien, als sei sie von der Wand verschluckt worden. Mein Mann war sehr aufgeregt. Er griff nach der Lampe und sagte, ›Ich werde im ganzen Haus nachsehen und feststellen, wohin er gegangen ist.‹ ... Ich erinnerte mich aber, daß die Schlafzimmertür abgeschlossen war und daß der geheimnisvolle Besucher diese auch gar nicht benutzt hatte.«

Frau P. fragte sich, ob die Erscheinung darauf hindeuten könnte, daß ihr Bruder, der bei der Marine diente, vielleicht in Schwierigkeiten sei. Ihr Mann meinte später, nachdem er das Haus von oben bis unten durchsucht und nichts Verdächtiges gefunden hatte, daß es sich bei dieser Erscheinung um eine Manifestation seines verstorbenen Vaters gehandelt haben müsse, der in jungen Jahren Marineoffizier gewesen war.
Was diesen Fall so interessant macht, ist die Tatsache, daß es sich hierbei kaum um eine »Halluzination« im herkömmlichen Sinne gehandelt haben kann. Frau P., die gar nicht wußte, daß der Vater ihres Mannes früher einmal Marineoffizier gewesen war, scheidet als Verursacherin der Erscheinung aus. Diese muß sich ohne ihr Zutun manifestiert haben. Vielleicht hatte sie ihr Mann erträumt, sie in beider Unbewußtem aktiviert. Der »Schatten« war wohl auch hier Teil der Gesamterscheinung.
Geradezu unglaublich nimmt sich ein Erlebnis aus, das, wie das amerikanische Spitzenmedium Alan Vaughan zu berichten weiß, die berühmte Thanatologin Elisabeth Kübler-Ross gehabt haben will. Eines Tages, als sie wieder einmal völlig frustriert an ihrem Schreibtisch saß und darüber nachgrübelte, wie viele ihrer Freunde nicht mehr unter den Lebenden weilten, bemerkte sie beim Hochschauen eine ihrer früheren Patientinnen, die schon vor Monaten verstorben war. Die vollmaterialisierte Wesenheit forderte sie auf, mit ihrer wichtigen Tätigkeit der Erforschung des Sterbens und nachtodlicher Zustände fortzufahren. Kübler-Ross, die zunächst nicht fassen konnte, was sich da vor ihren Augen abspielte, die zu halluzinieren glaubte, bat die Gestalt um einen schriftlichen Echtheitsbeweis. Nachdem diese sich mit ihrem Schriftzug auf einem Blatt Papier verewigt hatte, verschwand sie mit einem sanften Lächeln.
Kübler-Ross eilte sofort zum Aktenschrank, um ihm die Akten besagter Person zu entnehmen. Die Unterschrift auf

dem Krankenblatt stimmte haargenau mit der überein, die sie gerade von der ihr erschienenen Wesenheit erhalten hatte. Dieser Vorfall soll sie damals zum Weitermachen bewogen haben.
Bei den sogenannten *Materialisationen*, die etwa von Mitte des vorigen bis weit in die erste Hälfte dieses Jahrhunderts beobachtet wurden, handelt es sich um materialisierte (häufig lebensecht wirkende) Formen von Erscheinungen, die unter Einwirkung sogenannter *Materialisationsmedien* zustande kamen.
Nach spiritualistischer Auffassung haben wir es bei diesem Phänomen mit einer Verdinglichung eines sich manifestierenden Verstorbenen zu tun. Animisten, die in allen Psi-Phänomenen Aktivitäten lebender Personen sehen, wollen in Materialisationen gestaltende Kräfte des Bewußtseins Lebender erkennen, die sich als formgebende »Masse« des überall in der Natur vorkommenden *biologischen Plasmas (Bioplasma*, früher *Ektoplasma)* bedienen. Die meisten Materialisationsmedien produzierten ihre mitunter recht plastisch erscheinenden Phantomobjekte – Körperteile wie Köpfe, Augen, Hände, Füße oder gar komplette stationäre bzw. sich bewegende Personen, aber auch Tiere – im Dunkeln, angeblich wegen der Lichtempfindlichkeit des hierfür in Anspruch genommenen *Ektoplasmas*. Dieser Einwand, so berechtigt er auch sein mochte – zwischen Photonenaktivitäten (Lichtteilchen) und Bewußtseinsprozessen bestehen tatsächlich quantenphysikalische Zusammenhänge –, erleichterte so manchem betrügerischen »Medium« Manipulationen, bei denen verschiedene Hilfsmittel wie Stoffe, Watte, Gaze und Papier verwendet wurden.
Dennoch gab es damals auch Tageslichtmedien, wie z. B. Daniel Dunglas Home (1833–1866), der seine erstaunlichen Materialisationen selbst vor hohen Würdenträgern und gekrönten Häuptern wie Papst Pius IX., Kaiser Wilhelm II., Napoleon III. und Alexander II. von Rußland demonstrierte.

Das italienische Materialisations- und Psychokinesemedium Eusapia Paladino (1854–1918) überraschte seine Zuschauer, zu denen unter anderem auch berühmte Wissenschaftler wie die Nobelpreisträgerin Marie Curie, Ärzte, Psychiater und Kriminologen gehörten, sowohl mit echten als auch mit gestellten (getricksten) Darbietungen.
Der renommierte englische Physiker und Chemiker Sir William Crookes (1832–1919) war einer der ersten Naturwissenschaftler, der sich in den siebziger Jahren des 19. Jahrhunderts unvoreingenommen mit Materialisationsphänomenen auseinandersetzte. Er untersuchte damals unter Zuhilfenahme »selbstregistrierender« Meßgeräte das noch sehr junge Medium Florence Cook sowie Daniel Dunglas Home, die sich bei den Materialisationsexperimenten strengen Kontrollen zu unterziehen hatten.
Der deutsche Arzt Freiherr von Schrenck-Notzing experimentierte zu Beginn dieses Jahrhunderts mit der Französin Béraud, die in seinen zahlreichen Untersuchungsberichten mit dem Pseudonym *Eva C.* (C. = Carrière) vorgestellt wird. Sie produzierte mit Hilfe ihres »Kontrollgeistes« (eine jenseitige Vermittlungswesenheit) »Berthe« unter strengsten Sicherheitsmaßnahmen, die von v. Schrenck-Notzing persönlich überwacht wurden, zum Teil erstaunlich gute statische Materialisationen. Dem in seinem Bestreben um Aufhellung des Materialisationsphänomens unermüdlichen v. Schrenck-Notzing verdanken wir mehr als 200 gelungene Fotos über von ihm selbst erlebte Materialisationen und Teilmaterialisationen. Er selbst stand seinen Beobachtungen und Aufnahmen nicht unkritisch gegenüber, heißt es doch am Schluß des von ihm herausgegebenen Standardwerkes *Materialisations-Phänomene*: »Die Beobachtung der Phänomene durch die photographischen Objekte von verschiedenen Seiten läßt nun aber keinen Zweifel über den Fragmentalcharakter des Dargestellten, besonders wo es sich um Nachbildungen von menschlichen Gesichtszügen und Or-

ganen handelt. Mit dem optisch wahrnehmbaren resp. dem Licht exponierten Teil ist in den meisten Fällen das Materialisationsprodukt erschöpft. So fehlen offenbar bei den Gesichtsaufnahmen die dem Beschauer abgewendeten Gesichtshälften; niemals wurde auch bei im Relief ausgeprägten Köpfen rückwärtig ein Hinterkopf konstatiert. Die Stereoskop-Diapositive zeigen bei genauem Studium Löcher und schwarze Stellen... Auf den Phantombildern fehlen die Füße, und die Lage einer Hand ist zeichnerisch roh angedeutet. Man kann also wenigstens für die bis jetzt gemachten Beobachtungen an Eva C. den Satz als Regel aufstellen, daß eine Fortsetzung der Materialisierung von Organteilen außerhalb des Gesichtsfeldes der Beobachter nicht nachgewiesen werden konnte.« Weiter heißt es in dieser aufschlußreichen Zusammenfassung: »Während bei einem wirklichen Lebewesen die plastische Anatomie nach allen Richtungen hin entwickelt ist, sind in den vorliegenden Beobachtungen nur die sichtbaren Teile – und zwar diese auch mit Beschränkung auf die notwendigsten Ausdrucksmittel – gestaltet oder künstlerisch zur Anschauung gebracht. Wohl findet man im Schatten der Vorhänge stielartige Verlängerungen und Ansätze zu den Formen und Gesichtern, niemals aber Organe und Teile, die als notwendiger ergänzender Bestandteil bei lebenden Organismen vorhanden sein müßten. Hier liegt zweifellos eine Absicht der schöpferischen Kraft vor, deren Mittel und Können beschränkt zu sein scheinen, so daß es sich nur um die Erzeugung flüchtiger, materieller, mehr oder minder gut entwickelter Impressionen von Formfragmenten handelt, mit dem Zweck einer bestimmten Wirkung auf das Auge des Beschauers. Damit ergibt sich die wichtige Frage, ob bisher nicht das Wesen des ganzen Materialisationsprozesses mißverstanden und falsch gedeutet worden ist, indem man... die Analogien dieser teleplastischen Erzeugnisse des Mediumismus mit den lebenden Organismen überschätzte und sich von dem Bann der

›Geistervorstellung‹ nicht mehr freizumachen imstande war.«
Dieses Statement eines ehrlich bemühten Forschers läßt zwar keinen Zweifel aufkommen, daß die von ihm bei Eva C. beobachteten »Produkte« echt sind, sagt aber nichts über deren Zustandekommen aus.
Aufgrund unserer bisherigen Erkenntnisse könnte man vermuten, daß sich Materialisationen sowohl animistisch – als psychophysikalisch erzeugte Bewußtseinsprodukte –, wie auch spiritualistisch – als psychokinetische Schöpfungen jenseitiger Kräfte – deuten lassen.

2 Die Realität des Irrealen

Läßt man einmal echte Astralkörperaustritte (vgl. Kapitel V) und die zuvor beschriebenen, medial herbeigeführten Materialisationen als Sonderformen spektraler Manifestationen unberücksichtigt, wären im wesentlichen zwischen *Erscheinungen Lebender in Krisensituationen* (z. B. bei schweren Unfällen oder im Koma) und *Erscheinungen Verstorbener* zu unterscheiden. Um die Jahrhundertwende wurden von der S. P. R. rund 700 Fälle von Erscheinungen Sterbender bzw. von Personen in anderen lebensbedrohlichen Situationen untersucht. Ihnen allen schien eine telepathische Botschaft der Dahinscheidenden an Angehörige oder Freunde zugrunde zu liegen. Dies erhellt allein schon aus dem bizarren Verhalten jener »Ghosts« – aus ihrem plötzlichen Erscheinen und Verschwinden, wobei selbst verschlossene Türen und Mauern keine Hindernisse darstellen.
In einem von der S. P. R. aufgezeichneten Fall aus dem Jahre 1884 berichtete eine Engländerin über eine solche Manifestation, die wenige Sekunden dauerte und nur von ihr allein wahrgenommen wurde: »Eines Abends saß ich lesend im

Wohnzimmer, als ich beim Hochschauen neben der Tür ganz deutlich die Gestalt einer Schulfreundin stehen sah, der ich recht zugetan war. Ich wollte mich zu diesem merkwürdigen Besuch äußern, als ich zu meinem Entsetzen feststellte, daß sich, außer meiner Mutter, niemand sonst im Zimmer aufhielt. Da diese mit dem Rücken zur Tür saß, erzählte ich ihr, was ich gesehen hatte. Sie schien sich über meinen Schrecken zu amüsieren und meinte, daß ich zu viel gelesen oder aber geträumt habe. Einige Tage nach diesem seltsamen Erlebnis erfuhr ich, daß meine Freundin nicht mehr lebte. Das Sonderbare: Ich wußte nicht einmal, daß sie krank und noch weniger, daß sie in Lebensgefahr war. Deshalb hatte ich mich zum Zeitpunkt ihres Erscheinens auch nicht um sie zu ängstigen brauchen. Ihre Erkrankung war von kurzer Dauer und ihr Tod kam unerwartet. Ihre Mutter sagte mir, daß sie kurz vor ihrem Ableben über mich gesprochen habe. Sie war am gleichen Abend, etwa zur gleichen Zeit, als ich ihre Erscheinung wahrgenommen hatte, gestorben.«

Die S. P. R. untersuchte damals auch etwa 370 Fälle von Erscheinungen Verstorbener. Und diese paßten so gar nicht in die üblichen Spukszenarien, denen wir auch heute noch in Horrorromanen sowie in dümmlich-grusligen TV-Darbietungen begegnen. Richtige »Ghosts« erscheinen durchaus lebensecht, unterscheiden sich kaum vom früheren (lebenden) Original. Den »Unterschied« bemerken die meisten erst viel später. Dann nämlich, wenn ihnen voll bewußt wird, daß der Wahrgenommene schon längst tot ist oder wenn sie von Dritten über dessen plötzliches Ableben erfahren, wie im zuvor geschilderten Fall des in seiner Garage tot aufgefundenen Gerald Marten.

Celia Green vom *Institute of Psychophysical Research* in Oxford (England) sammelte in den siebziger Jahren Berichte über Erscheinungen, die sie anschließend objektiv analysierte und bewertete. Ihre Untersuchung hat gezeigt,

daß spektrale Manifestationen fast ausnahmslos auf sehr natürliche Weise erfahren werden. So fanden etwa zwei Drittel der Begegnungen mit dem »Irrealen« im jeweiligen Zuhause der Betroffenen statt, ein weiterer beträchtlicher Anteil in vertrauter Umgebung bei Freunden und Verwandten. Ein verschwindend kleiner Prozentsatz der Sichtungen wurde vom Arbeitsplatz und völlig fremden Orten berichtet.
Aus Greens Bericht geht hervor, daß sich 97% aller Erscheinungen völlig unerwartet manifestieren. Viele der Befragten berichteten, an den Erscheinungen bis zu deren Verschwinden nichts Ungewöhnliches bemerkt zu haben. Sie verschwanden von einer Sekunde zur anderen oder entfernten sich auf recht sonderbare Weise durch Zimmerwände oder andere massive Objekte. Keine der von Green erfaßten Personen will zum Zeitpunkt der Sichtung unter Streß gestanden haben. Die meisten Erscheinungen (etwa 84%) waren visueller Art. Was die anderen quasi-sensorischen Erscheinungsformen anbelangt, wurden von 37% der Erfaßten ungewöhnliche Hör-, von 15% taktile (Berührungs-) und von 8% olfaktorische (Geruchs-)Manifestationen gemeldet. In vielen Fällen waren an der paranormalen Erfahrung mehr als nur eine »Sinneswahrnehmung« beteiligt.
Die Oxford-Studie macht deutlich, daß sich Erscheinungen recht unterschiedlich ins Unbewußte des Wahrnehmenden drängen können: angefangen vom Gefühl der Anwesenheit unsichtbarer Entitäten (Präsenzen), über das Auftreten materiell oder teilmateriell erscheinender Phantome, die in unsere gewohnte Realität hineingleiten, bis hin zu komplexen Szenarien, bei denen die Umgebung des Betreffenden verändert oder völlig vertauscht sein kann.
Wegen ihres vermeintlich subjektiven Charakters werden Erscheinungen vorzugsweise irgendwelchen Sinnestäuschungen – Visionen, Halluzinationen, Phantasmen oder eidetischen Bildern – gleichgesetzt, obwohl keiner dieser Be-

griffe eindeutig definiert ist. So beschreibt der bekannte Psychiater und Philosoph Karl Jaspers (1883–1969) z. B. *echte Halluzinationen* als »leibhaftige Trugwahrnehmungen, die nicht aus realen Wahrnehmungen durch Umbildung, sondern völlig neu entstanden sind, und die neben und gleichzeitig mit realen Wahrnehmungen auftreten; durch letzteres Merkmal sind sie von Traumhalluzinationen unterschieden.«
Der Definitionsnotstand hängt wohl damit zusammen, daß jeder unter dem Begriff »Wahrnehmung« offenbar etwas anderes versteht. Wahrnehmung ist – und da stimmen wohl alle überein – ein reiner Bewußtseinsakt. Wer wahrnimmt, ist auf ein in der Außenwelt vorhandenes Objekt fixiert, und so kann man Wahrnehmung als ein »Erlebnis der Gegenwärtigkeit« bezeichnen. Wenn jemand behauptet, er nehme sein Auto wahr, so bedeutet das, daß dieser Gegenstand eine von ihm unabhängige Existenz besitzt, daß diese in der ihn umschließenden Umwelt vorliegt und er sich seines objektiven Vorhandenseins bewußt ist.
Analysieren wir eine Wahrnehmung, erkennen wir, daß sie auf Gewahrwerden aufbaut, das nicht nur mit dem Wiederhervorbringen früheren Gewahrwerdens, sondern auch mit Bewußtseinselementen verschmolzen ist. Der Begriff »Gewahrwerdung« kann als das Resultat bewußten Aufnehmens sinnlicher Reize bezeichnet werden. Damit das Gewahrwerden realisiert wird, müssen die Sinneswerkzeuge vermitteln (Gehör-, Gesichts-, Geruchs-, Geschmacks- und andere Wahrnehmungen). Reines Gewahrwerden scheint es nur in der Theorie zu geben bzw. in dimensional übergeordneten Zuständen, jenseits unserer eigenen, materiellen Realität. So vermögen manche Menschen im »ausgetretenen«, d. h. realitätsverschobenen Zustand mitunter Farben höchster Reinheit und Brillanz wahrzunehmen, die uns eine vage Vorstellung von dem vermitteln, was »Wahrnehmung« und »Gewahrwerden« eigentlich bedeuten.

Wer Dinge sieht, die andere nicht sehen, wer also »halluziniert«, gilt nach den von der Psychiatrie aufgestellten Normen zwangsläufig als (zumindest vorübergehend) krankhaft-abartig, laviert seine eigene Existenz allmählich in ein geistiges Ghetto, aus dem es kein Entrinnen gibt.
Eine ganzheitliche Erfassung der Welt und dem, was sich dahinter verbirgt – David Bohms implizite und explizite Ordnung gleichermaßen – wäre dringend geboten, um die Fortexistenz unserer Bewußtseinspersönlichkeit – unser eigentliches »Ich« – nach dem biologischen Tod zu begreifen. Es gibt keinen Anfang und auch kein Ende, nur Übergänge in unterschiedliche »Aggregatzustände«.
Der englische Biologe Dr. Lyall Watson meinte einmal, daß unser ganzes Wissen approximativ (auf Näherungsdaten beruhend) und relativ sei. Er folgert daraus, »daß es so etwas wie objektiv richtige oder identische Antworten nicht geben kann«. Weiter heißt es bei ihm: »Selbst Naturgesetze unterliegen der Einmischung des Bewußtseins, und keine zwei Einzelwesen können je irgend etwas auf dieselbe Weise erfahren. Unser Uneinssein und unser ständiger Wandel reichen sogar so tief, daß auch ein einzelner Beobachter eine Sache nie zweimal auf genau dieselbe Weise erfahren kann.« Dies gilt für Bewußtseinsphänomene wie Erscheinungen offenbar mehr noch als für alltägliches Geschehen.
Sir Ernest Bennett zitiert in seinem Werk *Apparitions and Haunted Houses* (Erscheinungen und Spukhäuser) den Fall einer Gutsbesitzerin, die an einem Nachmittag des Jahres 1926 in Begleitung ihrer Masseuse und ihres Verwalters einem bei ihr beschäftigten älteren Landarbeiter einen Krankenbesuch abgestattet hatte: »Als sie anschließend am Seeufer entlang zurückkehrten, sahen alle drei einen alten Mann mit langem Bart, der im Wind wehte, als er den See zum anderen Ufer hin überquerte. Alle drei Beobachter hatten ihn gesehen und alle stimmten überein, daß die Gestalt der des Alten ähnelte, den sie gerade besucht hatten.« Doch

der Sichtungsablauf wurde von jedem der Wahrnehmenden völlig unterschiedlich beschrieben. Die Gutsbesitzerin schilderte die Gestalt in einem Kahn sitzend, wie sie sich durch Staken zum anderen Ufer hinüberbewegte. Der Verwalter will hingegen den Mann auf dem Wasser wandelnd und die Masseurin gar »eine schattenhafte Gestalt aus dem Schilf kommend, in einen Kahn einsteigend«, gesehen haben. Gerade die Diskrepanz der Schilderungen läßt aufhorchen und vermuten, daß hier keine telepathische Übertragung des paranormalen Sinneseindrucks einer der drei Personen ins Unbewußte der anderen vorlag, daß jeder ein gesondertes Erlebnis hatte. Und dies, wie sich später herausstellte, genau zum Zeitpunkt des Ablebens der besuchten Person.
Professor Hornell Hart von der Duke University in Durham, North Carolina, beschäftigte sich jahrelang mit den Charakteristika von Erscheinungen Lebender und Toter. Er sammelte alle Berichte über derartige Fälle, analysierte sie und verglich beider Merkmale miteinander, um etwaige Unterschiede festzustellen. Bei der statistischen Auswertung seiner Recherchen fiel ihm auf, daß es zwischen den Erscheinungen Lebender (Astralkörper) und Verstorbener (sogenannte »Ghosts«) weiter *keine Unterschiede* gibt; beide gleichen einander. Dieses Resultat veranlaßte ihn zu einer bedeutsamen Schlußfolgerung: »Da gegenseitige Erscheinungen Lebender [wenn jemand mit seinem Astralkörper eine ihm nahestehende Person besucht und von dieser wahrgenommen wird] keine Halluzinationen sein können, sie darüber hinaus im Äußeren wie im Verhalten denen der Toten gleichen, können auch die Erscheinungen Verstorbener keine Sinnestäuschung sein.«
Es gibt zahlreiche weitere Indizien, die gegen die Halluzinationstheorie (auf pathologischer Basis) sprechen:
– Erscheinungen werden auch von vollkommen gesunden Personen wahrgenommen, und es spricht für deren geistige

Normalität, daß die wenigsten von ihnen in ihrem Leben mehr als eine oder zwei solcher Erlebnisse gehabt hatten.
– Gleichzeitige Wahrnehmung von Erscheinungen durch mehrere Personen, wenn der telepathische »Stimmgabel«-Effekt ausscheidet.
– Wahrnehmung offenbar ortsgebundener Erscheinungen durch verschiedene Personen über sehr lange Zeiträume. Ortsfremde, die über die Existenz einer solchen Erscheinung nichts wissen, machen häufig die gleiche spektrale Erfahrung wie Einheimische. Hier sei auf den im vorangegangenen Kapitel erwähnten Fall des schwedischen Völkerkundlers verwiesen.
– Objektive Auswirkungen (Spuk, Poltergeistphänomene) widerlegen ebenfalls die Halluzinationstheorie, z. B. das physikalisch nicht nachvollziehbare Hinfallen bzw. Zerbrechen von Gegenständen, das Anhalten von Uhren beim Ableben nahestehender Personen, elektronisch aufgezeichnete unerklärliche Geräusche (Schritte, Stimmen usw.).
– Übereinstimmung der spektralen Wesenheit mit der Wirklichkeit, wie z. B. das körperliche Befinden und die Bekleidung zum Zeitpunkt des Todes, die Todesart (z. B. Unfall) usw. Manche Erscheinungen wirken derart echt, daß sie von den Wahrnehmenden angesprochen und sogar mit einem Pseudo-Händedruck begrüßt werden. Es sind Fälle bekannt, in denen mit einem real wirkenden »Ghost« minutenlange Gespräche geführt wurden, bevor sich die spektrale Manifestation verflüchtigte.
– Die Reaktion von Tieren auf Erscheinungen sind besonders aufschlußreich, da Tiere normalerweise nicht halluzinieren, d. h., die Welt mit ihrer tierischen Objektivität erleben. MacKenzie zitiert in *Apparitions and Ghosts – A Modern Study* (Erscheinungen und Geister – Eine moderne Studie) einen Fall, in dem die Gestalt eines Verstorbenen – sie wirkte wie ein Mensch aus Fleisch und Blut – sowohl von zwei Personen, als auch von deren Hund wahrgenommen

wurde: »...Es war ein mittelgroßer Mann mit Brille, der immer die gleiche Kleidung trug. ›Er‹ näherte sich dem Haus stets durch das etwa 300 Meter entfernte Eingangstor und den Park, ging den Weg hinter den Küchenfenstern entlang auf den Wagenschuppen zu, wo er unvermittelt verschwand. Sein Gang war unstet.« Ein Zeuge dieses Geschehens ließ den Autor wissen: »Unser Hund bellte und folgte ihm, blieb dann plötzlich stehen, immer am Eingang des Wagenschuppens, wo er um sich schaute, verwirrt darüber, daß er den Besucher verloren hatte.«
Viermal wurde die Erscheinung auch im Haus gesehen, einmal, als sie, nackt bis zur Hüfte, mit einem Handtuch über dem Arm aus dem Bad kam. Noch während man sie beobachtete, verschwand sie plötzlich.
Dem Hausbesitzer gelang schließlich die Identifikation der Erscheinung: Es handelte sich hierbei um den Sohn des früheren Hauseigentümers, der oft betrunken nach Hause kam und dann im Wagenschuppen schlief. Er hatte dort vor Jahren Selbstmord begangen.
– Sterbende nehmen gelegentlich Erscheinungen von Personen wahr, die kurz zuvor verstorben waren, über deren Ableben man sie aber nicht informiert hatte. Solche Fälle wirken deshalb so überzeugend, weil ihnen kein Wunschdenken der Sterbenden zugrunde liegt. Sie müssen annehmen, daß der von ihnen Wahrgenommene noch unter den Lebenden weilt.
Viele Fakten des Erscheinungsszenariums sprechen eindeutig für das »Überleben« der Bewußtseinspersönlichkeit, eigentlich für den ewigen Bestand unseres Bewußtseins – für unsere Unsterblichkeit. Bliebe noch zu klären, wie sich das Zustandekommen von Erscheinungen aus heutiger, erweitert-naturwissenschaftlicher Sicht, losgelöst vom Ballast okkulter Interpretationen darstellt. Den Spekulationen sind keine Grenzen gesetzt. Bemühen wir uns, den Gedankengängen einschlägig befaßter Wissenschaftler zu folgen.

3 Projektionen – Die »Physik« der Erscheinungen

> »›Ghosts‹ sind eher die Ausnahme
> als die Regel,
> aber kein Produkt der Einbildungskraft.
> Sie sind keine Erfindungen
> von Menschen mit üppiger Phantasie.«
>
> Professor Dr. Hans Holzer, Parapsychologe
> in *Handbook of Parapsychology and Psychoexstasy*

Erscheinungen weisen mitunter alle typischen Merkmale eines physischen Körpers auf, wirken so lebensecht, daß man davon überzeugt ist, reale Menschen vor sich zu haben. Ein anderes Mal werden sie hingegen weniger deutlich wahrgenommen, manifestieren sie sich mehr neblig-diffus bis schemenhaft-durchsichtig. Und selbst lebensecht wirkende Erscheinungen sind meist nur von kurzer Dauer: Sie verschwinden spontan oder allmählich, z. B. wenn sie der Beobachter anspricht, sie zu berühren versucht oder sich, nach kurzer Ablenkung durch etwas anderes, ihnen erneut zuwendet.

Aus Abertausenden von zum Teil gut bezeugten Fällen haben sich, unter Zugrundelegung bestimmter »Verhaltensmuster«, vier Gruppen von Erscheinungen Verstorbener herauskristallisiert, die letztlich auch gewisse Rückschlüsse auf ihr Zustandekommen zulassen:

– Erscheinungen Verstorbener, die ihren Weg nach »drüben« gefunden haben, die fest in der Hyperwelt integriert sind und sich uns in unserem Bewußtsein bildlich und anderweitig nähern können. Dies geschieht vorwiegend in hypnagogen oder medialen Zuständen (z. B. im Traum), vermutlich indem die hypothetischen Bewußtseinsfelder (vgl. Kapitel III/3) der Lebenden durch *Realitätsverschiebung* bzw. *Realitätsaufweichung* die der Toten überlagern.

– Erscheinungen Verstorbener, die im Jenseits noch nicht

fest »angedockt« haben, die sich in einer (niederdimensionalen) Zwischenwelt aufhalten und von dort aus das Bewußtsein Lebender übernehmen können (vgl. Folgekapitel über Besessenheit). In der irrigen Annahme, daß sie immer noch am biologischen, irdischen Leben teilhaben, projizieren sie sich meist sehr real und lebensecht wirkend ins Bewußtsein Lebender, verursachen sie unter anderem auch Tagessichtungen.
– Erscheinungen Verstorbener, die ganz plötzlich unter dramatischen Umständen (Verkehrsunfall, Kampfhandlungen, Mord) ums Leben kamen. Die unter einem anhaltenden Trauma stehenden Wesenheiten befinden sich seit dem Augenblick ihres gewaltsam herbeigeführten Todes in einem zeitlosen »Erstarrungszustand« und verursachen nicht selten jene Manifestationen, die als *ortsgebundene Erscheinungen* bezeichnet werden. Ihre »Engramme«, die in der Ewigkeit der *Hyperwelt* zeitfrei holografisch gespeichert sind, lassen sich am besten mit beliebig oft vorführbaren Bildern oder Filmstreifen vergleichen. Sie spiegeln häufig die Situation wider, in der sie zu Tode gekommen sind.
Im August 1904 waren drei Engländerinnen (Schwestern) zu Fuß unterwegs, um die Schönheit der sommerlichen Landschaft zu genießen. Ihr Weg über die Felder führte sie an einem alten Herrenhaus vorbei, in dessen Nähe eine Eiche stand, an der etwas hing, das sie erst beim Näherkommen identifizieren konnten. Die jüngste der Schwestern beschrieb die makabre Situation: »Ich ging näher heran und sah, daß es ein Mann war, der an der Eiche hing... Er trug ein weitgeschnittenes Hemd und schwere Stiefel. Sein Kopf war vornübergebeugt und seine Arme fielen ebenfalls nach vorn... Ich sah den Schatten der Zaunlatten [vor dem Herrenhaus] durch ihn hindurch.«
Beherzt näherte sich die Frau dem »Gehenkten« bis auf etwa fünfzehn Meter, als sich die Erscheinung plötzlich auflöste. Dieser von W. H. Salter in *Ghosts and Apparitions*

(Geister und Erscheinungen) geschilderte Fall ist für die Gruppe der holografisch ins Bewußtsein Lebender projizierten Engramme dramatisch verlaufener Todessituationen typisch. Sie stellen kein echtes »Ghost«-Geschehen dar, sondern ähneln eher einem Speicherbild einer aus dem Hyperraum unter bestimmten Bedingungen automatisch ausgelösten »Aufführung« dramatischen Geschehens. James Bedford und Walt Kensington meinen im *Delpasse-Experiment*, daß es sich hierbei um *vagabundierende Restenergien*, um *Umdruckfehler bei der Bildung des noetischen Hologramms* handele.

– Gewollt herbeigeführte Erscheinungen (Materialisationen) Verstorbener, die von Medien durch einen psychokinetischen Akt hervorgebracht werden (vgl. Kapitel VII/1). Es handelt sich bei diesen künstlich, unter Inanspruchnahme von Bioplasma aus der Umgebung geschaffenen Phantomen, soweit sie sich als echt erwiesen haben, nicht um Erscheinungen im engeren Sinne.

Die Kontaktaufnahme jenseitiger Wesenheiten mit unserer materiellen Raumzeit-Welt scheint indes nicht ohne Nebenwirkungen abzulaufen, auch wenn diese subjektiv, d. h. physikalisch nicht meßbar sind. Nicht selten berichten die Beobachter von Erscheinungen, daß es sie vor und während einer spektralen Manifestation gefröstelt habe, daß sie eine »eisige Zugluft« verspürt hatten. Und in fast allen »Spukhäusern«, in denen auch Erscheinungen beobachtet wurden, gibt es sogenannte »cold spots« (besonders kalte Stellen), an denen jenseitige Bewußtseinspersönlichkeiten pseudo-materielle Gestalt annehmen, sich als »Ghosts« verwirklichen. Ob es sich bei dem Kältegefühl um subjektive oder objektive Empfindungen oder gar um ein Mischphänomen handelt, vermag niemand genau zu sagen. Wer will in physikalischen Grenzbereichen schon exakt zwischen subjektiv und objektiv unterscheiden; »omnijektiv« wäre hier wohl die bessere Wortwahl.

Möglich ist, daß bei Manifestationen aus jenseitigen Bereichen unserem Universum zunächst elektromagnetische Energie entzogen wird. Denn: Von nichts kommt auch bei Psi-Phänomenen nichts! Wo aber Energie abgezogen wird, entsteht nach dem *Energieerhaltungssatz* ein Energiedefizit. Dies bedeutet wiederum eine Verlangsamung der Molekularbewegung und somit ein – wie auch immer – spürbares Absinken der Umgebungstemperatur, was bei Anwesenden ein Gefühl der Kälte oder eines kalten Luftzugs hervorrufen müßte.

Sollte dieses Empfinden subjektiver Art sein, so wäre es durchaus möglich, daß man während der hier geschilderten Wahrnehmungen mit seinem eigenen Bewußtseinskörper in einen Hyperschwingungszustand geraten ist, der dem materiellen Körper seine gewohnte diesseitige Umgebung kalt erscheinen läßt.

Die nichtphysikalische, psychische Energie der bei Erscheinungen Anwesenden könnte dann bei Erreichen eines *kritischen Wertes* zum Gestalten von Erscheinungen aus bioplasmatischer Grundsubstanz ausreichen. Das Eindringen jenseitiger Bewußtseinswesenheiten in unsere 4D-Welt – die Manifestation von Erscheinungen – bedarf jedoch mehr als die bloße Bereitstellung bioplasmatischen »Kondensationsmaterials«. Es erfordert grundsätzlich eine Schwächung oder Aufweichung der natürlichen dimensionalen »Sperre« zwischen unserer grobstofflichen vierdimensionalen Raumzeit-Welt und der feinstofflichen Hyperwelt unserer Verstorbenen. Dies kann auf medialem Wege oder auch instrumentell, wie in Kapitel VI/4 beschrieben, geschehen.

Geht man von der Annahme aus, daß sich höherdimensionale, jenseitige Existenzformen in einem unvorstellbar hohen Schwingungsgrad (Hyperfrequenzen) befinden, könnte die »Aufweichung« der dimensionalen »Sperre« dadurch erfolgen, daß wir z. B. unser Bewußtsein, befreit von ablenkenden, störenden Umgebungseinflüssen, mit den ultrahohen Schwingungen der Jenseitswelt in Resonanz bringen. Natürlich mag es auch Situationen geben, die medial Veranlagte rein zufällig in Schwachstellen unseres Raumzeit-Gefüges geraten lassen, in Grauzonen der Realität, die ihnen Einblicke in jenseitige Aktivitäten gestatten. Bauwerke oder Gegenden, in denen es häufiger als anderswo zu spukhaftem Geschehen oder Manifestationen von Erscheinungen kommt, könnten durchaus solche Schwachstellen sein, die evtl. durch gravitative Anomalien hervorgebracht werden. Physiker vermuten schon seit langem, daß die noch weitgehend unerforschte Gravitation dimensionsübergreifende Funktionen erfüllt und beim Zustandekommen von Kontakten zwischen dem Diesseits und Jenseitigen eine wichtige Mittlerrolle spielt.

Der amerikanische Physiker Thomas E. Bearden – er befaßt sich seit Jahrzehnten mit paraphysikalischen Theorien zur Aufhellung ungewöhnlicher Phänomene und dem Zustandekommen von Kontakten zwischen unterschiedlichen Realitäten – bezeichnet das Hineinstimulieren in Transbereiche (Hyperwelten) als *Orthorotation*. Sein im Zusammenhang hiermit konzipiertes *Biofeld-Modell* veranschaulicht die dimensionalen Zusammenhänge zwischen der für uns »realen«, materiellen Welt und scheinbar immateriellen, virtuellen Existenzbereichen (nach D. Bohm: explizite und implizite Ordnung). In diesen allumfassenden Modell stellen *Biofeld 0* (BF 0) unsere materielle 4D-Welt, *Biofeld 1* (BF 1) das elektromagnetische Feld, *Biofeld 2* (BF 2) das zuvor zitierte bioplasmatische Feld und *Biofeld 3* (BF 3) das höherdimensionale Bewußtseins- oder Gedankenfeld (vgl. Kapitel III/3) dar. Sie alle haben als verbindendes Element die Zeitdimension (t) gemeinsam. Diese dimensional unterschiedlichen Felder sind nach Bearden durch sogenannte »orthogonale Drehungen« (Drehungen um die allen gemeinsame fiktive Zeitachse = Orthorotation) voneinander getrennt. So wäre das Bewußtseinsfeld BF 3 drei Orthorotationen von unserer materiellen Welt »entfernt«. Beim Orthorotieren handelt es sich um einen natürlichen oder künstlich herbeigeführten Stimulationsprozeß, der das Eindringen unseres Bewußtseins in höherdimensionale Realitäten (oder umgekehrt) ermöglicht. Voraussetzung hierfür sind mediale Versenkung, Ekstase, hypnagoge (schlafähnliche) und Nahtod-Zustände, Hypnose usw. An der technischen Realisierung von Orthorotationsprozessen wird gearbeitet.

Durch Orthorotieren lassen sich sogenannte *Gedankenobjekte* (bestimmte Vorstellungen) in unseren irdischen Anschauungsraum hineinstimulieren oder -projizieren. Dieser Projektionsvorgang kann entsprechend unserer »Überlebens«-Theorie sowohl vom Diesseits, als auch vom Jenseits aus erfolgen.

Gelegentlich dringen durch das Todestrauma verwirrte Bewußtseinswesenheiten, die dem Irdischen immer noch eng verbunden und in uns nahen *Zwischenwelten* »eingesponnen« sind, in das Bewußtsein nichtsahnender lebender Personen ein, um sich durch eine »geborgte« neue irdische Existenz zu verwirklichen. Die katastrophalen Auswirkungen solcher »Übernahmen« sollen im Anschlußkapitel dargelegt werden.

VIII

Invasion aus der Zwischenwelt

> »Die Toten, sie leben wirklich,
> den Menschen sind sie nah;
> hier sind die verstorbenen Freunde,
> keine Toten.«
>
> Unbekannte Tonbandstimme
> aus *Instrumentelle Transkommunikation*
> von Professor Dr. Ernst Senkowski

Alle Wiederbelebungsversuche waren fehlgeschlagen. Albert muß schon tot gewesen sein, als man ihn in den Operationsraum rollte. »Tod bei Einlieferung«, *konstatierte die Krankenschwester lakonisch – Exitus!*
»...*Ich befand mich in der Notaufnahme, schwebte über meinem Körper und schaute nach unten – auf ein blutbeflecktes Etwas. Ich wünschte nicht, gerettet zu werden... ein schlimmer Unfall.*
Plötzlich vernahm ich diesen verzweifelten Hilfeschrei. Ich dachte: Vielleicht kann ich jemandem helfen. Hier konnte ich ja ohnehin nichts für mich tun. Da war ein kleiner Junge... den man zu operieren versuchte. Es war sein ›Geist‹, *der schrie, nicht sein Körper. Dieser lag auf dem Operationstisch, aber sechs Fuß darüber schwebte der Junge... im selben Zustand wie ich. Er hatte furchtbare Angst. Deshalb redete ich auf ihn ein, als Freund... und ich bat ihn, mit mir zu sprechen... Schließlich beruhigte er sich... und seitdem sind wir Freunde.«*
Über diesen Fall einer »sanften Übernahme« *des verunfallten Howard [sein Familienname wird aus Gründen der ärzt-*

lichen Schweigepflicht nicht erwähnt] berichtet die amerikanische Psychologin Dr. Edith Fiore, die sich seit Jahrzehnten mit Erfolg der hypnotherapeutischen »Befreiung« ihrer Patienten von verwirrten und verirrten jenseitigen Bewußtseinswesenheiten widmet.

Die unproblematische Verschmelzung beider Bewußtseine soll im Jahre 1940 stattgefunden haben, und seitdem war Albert »Dauergast« bei Howard, der sich dieses Vorfalls gar nicht mehr erinnern konnte, da er in den Tiefen seines Unbewußten dem Zugriff des Tagesbewußtseins entzogen war. Gesundheitsprobleme zwangen ihn dazu, sich einer Hypnotherapie zu unterziehen, die er jedoch nach drei Jahren ohne nennenswerten Erfolg beendete. Schließlich fand er den Weg zu Dr. Fiore, die bei ihm, wie in vielen vorangegangenen Fällen, eine spezielle Form der Besessenheit feststellte. Als Dr. Fiore Howards »Besetzer« direkt ansprach, meldete sich »Albert« ärgerlich: »Ich werde nicht mit Ihnen sprechen! Er [Howard] braucht Ihre Hilfe nicht!«

Dr. Fiore therapierte jetzt nicht Howard, sondern die Wesenheit »Albert«, der sich schon beim nächsten Mal namentlich zu erkennen gab. Bei der dritten Hypno-Sitzung verschwand »Albert« aus Howards Bewußtsein. Er setzte sich mit zwei Freunden aus jenseitigen Gefilden ab. Howard war überglücklich, von dem mittlerweile lästig gewordenen Parasiten befreit worden zu sein. In der Folge besserte sich auch sein Gesundheitszustand zusehends.

Dr. Fiore behauptet, daß sie bei etwa 70 % ihrer Klientel – Menschen mit leichten bzw. schweren psychischen und psychosomatischen Störungen – Besessenheit feststellen konnte, ausgelöst durch das Eindringen des dem Irdischen immer noch eng verbundenen Bewußtseins Verstorbener in das meist geschwächte Bewußtsein Lebender.

Die durch traumatische Todeserlebnisse geschockten geistigen Wesenheiten, die den Transit zum höherdimensionalen Bestimmungsort verpaßt haben und in einer »erdnahen«

Zwischenwelt steckengeblieben sind, suchen in ihrer Verzweiflung Zuflucht im Bewußtsein Lebender, wo sie deren originäres Bewußtsein zu verdrängen trachten, um ein materielles Weiterleben entsprechend ihren Vorstellungen zu realisieren. In den meisten Fällen sind Konflikte zwischen dem Eigenbewußtsein Lebender und dem eingedrungenen Fremdbewußtsein vorprogrammiert. Somit ist diese Form der Besessenheit ein relativer Zustand – ein Balanceakt zwischen zwei oder sogar mehreren unterschiedlichen Bewußtseinen, wobei einmal das des Lebenden, ein anderes Mal das des verwirrten Verstorbenen die Oberhand gewinnt. Dieser gegenseitige Verdrängungsprozeß kann beim »Besetzten« leichte bis schwere seelische Störungen hervorrufen, angefangen von harmlosen »Ticks«, über psychische (Depressionen) und physische Erkrankungen bis hin zur Suizidneigung.

Dr. Fiore hatte schon früh erkannt, daß viele ihrer Patienten während hypnotisch herbeigeführter Trance in die Rolle anderer Persönlichkeiten schlüpfen. Sie bewertete solche Erfahrungen entsprechend der psychiatrischen Fachliteratur zunächst als Fälle »multipler Persönlichkeiten« (Mehrfachpersönlichkeiten) und behandelte ihre Patienten dementsprechend. Im Laufe der Jahre erschien es ihr jedoch höchst merkwürdig, daß einige ihrer Patienten über so viele »Persönlichkeiten« verfügen sollten, die immer wieder »durchkamen«. Diese Fälle ließen sich so gar nicht in den erkenntnistheoretischen Bezugsrahmen der Psychoanalyse einordnen, und mit ihrer bloßen Klassifizierung als »multiple Persönlichkeiten« war den Hilfesuchenden auch nicht gedient. Mit ihren Problemen allein gelassen, begannen die »Besessenen«, die von den tieferen Ursachen ihrer Leiden keine Ahnung hatten, sich mit ihrem »Zwitterzustand« allmählich abzufinden, sich unbewußt mit ihrer Zweitpersönlichkeit zu arrangieren.

Dies alles erkennend, stellte Dr. Fiore ihre Therapie um. Sie

*begann während der hypno-analytischen Behandlungen genauer hinzuhören, selbst auf scheinbar nebensächliche Bemerkungen ihrer Klientel zu achten. Viele beschwerten sich über »jemanden in ihnen«, über ein »anderes Ich«, das ihre guten Absichten, z. B. Diät zu halten, mit dem Rauchen oder Trinken aufzuhören usw., sabotiere. Diese Patienten behandelten ihre inneren Konflikte ganz offen, weil sie der festen Überzeugung waren, über zwei grundverschiedene Teile ihrer Persönlichkeit zu sprechen, die sich anscheinend in einer Art »Kriegszustand« miteinander befinden. Und in vielen Fällen sollte sich Fiores simple Theorie, nach der gewisse Patienten außer ihrem eigenen noch ein weiteres, fremdes Bewußtsein oder gar eine größere Anzahl solcher Psycho-»Piraten« beherbergen, die um den dominanten Einfluß auf ihr lebendes Opfer kämpfen, als brauchbare Ausgangsbasis für die nachfolgende Therapie erweisen. Falsche Vorstellungen vom »Danach« hätten, so Fiore, die »Besetzer« zum Eindringen in einen anderen irdischen Körper veranlaßt und damit deren Übergang in die jenseitige Welt blockiert.
Neben diesen eher harmlosen verwirrten Bewußtseinspersönlichkeiten, die sich nach Dr. Fiore hypnotherapeutisch zur Aufgabe ihres Opfers und zum Übergang in eine ihrem neuen Zustand angemessene »Überwelt« bewegen lassen, gibt es nach den Lehren der großen Weltreligionen noch andere, ausgesprochen bösartige Wesenheiten nichtmenschlichen Ursprungs, wie z. B. Teufel und Dämonen – das personifizierte Böse. Über deren zerstörerisches Wirken, das für Menschen bedrohliche Ausmaße annehmen kann, existieren zahlreiche gut bezeugte Berichte. Gerade die katholische Kirche nimmt diese Art der Besessenheit durch bösartige Geistwesen sehr ernst. Zu ihrer Bekämpfung bedient sie sich, nach Überprüfung aller Fakten, speziell ausgebildeter Priester, die in Fällen echter Besessenheit den Exorzismus – das Rituale Romanum – anwenden. Es ist dies ein im Jahre 1614 durch Papst Paul V. der Öffentlichkeit und der römisch-ka-*

tholischen Kirche vorgestelltes liturgisches Werk, das unter anderem auch die Riten des Exorzismus enthält.
Als äußere Zeichen dämonischer Besessenheit werden von der Kirche die Kenntnis zukünftiger Ereignisse (Präkognition), Hellsehen im Raum, Gedankenlesen, Sprechen und Verstehen fremder, nicht erlernter Sprachen, außergewöhnliche Steigerung der Kräfte, Levitation usw. genannt. Es handelt sich hierbei um paranormale Phänomene, die sich sowohl animistisch als auch spiritistisch deuten lassen. Da die Bewußtseinspersönlichkeit auch nach dem biologischen Tod unverändert bleibt, sind beide Interpretationen zutreffend.
Für den Nachweis der Fortexistenz des menschlichen Bewußtseins nach dem biologischen Tod erscheinen allein Fälle von »Übernahmen« durch verwirrte menschliche Bewußtseinswesenheiten interessant. Ihre Zahl dürfte beträchtlich sein. Denn: Wer von uns könnte schon von sich behaupten, daß er ganz ohne »innere Zwänge« – ohne psychische Unzulänglichkeit, gewisse »Ticks« und »Macken« – vor sich dahinlebt?

1 »Aliens« in uns – Aspekte der Besessenheit

In dem spannenden amerikanischen TV-Thriller *Geerbte Todesangst* (1982) wird die Protagonistin des Films *Kaylie* beim Einholen von einem plötzlich heranrasenden Auto erfaßt und so schwer verletzt, daß für sie kaum noch eine Überlebenschance besteht. Ihre Hirnstromaktivitäten werden zusehends schwächer, so daß die Ärzte mit dem raschen Absterben der Hirnzellen und dem hieraus resultierenden Hirntod rechnen.

Während *Kaylie* auf der Intensivstation ihrem scheinbar unvermeidlichen Ende entgegendämmert, wird ein paar Straßenzüge weiter eine junge Frau in ihrem Apartment tot aufgefunden. Irgend jemand hatte sie wenige Minuten zuvor brutal ermordet.

Man schafft ihre Leiche zur Autopsie ins gleiche Krankenhaus, in dem auch *Kaylie* eingeliefert worden war. Deren Ärzte wittern eine Chance: Sie stellen zwischen den Gehirnen beider Frauen eine Verbindung her, um *Kaylie* mit dem Hirnstrom der gerade Verstorbenen zu revitalisieren. Das Experiment gelingt, doch die Gerettete erlebt fortan in ihren Träumen immer wieder den Hergang der Ermordung – das Todesszenarium der anderen Frau. Die Hirnströme der Ermordeten, die nur zum »Anschub« von *Kaylies* eigener Hirnstromtätigkeit gedacht waren, enthalten sämtliche Informationen über das schreckliche Ereignis, auch über die Person des Täters, der durch das übertragene Erinnerungsvermögen schließlich doch noch gefaßt werden kann.

In dieser frei erfundenen Handlung wird lediglich die im Bewußtsein der Toten gespeicherte Erinnerung an das traumatische Geschehen vom Unbewußten der Geretteten übernommen. *Kaylies* Gehirn gleicht hier einem Computer, der mit einem bestimmten Programm – den Erinnerungsbits der Verstorbenen – geladen wurde, das sie während ihrer Schlafphase unbewußt abruft. Wir haben es hierbei, anders als bei echter Besessenheit, keinesfalls mit der Beeinflussung des eigenen Bewußtseins durch autonome Bewußtseinspersönlichkeiten Verstorbener zu tun. In diesem Fall wurde nur das Erinnerungsprogramm (Bewußtseinsfeld) einer Fremden auf künstlichem Wege unbeabsichtigt in *Kaylies* Gehirn-»Computer« eingespeist.

Dr. Fiore, und mit ihr viele unorthodox forschende Wissenschaftler, sind heute der Ansicht, daß, wenn Bewußtsein etwas Autonomes, nicht an unsere 4D-Welt Gebundenes ist, das den biologischen Tod überlebt, es durch eine »Fehlsteuerung« beim Ab-leben durchaus zur Infiltration des Bewußtseins von Lebenden – zur Auslösung von Besessenheit – kommen kann. Der verstorbene Psychologe und Herausgeber des *Lexikon der Parapsychologie* Werner F. Bonin, definiert *Besessenheit* neutral als »Krankheitsbild auf der Grundlage des Glaubens, eine andere Wesenheit (Gottheit, Dämon, Verstorbener, auch lebender Mensch und selbst Tier) habe mit ihren spirituellen Teilen Besitz von einem lebenden Menschen genommen, ›wohne‹ in ihm, handle und spreche durch und aus ihm. Dabei tritt ein zweites Persönlichkeitsbewußtsein neben oder an die Stelle des ersten.«

Der bekannte Zürcher Psychiater Dr. Naegeli-Osjord versucht, sich dem Phänomen *Besessenheit* von der medizinischen Seite her zu nähern und Zusammenhänge zwischen dieser und Schizophrenie aufzuzeigen. In seinem vielbeachteten Standardwerk *Besessenheit und Exorzismus* heißt es: »Erbfaktoren und krankhafte Persönlichkeitsentwicklungen werden zu Recht dem Spaltungsirresein zugerechnet;

aber alle psychologischen Erklärungsversuche bleiben im strikt naturwissenschaftlichen Sinne unbeweisbar. Dagegen vermag eine naturphilosophische Betrachtungsweise, eine Wesensforschung, die phänomenologischen Gegebenheiten sowohl bei der Schizophrenie wie beim Besessensein zu vergleichen und wesensgemäß abzuwägen. Es geht dabei vor allem darum, vermittels der Erhellung von Wesensgegensätzen zu entscheiden, *ob es sich bei einem Wahnkranken um ein nur innerpsychisches, vom Patienten allein fehlgesteuertes Geschehen (Schizophrenie) oder um einen Fremdeinfluß, die Steuerung durch ein feinstoffliches Wesen (Besessenheit) handelt.*

Alsdann geht Naegeli-Osjord auf die Wesensgegensätze näher ein und meint: »Ein praktisch symptomfreier Zustand in anfallsfreier Zeit bietet einen der besten Unterscheidungsmerkmale zum Spaltungsirresein. Der *Schizophrene* kann zwar in alltäglichen Verrichtungen, beim Waschen, Essen, ja sogar beim Schach- und Kegelspiel sich sehr normal verhalten. Wird er jedoch in persönlichen Angelegenheiten angesprochen, so reagiert er während Monaten und Jahren und zu jeder Zeit des Tages stets gleich, und zwar im Sinne seiner Wahnvorstellungen, Befürchtungen und Aggressionen. Der *Besessene* aber unterliegt in der anfallsfreien Zeit – und diese kann Tage oder Wochen dauern – *keinem abnormen Wahnsystem* und verfügt über eine praktisch ausgeglichene Psyche.«

Klinische Psychologen und Psychiater deuten Besessenheit heute durchweg pathologisch und umschreiben sie mit dem verwirrenden Begriff »*multiple Persönlichkeiten*« (engl. »*Multiple Personality Disorder*, kurz MPD). Man versteht hierunter einen Geisteszustand, in dem das Bewußtsein eines Menschen in völlig differente Teilpersönlichkeiten aufgespalten ist, die sich nicht nur in ihrem äußerlichen Verhalten, sondern auch physisch merklich voneinander unterscheiden.

Wie hilflos man hierzulande auch heute noch dem MPD-Phänomen gegenübersteht, mit dem man ja allzugern Besessenheit erklären möchte, erhellt allein aus der Tatsache, daß dessen Existenz noch bis vor zehn Jahren seitens der offiziellen Psychiatrie geleugnet wurde. In den USA versucht man hingegen schon seit langem, dem Geheimnis der offenbar autonomen Teilpersönlichkeiten auf die Spur zu kommen, die besonderen Merkmale der MPD genauer zu definieren. In dem psychiatrischen Standardwerk *Diagnostical and Statistical Manual of Mental Disorders* (Diagnostisches und statistisches Handbuch der Geisteskrankheiten) heißt es hierzu: »Das wesentliche Merkmal [für MPD] ist das Vorhandensein von zwei oder mehreren verschiedenen Persönlichkeiten innerhalb eines Individuums, von denen jede zu einer bestimmten Zeit dominiert. Jede Persönlichkeit ist eine voll integrierte und aus vielen Teilen bestehende Ganzheit mit einmaligen Erinnerungen, Verhaltensmustern und sozialen Beziehungen, die alle die Art des Handelns des Betroffenen bestimmen, wenn jene Persönlichkeit dominiert. Der Übergang von einer Persönlichkeit zur anderen geht abrupt vor sich und ist oft mit psychosozialem Streß verbunden. Normalerweise hat die ursprüngliche Persönlichkeit keine Kenntnis von der Existenz der anderen Persönlichkeiten.«
Dr. M. Scott Peck, der als Neurologe und Psychiater zehn Jahre für das Medical Corps der amerikanischen Armee tätig war, will zwischen *Besessenheit* und *Fällen multipler Persönlichkeiten* ebenfalls gewisse Unterschiede festgestellt haben: »Bei MPD ist sich die ›Kernpersönlichkeit‹ [Originalbewußtsein oder Basis-Ich] stets der Existenz von Sekundär-Persönlichkeiten bewußt. Mit anderen Worten: Es gibt eine echte *Dissoziation* [will heißen: eine Spaltung des Bewußtseins in unterschiedliche Strukturen].« Für etwa fünf Prozent der von ihm behandelten kritischen Fälle findet Peck keine Erklärung. Er wertet sie als »übernatürlich« und

meint damit die Anwesenheit von »Präsenzen«, ohne deren Herkunft weiter zu kommentieren.
Die Psychiatrie ist um »natürliche« Erklärungen für die Ursachen der *multiplen Persönlichkeiten* oder Besessenheit nicht verlegen. Sie führt sie vor allem auf frühe Schockerlebnisse – sexueller Mißbrauch bzw. körperliche Mißhandlungen in der Kindheit – zurück und argumentiert, diese seien für die Jugendlichen nur durch »Abspalten« eines Teils ihrer Persönlichkeit zu ertragen gewesen. Aber: Wenn auch manches dafür spricht, daß einige der *multiplen Persönlichkeiten* von verdrängten Wesensanteilen des Menschen herrühren, konnte bislang dennoch nicht geklärt werden, warum diese von den Betroffenen selbst als irgendwie abartig empfunden werden, als etwas völlig Fremdes, gegen das man sich nicht zu wehren vermag.
Dr. Martin Orne, Direktor der Abteilung für Experimentelle Psychiatrie an der Universität von Pennsylvania, gibt zu bedenken, daß während hypnotherapeutischer Behandlungen Patienten zur »Schaffung von Sub-Persönlichkeiten« geradezu ermutigt werden könnten, indem der Therapeut ihnen deren Existenz unbeabsichtigt suggeriere.
Dr. Bennett Braun, einer der bekanntesten mit dem MPD-Phänomen befaßten Wissenschaftler, glaubt herausgefunden zu haben, daß *multiple Persönlichkeiten* auch durch einen Akt der Selbsthypnose »entstehen« können. Dann aber müßten Hypnose und Selbsthypnose – reine Bewußtseinsvorgänge – auch die Physiologie des Menschen beeinflussen und verändern können, was sich nur psychokinetisch erklären ließe.
Fallstudien haben gezeigt, daß innerhalb ein und desselben Körpers
– eine Teilpersönlichkeit Rechtshänder und die andere Linkshänder sein kann;
– jede der unterschiedlichen Persönlichkeiten ein anderes

Elektroenzephalogramm aufweisen kann, je nachdem, welche derselben im Augenblick der Messung dominiert;
– eine der Persönlichkeiten gegen bestimmte Stoffe allergisch, die andere jedoch gegen diese immun sein kann;
– eine Persönlichkeit eine Brille benötigt, die andere wiederum nicht, da die Sehstärke differiert;
– eine Teilpersönlichkeit eventuell unter Epilepsie leidet, die andere hingegen symptomfrei ist;
– eine Persönlichkeit farbenblind ist und die andere hierunter nicht leidet;
– bei Diabetikern jede der Sub-Persönlichkeiten einen unterschiedlichen Insulinbedarf haben kann.
Drastische Unterschiede können sich auch in der Anfälligkeit für bzw. in der Unempfindlichkeit gegen Kopfschmerzen und chronische Erkrankungen, in Stimme, Gestik und Handschrift, ja sogar in der Augenfarbe bemerkbar machen. Die mit dem Persönlichkeitswechsel (Dominanz einer Teilpersönlichkeit) einhergehende Veränderung der Gehirnströme ist mitunter so gravierend, daß man annehmen könnte, sie wären von einer anderen Person abgeleitet worden. Zu dieser erstaunlichen Schlußfolgerung kommt der amerikanische Psychiater Dr. Frank W. Putnam vom »National Institute of Mental Health« (Nationales Institut für mentale Gesundheit) anhand von Untersuchungen, die er an zehn MPD-Patienten durchführte. Kontrolluntersuchungen an zehn »normalen« Patienten – solche, die keine MPD-Symptome aufwiesen, die man aber gebeten hatte, multiple Persönlichkeiten zu »erfinden« – zeigten beim Simulieren von Teilpersönlichkeiten keinerlei Abweichungen der Gehirnstromaktivitäten vom Normalzustand.
Besonders spektakulär sind Fälle von MPD, in denen eine der sich manifestierenden Persönlichkeiten zu kriminellen Handlungen neigt. Sie stellen nach begangener Tat die Rechtsprechung vor eine schier ausweglose Situation. In seinem Buch *The Minds of Billy Milligan* (Die Seelen von Billy

Milligan) untersucht der Autor Daniel Keyes die 24 Teilpersönlichkeiten eines jungen Mannes namens Billy Milligan, der im Jahre 1977 in Columbus (Ohio) wegen Vergewaltigung vor Gericht stand und den man letztlich wegen Unzurechnungsfähigkeit freisprechen mußte. Nicht »er«, sondern zwei autonome Teilpersönlichkeiten hatten das Verbrechen begangen. Der Autor interviewte eine dieser Persönlichkeiten, die sich »Lehrer« nannte und die über die Aktivitäten der übrigen 23 Persönlichkeiten Auskunft geben konnte. Sie alle stellten für Milligan eine einzige große »Familie« dar, deren Mitglieder abwechselnd »auftraten«, d. h. dominierten. Eine dieser Sub-Wesenheiten hieß »Arthur«. Sie hatte Medizin und Physik studiert und sprach mit dem Akzent der britischen High Society. Die Teilpersönlichkeit »Ragen« trat immer dann in Erscheinung, wenn Milligan sich in Gefahr befand. Diese Wesenheit – sie sprach Englisch mit slawischem Akzent – gab sich als Karatemeister und Waffenexperte aus. Sobald sich Milligan auf der Flucht befand, war es »Tommy«, der Handschellen entfernen, sich aus Zwangsjacken befreien und selbst Telefonabhöranlagen ausschalten mußte. Andere Einzelpersönlichkeiten, die sich durch Milligan manifestierten, zeigten als »Maler« künstlerische Begabung.
In ihrem Bestseller *When Rabbit Howls* (deutscher Titel: »Aufschrei«) erzählt die in nahezu hundert Teilpersönlichkeiten »gespaltene« Truddi Chase die Geschichte ihrer eigenen Therapie, die von ihrem Psychiater verifiziert wurde. Traumatische Erlebnisse in ihrer Kindheit sollen es gewesen sein, die sie voller Verzweiflung verdrängt habe, die letztlich dazu führten, daß sich bei ihr so viele Sub-Persönlichkeiten formieren konnten.
MPD-Opfer lassen sich nicht nur leicht hypnotisieren, sondern verfügen gelegentlich auch über ausgeprägte paranormale und paraphysikalische Fähigkeiten. Irgendwie scheinen die in ihren Bewußtseinsspektren angesiedelten Sub-

Persönlichkeiten die »normalen fünf Sinne« umgehen, physikalische Gesetzmäßigkeiten ausschalten und die Kausalität aufheben zu können. Deshalb wollen eingefleischte Skeptiker auch in Medien Fälle multipler Persönlichkeiten erkennen, was völlig unzutreffend ist.

Normalerweise üben Medien über ihre jenseitigen Kommunikatoren (sogenannte »Kontrollgeister«), die durch sie sprechen, die Kontrolle aus, wohingegen Opfer multipler Persönlichkeiten diesen hilflos ausgeliefert sind. Vielleicht verhält es sich so, daß das menschliche Bewußtsein für das Phänomen der Durchlässigkeit von Transpersönlichkeiten, eben jene »Kontrollgeister«, eine natürliche Veranlagung hat, die bei MPD eben nur falsch funktioniert.

Mediale Durchlässigkeit und multiple Persönlichkeiten sind offenbar positive bzw. negative Aspekte ein und desselben Bewußtseinsphänomens. Wenn nachgewiesen werden kann, daß sich ein »Kontrollgeist« durch mehr als nur ein Medium manifestiert und dabei in das Einblick gibt, was er über andere Medien mitgeteilt hat – dies ist in der langen Geschichte des Spiritualismus schon öfters geschehen –, könnte man annehmen, daß er vom Bewußtsein des Sensitiven unabhängig existiert. Es würde sich dann bei ihm um eine echte Jenseitspersönlichkeit handeln.

Das berühmte amerikanische Medium Eileen Garrett (1893–1970) war sich bis zu ihrem Tode über die Natur ihrer »Kontrollgeister« nie im klaren. Sie zitierte einmal C. G. Jung, der sie wissen ließ, daß sie irgendwie Zugang zu den äußersten Bereichen ihres eigenen Unbewußten habe, ebenso wie zu denen des kollektiven Unbewußten.

Normalerweise bleibt der Körper des Mediums während der Séance unbeteiligt. Es sind allerdings auch Fälle bekannt geworden, in denen freie Jenseitspersönlichkeiten »ohne festen Wohnsitz« vom Bewußtsein der Medien unkontrolliert Besitz zu ergreifen versuchten, was sich sogar auf deren Physis auswirkte, z. B. durch Verzerren der Gesichtsmuskulatur. Teilnehmer von Séancen haben bisweilen den Eindruck, mit den »übernehmenden« Wesenheiten direkt zu kommunizieren. In diesem Sinne ist echte Besessenheit nichts anderes als eine »offene«, unfreiwillige Form des Mediumismus: Bewußtsein und Körper des Betroffenen werden vorübergehend von der jenseitigen Intelligenz kontrolliert.

Der amerikanische Journalist und Buchautor John A. Keel will in den Fremdintelligenzen sogar Querverbindungen zur dämonologischen Besessenheit entdeckt haben. Er meint: »Wenn der Besessene und die ihn behandelnden Personen in der sich manifestierenden Persönlichkeit den ›Teufel‹ zu erkennen glauben, werden diese ›Intelligenzen‹ auch dessen Identität annehmen.« Gleiches gilt übrigens auch für das Ufo- und Abduktionsszenarium, wenn die in Erscheinung tretenden Wesenheiten vorgeben, »Aliens« aus fernen Welten zu sein.

Dr. Nitamo F. Monteccuco – er wurde zuvor schon im Zusammenhang mit der Definition des Bewußtseinsfeldes erwähnt (Kapitel III/3) – hat vor einigen Jahren einen computerisierten Elektroenzephalographen zur Analyse von Gehirnwellen entwickelt. Mit diesem *Holotester* will er an Medien im Trancezustand indirekt starke Veränderungen des Bewußtseinsfeldes festgestellt haben: Sobald das Bewußtsein eines Mediums von dem einer Fremdwesenheit »aus der impliziten Dimension« [gemeint ist ein Bereich außerhalb unserer 4D-Raumzeit; das Jenseits] überlagert wird und dadurch in einen anderen »Schwingungszustand« (sic!) gerät, soll dies der *Holotester* anzeigen.

Vielleicht bietet dieses Gerät in modifizierter Ausführung auch einmal die Möglichkeit, zwischen multiplen Persönlichkeiten pathologischer Natur – so es denn solche gibt – und verwirrten Fremdpersönlichkeiten aus der *Zwischenwelt* zu unterscheiden. Doch: Letztlich dürfte es ziemlich egal sein, ob wir es mit einem in viele Einzelpersönlichkeiten unterteilten Bewußtsein eines Lebenden oder mit dem eines Heimgegangenen zu tun haben. Bewußtsein ist allemal immateriell und gehört schon seit Beginn unseres diesseitigen Lebens einer höherdimensionalen Realität an, auch wenn uns dies nicht bewußt wird. Wir alle sind multidimensionale Wesen, die mit ihren geistigen »Fühlern« weit in die für uns unsichtbaren Welten hineinreichen.

2 Psycho-»Vampire« – Leben im Untergrund

> »Wenn die Zeit keine Einbahnstraße ist,
> warum sollte dann
> der Tod ein Sackbahnhof sein?«
>
> Aus einem Brief von Dr. med. A. Hedri (†),
> Spezialarzt FMH für Psychiatrie
> und Psychotherapie,
> an den Autor vom 19. September 1983

Ein Autounfall. Der 28jährige italienische Kfz-Mechaniker Andrea Martini aus Dogana di Ortonovo nahe La Spezia wird schwer verletzt ins Krankenhaus eingeliefert. Er ist bewußtlos. Vierzig Tage liegt er so da im Koma, schwebt zwischen Leben und Tod. Und in diesem Zustand muß etwas in ihn eingedrungen sein, etwas durch und durch Böses, das seinen Charakter total verändert, ihn schließlich zum Mörder an seinen eigenen Eltern werden läßt.
Nach seiner Genesung geht es rapide bergab mit ihm. Er kapselt sich ab, verkriecht sich förmlich in der elterlichen Wohnung, leidet unter Depressionen und verliert zu guter Letzt auch noch seine Arbeit. Seine Verlobte versteht ihn nicht mehr, löst ihr Verhältnis. Die Nachbarn meiden Martini, sein »leerer« Blick flößt ihnen Furcht ein. Als er dann noch eine Katze mit der Motorsäge brutal zerstückelt, wissen sie, daß mit ihm etwas nicht stimmt.

Dann kommt der Tag Anfang September 1995, an dem die von den besorgten Nachbarn alarmierten Carabinieri ins Haus der Martini eindringen und Andrea festnehmen. Er hat beide Eltern umgebracht: die Mutter erwürgt und dem Vater den Schädel eingeschlagen. Das Wasser in der Badewanne ist vom Blut der Getöteten rotgefärbt. Andrea hat das Ehepaar »zur Sicherheit« auch noch ertränkt.

Betroffen fragt man sich, was (oder wer?) diesen jungen Mann derart verändert hat, daß er einer solch schrecklichen Tat an den eigenen Eltern fähig war. Zwar berichten die Medien nahezu täglich über ähnliche Vorkommnisse, aber im Gegensatz zu diesen war im Fall Martini eine vierzig Tage dauernde tiefe Bewußtlosigkeit vorausgegangen, in deren Verlauf Andreas Unbewußtes möglicherweise der Übernahme durch eine destruktive freie Wesenheit schutzlos ausgeliefert war. Diese doch ziemlich spontan erfolgte Bewußtseinsveränderung hin zum Bösartigen, Kriminellen, läßt sich nicht so einfach unter dem Begriff »Schizophrenie« im herkömmlichen Sinne einordnen, da jedes psychische bzw. psychisch indizierte physische Leiden eine meist lange Vorgeschichte hat. Wenn aber der hilflose, körperlich und psychisch geschwächte Martini, wie vermutet, tatsächlich von einer verwirrten fremden Bewußtseinspersönlichkeit übernommen und beherrscht wurde, wäre nicht er, sondern sein »Besetzer« der wahre Täter.

Dr. Raymond A. Moody berichtet in seinem zweiten Erfolgsbuch über Nahtoderlebnisse *(Nachgedanken über das Leben nach dem Tod)* von Personen, die im Zustand des »Totseins« solchen verwirrt umherirrenden Wesenheiten begegnet sein wollen. Sie schienen sich in einem höchst unglücklichen Seinszustand befunden zu haben und waren offenbar unfähig, ihre Bindungen an die materielle Welt aufzugeben, das Irdische, an dem sie so sehr hingen, loszulassen. Diese Wesen konnten anscheinend nicht zur »anderen Seite« hinüberwechseln. Eine Reanimierte, die von den Ärzten länger als 15 Minuten für tot gehalten worden war, gestand Moody später: »Diese verwirrten Leute? Ich weiß nicht genau, wo ich sie gesehen habe... Aber als ich vorüberzog, war da so eine trügerische Zone – ganz im Gegensatz zu all der strahlenden Helligkeit vorher. Dem Aussehen nach waren diese Gestalten viel menschenähnlicher als alle übrigen, bei denen man in diesen Kategorien gar nicht mehr denken kann. Und trotzdem hatten sie natürlich nicht ganz das Aussehen, wie wir Menschen es haben.« Auf Moodys Frage, ob diese »abgestumpften«, verwirrten Wesen ein Bewußtsein von der »Körperwelt« (dem materiellen Universum) gehabt hätten, meinte die Frau: »Sie schienen von gar nichts ein Bewußtsein zu haben, weder von der Körperwelt noch von der Geisterwelt. Sie schienen irgendwo dazwischen festzusitzen, weder im Geistigen noch im Körperlichen. Es muß auf einer Zwischenstufe gewesen sein, nicht mehr ganz hier und noch nicht ganz dort – jedenfalls hatte ich diesen Eindruck.«

Aus all diesen Schilderungen nachtodlicher Szenen wird deutlich, daß sich die meisten Verstorbenen – vor allem, wenn sie ganz plötzlich oder gewaltsam aus dem Leben gerissen wurden – ihres neuen, immateriellen Zustands gar nicht bewußt sind. Sie wähnen sich immer noch am Leben, wollen am irdischen Geschehen teilhaben und versuchen dies dadurch zu erreichen, daß sie in die Bewußtseinsstruktur geschwächter lebender Personen einzudringen versuchen.

Von ihrer neuen Position zwischen der niederen irdischen und der höheren jenseitigen Welt aus gesehen, müßte für sie unsere materielle Realität zu einer Art Traumwelt werden, was ihre Verwirrung und Orientierungslosigkeit weiter steigern dürfte. Wesenheiten mit lasterhafter oder gar krimineller Vergangenheit könnten dann den von ihnen infiltrierten »Wirt« zu unüberlegten illegalen Handlungen veranlassen.

Dr. Edith Fiore, die im Verlaufe hypnotherapeutischer Sit-

zungen Hunderte besessener Patienten erfolgreich behandelt und von ihren »Besetzern« befreit hat, nennt für das Verlangen jener Wesenheiten, die niederdimensionale, dem Irdischen nahe Ebene nicht zu verlassen, zahlreiche verständliche Gründe: zeitlebens unerfüllt gebliebene Wünsche, Ignoranz, Verwirrung über den unbegreiflichen neuen Zustand (vor allem bei plötzlichem Tod und Selbstmord), Furcht vor der »Hölle«, pathologische Anhänglichkeit an zurückgelassene Angehörige und Örtlichkeiten, Süchte (Drogen, Alkohol, Rauchen, Sex), unerledigte Geschäfte, Reue über begangenes Unrecht, Rachegefühle usw. Die verwirrten Wesenheiten haben sich nach Dr. Fiores Ansicht in den »Schwingungen« der »niederen astralen Ebene« nahezu hoffnungslos verfangen. Aus eigenem Antrieb vermögen sie sich kaum zu befreien. Auf dieser der materiellen Welt nahen Ebene trachten sie unentwegt, ihre irdischen Süchte zu befriedigen und ihre Wünsche zu erfüllen, wodurch ihr spiritueller Fortschritt ins Stocken kommt. Bei dem Versuch, ihre früheren Aktivitäten durch Inbesitznahme des Bewußtseins Lebender ungehemmt fortzusetzen, halten die desorientierten Bewußtseinspersönlichkeiten nach Personen Ausschau, deren Aura aufgrund irgendeines Defekts geschwächt ist. Und diese Schwachstellen sind ideale »Fenster« im Bewußtsein der Betroffenen, durch die die Fremdwesenheiten einsickern können.
Dr. Fiore, die während der hypnotherapeutischen Behandlungen nicht den Patienten selbst, sondern stets den ihn beherrschenden »Besetzer« anspricht, kann sich meist recht schnell über dessen Beweggründe für die Übernahme informieren: »Beim Befragen bestreiten sie (die Fremdbewußtseine) gewöhnlich, gestorben zu sein, meinen sie, ›wenn man tot ist, ist man tot‹, oder ›da ich nun mal hier bin, bin ich ebensowenig tot wie Sie!‹ Unter Hypnose führe ich sie bis zum Zeitpunkt ihres Todes zurück, fordere ich sie auf, den von ihnen bewohnten materiellen Körper anzuschauen. Sie

weigern sich dies zu tun oder geben vor, nur zu schlafen bzw. jemandem anderen zu gehören.«
Dank ihrer Hartnäckigkeit kann Dr. Fiore, mit wenigen Ausnahmen, durch Rückführen selbst die verstocktesten Wesenheiten zur Aufgabe ihrer Opfer und zum Transit ins eigentliche Jenseits bewegen, wobei häufig bereits hinübergegangene Angehörige oder Freunde zu Hilfe eilen.
Besessenheit kann sich ganz unterschiedlich negativ auswirken. Nach Dr. Fiore sind dies:
– *Physische (körperliche) Symptome:* Entkräftung durch Energieentzug, Erschöpfungszustände, Schmerzen (Kopf- und Bauchschmerzen), Verkrampfungen, Schlaflosigkeit, Hitzewallungen, Asthma, Allergien, Fettsucht mit hieraus resultierendem Bluthochdruck usw.
– *Mentale/psychische Probleme:* Konzentrationsmangel, Gedächtnisschwäche, fehlende Erinnerung, Depressionen, Unbedachtsamkeit, das Führen von Selbstgesprächen, gewisse Geisteskrankheiten usw.
– *Emotionale Probleme:* Einflößen unberechtigter Ängste, Phobien, rasche Stimmungsumschwünge, Suizidgefährdung, Neigung zu kriminellen Handlungen usw.
– *Suchtprobleme:* Abhängigkeit von Alkohol, Drogen und anderen Suchtmitteln sowie bestimmten Gewohnheiten.
– *Sexuelle Probleme:* Anomales sexuelles Verhalten, Perversität, Frigidität, hieraus resultierende Schuldkomplexe usw.
Grundsätzlich wäre zwischen aufgezwungener und willentlich herbeigeführter (erwünschter) Besessenheit zu unterscheiden. Zu unerwünschten, klammheimlichen »Übernahmen« kann es immer dann kommen, wenn Menschen in irgendeiner Form »bewußtlos« sind: nach einem Unfall, durch Verabreichung von Anästhetika, Einnahme von Drogen und von betäubenden Arzneimitteln sowie in anderen K. o.-Situationen.
Psycho-»Vampire« dürften sich, so Dr. Fiore, vorzugsweise

an Orten aufhalten, wo eine Schwächung der menschlichen Aura zu erwarten ist, so unter anderem in Krankenhäusern und Ambulanzen, aber auch in »Vergnügungsstätten« wie Kneipen, Spielhöllen, Bordellen usw. Gefährdet sind aber auch Hinterbliebene mit sehr engen Bindungen an ihre Verstorbenen, d. h. trauernde Personen.

Absichtlich herbeigeführte Kontakte zu Verstorbenen können ebenfalls zur ständigen »Besetzung« des Bewußtseins durch diese führen. Dies gilt hauptsächlich für unvorsichtige Teilnehmer an Séancen, Benutzer von Planchetten und Oui-ja-Brettern sowie Personen, die sich hemmungslos mit instrumenteller Transkommunikation befassen. Letztere sind besonders stark gefährdet, da die weitgehend automatisch ablaufenden instrumentellen Kontakte das Ausmaß einer eventuellen Vereinnahmung durch jenseitige Bewußtseinswesenheiten und deren Absichten verschleiern können. Nicht ohne Grund warnen Herausgeber und Redaktion der Zeitschrift *Transkommunikation* (Professor Dr. Ernst Senkowski und Dr. med. Vladimir Delavre) in jedem ihrer Hefte vor den möglichen Folgen unbedacht durchgeführter Transkontakte.

Einzigartig erscheint der Fall einer »positiven« Übernahme durch einen bei einem Autounfall ums Leben gekommenen Chirurgen. Sein Bewußtseinskörper war sofort zur Klinik zurückgekehrt und hatte die Bewußtseinsstruktur eines Kindes (Mädchens) schon im Mutterleib übernommen: »Das kleine Ding sollte so früh zur Welt kommen – in nur siebeneinhalb Monaten und lediglich etwas mehr als ein Kilogramm wiegen. Es brauchte aber mehr. Es war zu schwach, um aus eigener Kraft überleben zu können. *Ich konnte ihm mehr geben* – die Kraft, die es benötigte, bis daß das Mädchen es selbst schaffen würde. Es war ja so winzig, so winzig! Es brauchte mich, und umgekehrt brauchte ich es. Ich sammele immer noch Erfahrungen. Mit ihm konnte ich erfahren, was ich nicht hatte, was ich mir wünschte.«

Dieses späte Geständnis eines schon vor zwanzig Jahren tödlich verunfallten Arztes entlockte Dr. Fiore einer ihrer Patientinnen – eben jenem Mädchen, das besagter Chirurg nach seinem Unfall aus Mitleid übernommen hatte. Die junge Frau beschrieb ihren »Gast« als gütige Wesenheit, beklagte sich aber darüber, daß diese so viel von ihr in Besitz genommen hatte. Dadurch sei sie in ihrer eigentlichen, persönlichen Entwicklung behindert worden. Dr. Fiore gelang es nach einigen Sitzungen, die Wesenheit zum Verlassen ihrer Patientin zu bewegen.
Während ihrer langjährigen klinischen Tätigkeit will Dr. Fiore festgestellt haben, daß drogen- und alkoholabhängige Personen fast ausnahmslos mehr als eine fremde Bewußtseinspersönlichkeit beherbergen. Diese sollen meist selbst schon abhängig gewesen sein. Sie zitiert eine 44jährige von Trunksucht geheilte Frau, die aber selbst nach vier Jahren Nüchternheit immer noch unter schlimmen Depressionen und Ängsten litt. Während sie von Dr. Fiore therapiert wurde, stellte es sich heraus, daß sie von nicht weniger als acht ehemaligen Alkoholikerinnen besessen war.
Der Verwirrungszustand scheint bei Selbstmördern besonders groß zu sein. Sie hatten gehofft, sich durch ihren Freitod endgültig von all ihren Problemen befreien zu können, und werden plötzlich mit einer Situation konfrontiert, die sich von der zurückgelassenen kaum unterscheidet. Sie sehen ihren toten Körper vor sich liegen und können nicht begreifen, daß sie immer noch leben... nur daß sie kein Lebender mehr wahrzunehmen scheint.
Dr. R. Moody berichtet von einer Frau, die einen Selbstmordversuch unternommen hatte und dann doch noch reanimiert werden konnte. Sie sprach davon, sich in der Situation »eingesperrt« gefühlt zu haben, in der sie den Selbstmordversuch unternommen habe. Sie gewann den Eindruck, als würde sich der Zustand, in dem sie sich vor ihrem »Tod« befunden hatte, zyklisch wiederholen, »wie bei einer

angeknacksten Schallplatte«. Und diese bittere Erkenntnis einer hoffnungslosen Lage kann dazu führen, daß sich verwirrte Bewußtseinswesenheiten einen neuen materiellen Körper suchen – einen, den sie durch ihre Anwesenheit nicht selten ins Unglück stürzen.

Frederic Myers, den wir von der zuvor erwähnten *Kreuzkorrespondenz* her kennen (vgl. Kapitel VI/3), meinte einmal zur Selbstmord-Problematik: »Die Stimmung, die den Selbstmörder zur Selbstvernichtung treibt, umhüllt ihn auch hier noch wie eine Wolke, von der wir ihn unter Umständen lange Zeit nicht befreien können. Seine emotionale Verwirrung richtet eine Schranke um ihn auf, die nur durch seine eigenen Anstrengungen durchbrochen werden kann, vor allem durch den mit aller Kraft seiner Seele ausgesandten Hilferuf an erfahrenere Wesen.«

Im Jahre 1982 veröffentlichte der englische Psychiater Dr. Arthur Guirdham sein Buch *The Psychic Dimensions of Mental Health* (Die psychischen Dimensionen der mentalen Gesundheit), in dem er über die von ihm angewandte Methode zur Heilung von Besessenen berichtet. Mit mehr als 40 Jahren therapeutischer Erfahrung ist auch er davon überzeugt, daß jede Form schwerer geistiger Erkrankung durch externe Bewußtseinspersönlichkeiten verursacht worden sein kann. Im aufrichtigen Bemühen, seine Patienten von diesen zu befreien, bedient er sich einer Methode, nach der bereits zu Beginn dieses Jahrhunderts Dr. Wickland (vgl. Kapitel II/3) gearbeitet hatte. Guirdham wendet unter anderem die Elektroschock-Therapie an, um hartnäckige Psycho-»Vampire« aus dem Bewußtsein seiner Opfer zu verdrängen.

Der amerikanische Therapeut Dr. Adam Crabtree bezieht in seinem Buch *Multiple Man: Exploration in Possession and Multiple Personality* (Multipler Mensch: Erforschung der Besessenheit und multiplen Persönlichkeit) eine Position zwischen spiritualistischer und psychiatrischer Auffassung von der Besessenheit. Ähnlich wie Dr. Fiore verzichtet er auf Elektroschock, hält er es mehr mit der »Aufklärungs«-Therapie, indem er die »Besetzer« hypnotherapeutisch bearbeitet, sie von der Zweckmäßigkeit des Übergangs in die ihrem neuen Zustand entsprechende Hyper-Realität zu überzeugen versucht.

Dr. Fiore nennt die von ihr angewandte Überzeugungs-Therapie »*depossession*« (engl., wörtlich »ent-besetzen«), ein Begriff, für den es im Deutschen eigentlich keine Entsprechung gibt. Sinngemäß könnte man »*depossession*« mit »von Besessenheit heilen«, »Austreiben verwirrter Bewußtseinswesenheiten« oder ähnlich übersetzen.

In ihrem Buch *The Unquiet Dead* (Die ruhelosen Toten) gibt Dr. Fiore genaue Anweisungen für eine Therapie, nach der sich jeder, der seine psychischen und physischen Unzulänglichkeiten – wie zuvor beschrieben – eigener Besessenheit zuschreibt, selbst therapieren kann. Eckpfeiler dieser Selbsttherapie sind: Entspannung, Meditation, die sogenannte »Weißlicht«-Technik – der Praktizierende stellt sich vor, er sei von einer schützenden Aura aus gleißend-weißem Licht umgeben – und das Ansprechen des vermuteten »Besetzers« mit der Aufforderung, ihn, d. h. sein Original-Bewußtsein, zu verlassen. Wörtlich: »Spreche die besetzende Wesenheit freundlich und liebevoll entweder in Gedanken oder hörbar an. Wenn du sie zu kennen glaubst, nenne sie beim Namen und erkläre ihr, daß du ihre Anwesenheit bemerkt hast. Versichere ihr, daß sie nur als ›Geistwesenheit‹ existiert, die deinen Körper ›bewohnt‹, seitdem ihr eigener Körper gestorben ist. Erinnere sie an die Umstände ihres Todes. Sage ihr, daß wir alle ›Geister‹ sind und niemals sterben, und daß nur unser materieller Körper stirbt. Erkläre dem Verstorbenen, daß er sich nach dem körperlichen Tod voll bewußt außerhalb seines Körpers befindet, daß er sich zu diesem Zeitpunkt direkt zur ›geistigen Welt‹ zu begeben habe, wo ihn seine [verstorbenen] Lieben erwarten würden.

Er aber habe sich dir angeschlossen. Sage der Wesenheit auch, daß, wenn sie deinen Rat nicht befolge, sie dir Energie entziehen und dich verwirren würde, da du ihre Gedanken nicht von deinen eigenen unterscheiden könntest.«
Das auto-therapeutische Zeremoniell endet mit der Aufforderung, sich den im Jenseits wartenden Angehörigen anzuschließen, ihnen die Hand zu reichen und sich in ein wundervolles, körperloses Dasein hinübergleiten zu lassen.
Skeptiker werden einwenden, die von Dr. Fiore praktizierte Therapie gründe auf nichtbewiesene, unwissenschaftliche spiritualistische Behauptungen. Dem wäre entgegenzuhalten, daß die Psychiatrie bis zum heutigen Tage den von ihr postulierten Begriff »multiple Persönlichkeiten« nicht einmal ansatzweise zufriedenstellend zu definieren vermag.
Ist dies alles nur ein Spiel mit undefinierbaren Begriffen, geprägt von Menschen, die – in schulmedizinischen Denkschablonen festgefahren – über Herkunft und Beschaffenheit des *Bewußtseins* nichts Genaues wissen?
Genau wie der Begriff »Information« durch keinen anderen ersetzt und erklärt werden kann (K. Steinbuch: »Information ist Information«), ist auch Bewußtsein eben Bewußtsein. Wir haben dieses Faktum zu akzeptieren. Wie sonst wären wir jedweder Überlegungen und Argumentationen fähig, wie sonst wollte man die Existenz der Geisteswissenschaften und des hieraus resultierenden Fortschritts erklären? Die Unterscheidung zwischen »normalem« Bewußtsein, sogenannten »multiplen Persönlichkeiten« entsprechend psychiatrischem Postulat, real existierenden Bewußtseinspersönlichkeiten, die Besessenheit verursachen, und solchen, die den Weg in die *Hyperwelt* gefunden haben, erscheint dem Transkommunikationsforscher von heute nachgerade widersinnig. Dr. Fiores Erfolge bei der Behandlung Besessener – ihre bewährte »Entsorgungs«-Therapie – sprechen für sich, bestätigen die universelle Präsenz des unzerstörbaren Bewußtseins.

3 »Walk-ins« – Die Quereinsteiger

Ein abgelegenes Nest im Herzen Südafrikas, Anfang Juni 1986. Die sechzehnjährige Morongua Alec fällt plötzlich in tiefe Ohnmacht, aus der sie erst sieben Stunden später erwacht. Sie fühlt sich irgendwie fremd in ihrer Umgebung, hat ihre Muttersprache Tswana total vergessen und... spricht dafür fließend Englisch. Kommunikationsnotstand. Zuvor hatte sie nicht mehr als ein paar Worte in gebrochenem Englisch hersagen können. Jetzt aber beherrscht sie diese Sprache einwandfrei. Sie bedient sich sogar des Akzents der britischen Oberschicht. Zudem scheint sich ihre Persönlichkeit völlig verändert zu haben. Ihr ganzes Benehmen gleicht eher dem einer wohlerzogenen Lady.
Kanyisille Gule, ein junger Psychologiedozent an der südafrikanischen Universität in Bophuthatswana hat diesen mysteriösen Fall eines Persönlichkeitsaustausches eingehend untersucht: »Über die Echtheit des Geschehens gibt es nicht den geringsten Zweifel. Morongua kann Englisch wohl kaum von ihren Freunden gelernt haben, da keiner von ihnen diese Sprache beherrscht. Sie hat ihre Sprachkenntnisse praktisch über Nacht erworben.«
Ein Wissenschaftlerteam, das aufgrund von Gules Untersuchungen angereist kam, stellte fest, daß Morongua mit ihren Angehörigen eine primitive Hütte bewohnte, ohne Wasser- und Stromanschluß, ohne Radio und Fernsehgerät. Hier hätte sie niemals unbemerkt Englisch lernen können.
In der Schule wurde nur Tswana gesprochen, und unter den Lehrern gab es auch nur einige, die ein grobes, ungeschliffenes Englisch sprachen.
Um sicherzustellen, daß Morongua ihre Unfähigkeit die Stammessprache zu verstehen nicht nur vortäuschte, wird sie von einem der Wissenschaftler plötzlich in Tswana auf eine angeblich unmittelbar vor ihr liegende Schlange aufmerksam gemacht. Doch: Unbeirrt geht das Mädchen wei-

ter, so als ob sie die Warnung überhaupt nicht verstanden hätte.
Moronguas Wesen hat sich total verändert. Sie ist nicht nur in der Wahl ihrer Kleidung anspruchsvoller geworden, sondern trinkt auch ihren Tee ausgesprochen geziert, wie eine vornehme Dame – den kleinen Finger leicht gekrümmt. Das Mädchen behauptet, sich unter den eigenen Leuten nicht mehr wohl zu fühlen, dort »fehl am Platz« zu sein. Es mutmaßt, ein verstorbenes englisches Mädchen würde sich ihren Körper mit ihr »teilen«. Für ihre Umgebung ist sie inzwischen ein echtes Problem geworden, da sie mit niemandem mehr kommunizieren kann. Die mit diesem Fall betrauten Wissenschaftler sind ratlos, haben für dieses Phänomen keine Erklärung.
Fälle wie diese sind offenbar gar nicht einmal so selten, wie man zunächst annehmen möchte. Die amerikanische Autorin Ruth Montgomery hat in ihrem Bestseller *Strangers Among Us* (Fremde unter uns) für das Phänomen der *spontanen Übernahme im Erwachsenenalter* – gewissermaßen psychische »Quereinsteiger« – den Begriff *Walk-ins* geprägt. Ihrer Definition zufolge sind *Walk-ins* (engl. wörtlich: Hineingegangene) geistig hochstehende Bewußtseinswesenheiten, deren spirituelle Entwicklung besonders schnell voranschreitet. Ihre »Erleuchtung« hätte nach mehreren erfolgreichen Inkarnationen einen derart hohen Stand erreicht, daß sie die Phasen der Geburt (wie bei der normalen Reinkarnation) sowie der Kindheit überspringen und direkt in die Körper Erwachsener, deren Seelen »ausgewandert« seien (sogenannte *Walk-outs*), eindringen könnten. Dies würde eine sofortige Inangriffnahme der ihnen zugedachten Mission ermöglichen, die in der Vorbereitung der Menschheit auf dramatische Veränderungen zum Ende dieses Jahrtausends bestünde. Montgomery ist davon überzeugt, daß *Walk-ins* schon zu Zehntausenden unter uns weilen und – nahezu unerkannt – durch ihr Wirken die Vergei-

stigung des Menschen, seine Metamorphose, vorbereiten helfen würden.

Walk-ins wären somit Teil des *New Age*-Spektrums mit ähnlichen Merkmalen, wie wir sie von Nahtoderfahrungen, Begegnungen mit Bewußtseinswesenheiten aus der *Hyperwelt*, Fremddimensionalen, von sogenannten *Abduktionen* sowie vom *Erwachen der Kundalini* her kennen. Viele *Walk-ins* behaupten, während einer Nahtod-Situation »eingetroffen« zu sein. Sie wollen an sich eine Entfremdung vom weltlichen, materialistischen Denken und statt dessen die Hinwendung zu spirituellen Erkenntnissen entdeckt haben. Es heißt, ihre psychischen Fähigkeiten würden sich verbessern, und nicht selten käme es, was ihren Lebensstil und beruflichen Werdegang sowie zwischenmenschliche Beziehungen anbelangt, zu dramatischen Veränderungen.

Es gibt Fälle, in denen sich derart »Transformierte« im Körper eines anderen als »Aliens« im eigenen Heim wähnten – Familie und Freunden total entfremdet.

Manche schaffen es nicht, sich mit ihrer eigenen Person zu identifizieren, ihre irdische Aufgabe zu erkennen. Sie wissen nicht mehr, wer sie sind, und suchen daher Rat bei Selbsthilfegruppen wie die von Liz Nelson, der Gründerin von *WE International* in St. Paul, Minnesota.

Nach Montgomery erfolgt der *Walk-in/Walk-out*-Austausch aufgrund einer karmischen Vorbestimmung. Sie glaubt, daß die *Walk-outs*, die den Körper eines Menschen freiwillig verließen, als Bewußtseinspersönlichkeiten einen neuen Seinszustand annehmen, um ihre spirituelle Evolution fortzusetzen – eine »Belohnung« für die Preisgabe ihres zurückgelassenen materiellen Körpers. Diesem »fliegenden Wechsel« des Bewußtseins zu Lebzeiten scheint ein Unsterblichkeitsprinzip eigener Art innezuwohnen, das bislang kaum beachtet wurde. Somit wäre das Walk-in/Walk-out-Prinzip irgendwo zwischen Besessenheit im weitesten Sinne und Reinkarnation anzusiedeln.

27 Der bekannte Zürcher Psychiater und Parapsychologe Dr. Hans Naegeli-Osjord, der sich vornehmlich mit Besessenheitsfällen und paranormalen Heilungen befaßt.

28 Billy Milligans Bewußtsein wurde von nicht weniger als 24 Teil- oder multiplen Persönlichkeiten kontrolliert.

29 Der nach einem schweren Unfall »besessen« gewordene italienische Elternmörder Andrea Martini aus Dogana di Ortonovo bei La Spezia wird von Carabinieri abgeführt.

30 Beispiel für eine spontane Persönlichkeitsumwandlung: Die 16jährige Südafrikanerin Morongua Alec hat nach siebenstündigen Bewußtseinsausfall ihre Muttersprache Tswana total vergessen, sie spricht nun perfektes Hochenglisch.

31 Der Engländer John Launder wurde der Häresie und Hexerei angeklagt und am 23. Juli 1555 auf dem Scheiterhaufen verbrannt. Ähnliches – eine Episode aus ihrem früheren Leben – will eine Patientin von Obermedizinalrat Dr. Günther A. während einer Vollnarkose erlebt haben.

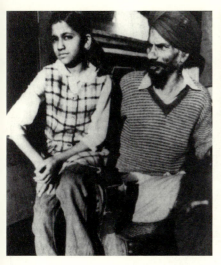 

32 Dramatische Begegnung zwischen Mörder und angeblich als Renee Gupta wiedergeborenem Opfer. Der Inder Surjeet Singh hatte am 2. Juni 1961 seine Ehefrau Gurdeep Kaur im Streit getötet und dafür »lebenslänglich« erhalten. Er wurde jedoch nach 10 Jahren begnadigt. Zahlreiche Zeugen bürgen für die Echtheit dieses Falls, der durch Zufall ans Licht kam.

33 Der in die USA emigrierte tschechische Psychiater Stanislaw Grof will mit Hilfe psychedelischer Drogen Patienten in frühere, oft bizarre Existenzformen zurückgeführt haben.

34 Straßenszene im bekannten Loire-Städchen Amboise, letzte Wirkungsstätte des genialen Leonardo da Vinci.

35 Selbstbildnis des großen Leonardo da Vinci, der am Hofe des französischen Königs Franz I. viele seiner Ideen realisieren konnte.

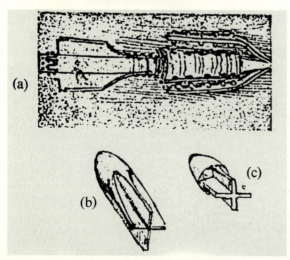
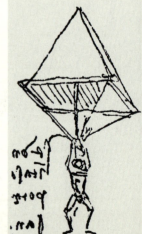

36, 36a Technische Visionen von Leonardo da Vinci: Konstruktionszeichnung eines Projektils, das unseren heutigen Raketen ähnelt (36), und Modell eines Fallschirms (36a). Stammen seine Ideen aus einem technischen Fundus seiner Zukunft, wurde er von Bewußtseinsinhalten späterer Zivilisationen inspiriert oder war er gar ein Zeitreisender wider Willen?

IX

Rückkehr zu den Lebenden – Reinkarnation als Überlebensbeweis?

> »Ich starb als Stein und wurde Pflanze,
> ich starb als Pflanze und wurde Tier.
> Ich starb als Tier: da wurde ich Mensch.
> Warum also den Tod fürchten?
> Wurde ich jemals schlechter oder geringer
> wenn ich starb?
> Einmal sterbe ich als Mensch
> und werde ein Wesen aus Licht,
> ein Engel des Traums.«
>
> Persischer Mystiker Djelal ed din Rumi,
> 13. Jahrhundert

*Anfang der fünfziger Jahre. Der Obermedizinalrat Dr. Günther A., damals Assistenzarzt in der chirurgischen Abteilung der Berliner Universitätsklinik, hatte eine wohlhabende Privatpatientin zu narkotisieren, eine hübsche, rothaarige Frau, der vom Chefarzt eine faustgroße Rückengeschwulst, die sich in Höhe des sechsten bis zehnten Brustwirbelkörpers gebildet hatte, entfernt werden sollte. Damals war es noch gang und gäbe, als Narkotikum Äther zu verwenden, den der Arzt von Hand langsam auf eine Gesichtsmaske tropfen ließ. Der Chefarzt hatte Vollnarkose angeordnet. Dr. A. wählte eine Narkosetiefe, bei der zwar Schmerzempfindung und klares Denken, jedoch nicht die Ansprechbarkeit der Patientin ausgeschaltet waren. Sie befand sich in einer Art Trance.
Während der Operateur bereits das Unterhautzellgewebe*

präparierte, erkundigte sich Dr. A. beiläufig, ob sie Schmerzen empfinde. Die simple Frage sollte einen Dialog auslösen, den Dr. A. später anhand von Stichworten frei rekonstruierte und zu Papier brachte:
»Spüren Sie noch etwas, gnädige Frau?«
»Es wird immer heißer, kaum noch zum Aushalten, und der Pfahl scheuert am Rücken.«
»Woher kommt die Hitze und welchen Pfahl meinen Sie?«
»Ich bin an der Stange brutal festgebunden, ich stehe mitten in einem lodernden Reisigfeuer – es ist scheußlich!«
»Wie sind Sie in diese Situation gekommen?«
»Da fragen Sie noch? Haben Sie es nicht gehört? Die Spatzen pfeifen es von den Dächern! Die Inquisitoren haben mich als Hexe verurteilt, mein beträchtliches Vermögen eingezogen und mich dem Feuertod überantwortet!«
»Warum taten sie das?«
»Es gibt mehrere Gründe. Sie schielten auf mein Geld, ihre Frauen mißgönnten mir die gute Figur. Außerdem erschien ich diesen Herren zu klug, weil ich mich ihnen verweigerte, und zudem bin ich rothaarig. Alles Fakten gegen mich und wie geschaffen für falsche Aussagen.«
Dr. A. mußte die Tropfmenge reduzieren, da die Narkosetiefe zugenommen hatte und der Redefluß der Patientin verstummt war. Mit einem Mal konnte sie wieder durchatmen. Sie fuhr fort:
»Sehen Sie nur – dort hinten, dieser kleine Lustmolch mit den lüsternen Augen – das unverschämte Betrachten meiner entblößten Brüste. Geifer rinnt ihm aus dem Maul. Er hat mich denunziert!«
»Sind Sie wirklich eine richtige Hexe?«
»Oh, nein, natürlich nicht, ich schwöre es bei Gott zum hundertsten Mal. Ich habe weder Ehefrauen ihre Männer weggenommen, noch stecke ich mit Satan unter einer Decke. Ist es denn Sünde, wenn Christenmenschen heilender Kräutertee verabreicht wird? Wozu schuf Gott diese Pflanzen...

Aber der Giftzwerg dort drüben, der wollte mich besitzen. Ich floh und hatte damit mein Todesurteil selber gesprochen.«
Nach einem kleinen Narkosezwischenfall ging der Dialog weiter:
»Besser so, gnädige Frau?«
»Ja, danke, der Wind hat sich gedreht, ich kann wieder durchatmen, nur das Feuer flackert lebhafter, die Hitze nimmt zu. Lange werde ich die Prozedur nicht durchhalten, bald ist mein Leben beendet.«
Inzwischen hatte der Operateur die tiefen Ausläufer des Fremdgewebes freigelegt und entfernt. Nun mußte nur noch die Wunde zugenäht werden.
»Wie empfinden Sie jetzt in diesem Moment?«
»Sie sehen selbst dieses hämische Grinsen der Hofschranzen. Handarbeiten haben sie mitgebracht, um beim Genuß meiner langsamen Exekution ihre angeblich gottgefälligen Werke zu vollenden. Sie sticken an Altardecken!«
»Wie alt sind Sie heute?«
»Gestern war mein achtzehnter Geburtstag, der letzte. Viel zu früh zum Sterben, aber unausweichlich...«
»Sehen Sie noch mehr?«
»Ja, dort den Großinquisitor, ein Teufel in Menschengestalt. Bei der peinlichen Befragung ließ er mich entkleiden, um besser foltern zu können. Schauen Sie nur auf meine Brüste. Brandmale. Auch zwischen den Beinen, weil angeblich dort der Satan in mich gefahren wäre. Glühende Eisenstangen haben sie in mein Fleisch gebohrt. Als ich immer noch nicht gestand, was nie gewesen ist, brannten sie mich auf dem Rücken, tief, bis zum Knochen. Daher auch die starken Schmerzen, wenn dort der Pfahl reibt!«
Beim Weitertropfen begann die Patientin erneut zu sprechen:
»...Mein Henker ist kein ehrenwerter Mann. Ich habe ihm Gold gegeben, damit er vorher meine Kehle zudrückt oder

mir das Genick bricht. Er versprach es, hat sein Versprechen aber nicht gehalten. Dies ist der Grund, warum ich noch immer mit Ihnen rede. Wer sind Sie eigentlich? Ihre Stimme kommt aus weiter Ferne. Ich sehe Sie nicht – ich nehme an, Sie stammen nicht aus Brabant!«

Als die Operation beendet war, rollten die Pfleger die Patientin in den Nebenraum. Sie hatten die Abdecktücher entfernt, so daß die Frau nackt auf der Trage lag. Dr. A. bemerkte an ihren Brüsten und in der Schamgegend dunkle Hautveränderungen. Als er diese aufmerksam betrachtete, meinte die Dame: »Keine Sorge, Herr Doktor, das sind alles nur Muttermale, ich habe sie seit meiner Geburt. Sie sind völlig ungefährlich, wie mir der Hautarzt versicherte...«

Damit endet der Bericht des Obermedizinalrates Dr. Günther A., der sich dafür verbürgt, daß dieses Gedächtnisprotokoll in allen wesentlichen Punkten dem damaligen Hergang entspricht.

Was soll man von dieser realistischen Schilderung eines schon von Berufs wegen sicher nicht okkultgläubigen Arztes halten? Sprach aus der narkotisierten Patientin tatsächlich die Bewußtseinswesenheit einer gequälten und gefolterten jungen Frau, die man vor Hunderten von Jahren auf dem Scheiterhaufen grausam hingerichtet hatte und die erst in neuerer Zeit im Körper der Operierten reinkarniert war? Oder hatte die Patientin irgendwann einmal etwas über Hexenverfolgungen gelesen und sich so in das Schicksal dieser Bedauernswerten hineinversetzt – die einzelnen Phasen von der Anklage bis zur Verbrennung im Unbewußten so detailliert gespeichert –, daß sie sich im veränderten Bewußtseinszustand (Narkose) schließlich mit einem der Opfer der Inquisition identifizierte? Wie aber verhält es sich dann mit den Muttermalen, die erstaunlicherweise an genau den Stellen zu sehen waren, von denen die Patientin behauptete, mit glühenden Eisenstangen malträtiert worden zu sein? Alles nur Zufall, alles nur Einbildung?

1 Reinkarnation – Die unendliche Geschichte

> »... Unsere Geburt war nicht unser Anfang. Schon bevor wir in die irdische Welt eintraten, waren wir lebende und denkende Individuen, und auch nachdem wir sie verlassen haben, sind wir immer noch lebende und denkende Individuen.«
>
> Spiritueller Kommunikator Gordon Burdick
> in: *Beyond the Horizon*
> von Grace Rosher

Immer wenn von Reinkarnation (latein. *re-incarnare:* Wiederfleischwerden), d. h. von der Wiedergeburt oder »Seelenwanderung« die Rede ist, fühle ich mich an das »Überlebens«-Modell des berühmten, hier mehrfach zitierten Hirnphysiologen Sir John C. Eccles erinnert, in dem der biologische, der Alterung/Abnutzung unterworfene Körper des Menschen mit einem Computer und sein Bewußtsein/Geist-Komplex (sein eigentliches »Ich«) mit dem Programmierer verglichen wird. Eccles: »Wenn der biologische Körper (Computer) seine lebenserhaltenden Funktionen einstellt – sobald er stirbt –, sucht sich der unzerstörbare Programmierer (Bewußtsein/Geist-System) einen neuen Computer, d. h. einen neuen Körper.« Mit diesem leicht nachvollziehbaren Vergleich aus der Computertechnik versucht ein renommierter Wissenschaftler den Reinkarnationsgedanken neu zu fassen, ihn zu ent-okkultisieren und

damit zum Gegenstand einer seriösen Nachtod-Forschung zu machen.
Die Vorstellung von der Wiedergeburt ist so alt wie die zivilisierte Menschheit selbst. Während sie im »aufgeklärten« Westen noch bis vor wenigen Jahrzehnten so gut wie unbekannt oder unter dem Einfluß der christlichen Religionen als glaubensfremd verpönt war, gilt die Reinkarnation unter den asiatischen Völkern, z. B. im Hinduismus und Buddhismus, als Lebensfundament. Von den abendländischen Philosophen fühlten sich unter anderem Empedokles, Pythagoras, Platon, Kant und Schopenhauer zur Vorstellung von der Wiedergeburt hingezogen, die in einer Art »Ausgleichsprinzip« gipfelt: Diejenigen, denen in diesem Leben nur Ungerechtigkeit und Unglück widerfährt, könnten in einem der nächsten Leben (Inkarnationen) belohnt werden und umgekehrt. Dies hätte, so die der Reinkarnationsphilosophie zugrunde liegende Idee, über zahllose Leben hinweg eine Harmonisierung der Schicksale – unter anderem eine Nivellierung des Wohlstands-/Armutsgefälles – zur Folge.
Als wichtigstes Argument gegen die Reinkarnationstheorie wird das angebliche Fehlen von echten Erinnerungen an Ereignisse in früheren Leben angeführt. Skeptiker schließen hieraus prompt, daß man demzufolge auch nicht schon ein oder gar mehrmals gelebt haben könne. Dem wäre entgegenzuhalten, daß sich die wenigsten von uns an irgend etwas aus den ersten Tagen, Wochen oder Monaten unserer eigenen Kindheit erinnern können. Dennoch dürfte niemand ernsthaft bestreiten, damals schon gelebt zu haben.
Professor Ian Stevenson vom Department of Behavioral Medicine and Psychiatry der Universität von Charlottesville, Virginia, der bedeutendste Reinkarnationsforscher unserer Tage, hat mehr als 1500 Fälle gesammelt, die auf ein wiederholtes Erdenleben hindeuten. Stevenson schließt anhand von umfangreichem Fallmaterial, das er vorwiegend in Indien, Ceylon, Syrien, Alaska, im Libanon und in der Tür-

kei zusammengetragen hat, daß gerade Kinder – solange deren Erinnerungen noch frisch sind – sich am eindeutigsten mit ihren einstmaligen Existenzen identifizieren. Er konnte deren Angaben über frühere Namen, Örtlichkeiten und Ereignisse häufig persönlich überprüfen und fand sie in vielen Fällen erschreckend realistisch bestätigt. Vielfach stimmten die Geburtsmale der Kinder in Position und Form mit den Wunden überein, die sie in ihrem Vorleben zugefügt bekommen hatten und die auch dem jeweiligen Obduktionsbefund entsprachen.
Der schwedische Psychiater Nils-Olof Jacobson glaubt, daß den Aussagen von Kindern wegen deren Unvoreingenommenheit in der Beurteilung früherer Inkarnationen ein hoher Stellenwert zukommt: »Es ist seltsam, daß Kinder in ihrer Phantasie detaillierte Bilder von Dingen und Zuständen sehen, die sie nicht kennen, jedoch in Bildern von anderen Ländern und anderen Zeiten wiedererkennen. Manche dieser Erlebnisse könnten vielleicht Ausdruck von Wunschdenken sein. Aber es sind ja keineswegs immer angenehme Bilder. Oft stehen sie, ganz im Gegenteil, im Zusammenhang mit unangenehmen und gewaltsamen Ereignissen, die nicht selten zum Tode führen.« Es erscheint geradezu widersinnig, anzunehmen, daß traumatische Erinnerungen ausschließlich auf einer üppigen Phantasie beruhen sollen, so vor allem bei Kleinkindern ohne jede Lebenserfahrung, ohne Informations- und Kontaktmöglichkeiten, ganz besonders in asiatischen Ländern.
Unabhängig von den oft ermüdenden Diskussionen für und wider die Reinkarnation gibt es zahlreiche, von namhaften Wissenschaftlern akribisch untersuchte Fälle, die aufhorchen lassen und zum Nachdenken zwingen.
Der türkische Arzt Dr. Resat Bayer (Istanbul) konnte Anfang der siebziger Jahre den Teilnehmern eines in den USA abgehaltenen internationalen grenzwissenschaftlichen Kongresses Bilder von Verletzungen und Operationswunden

vorlegen, die er mit früheren Inkarnationen in Verbindung brachte. Aufsehen erregte damals der Fall des jungen Ahmed, der von sich behauptete, daß er in seiner früheren Existenz unter dem Namen Mustapha durch Pistolenschüsse getötet worden sei. Die Spuren der Einschüsse will Dr. Bayer am Körper des Jungen eindeutig ermittelt haben. In seinem Bericht heißt es: »Vor drei Jahren wurde mir mitgeteilt, daß in einem kleinen Dorf im Süden der Türkei ein achtjähriges Kind mit dem Namen Ahmed lebt, das neun ›Geburtszeichen‹ am Körper trage, und zwar Schnittnarben an der Brust und an den Armen sowie eine völlig unerklärliche Narbe am Hals. Ich begab mich in das Dorf, um den Fall zu untersuchen.
Die Befragung der Eltern ergab, daß das Kind mit diesen Wundmalen geboren worden war. Die Ärzte, die wegen dieser Male das Kind vor mir untersucht hatten, wußten hierfür keine Erklärung. Das Kind erklärte mir gegenüber, daß die Narben sein Wohlbefinden im allgemeinen nicht beeinträchtigten. Schmerzen zeigten sich nur bei plötzlichem Temperaturumschwung.«
Zurück in Istanbul, verschickte Dr. Bayer an alle Polizeistationen des Landes ein Rundschreiben, in dem er um Auskunft über einen möglichen Mordfall bat, in dem das Opfer durch neun Schüsse getötet worden war. Beim Polizeikommissariat von Adana (Südtürkei) wurde er schließlich fündig. Man teilte ihm mit, daß vor fünfzehn Jahren auf dem dortigen Marktplatz ein Mann namens Mustapha von einem Rivalen mit neun Pistolenschüssen niedergestreckt worden war. Sofort reiste Dr. Bayer nach Adana, um die exhumierte Leiche des Erschossenen in Augenschein zu nehmen. Eine sorgfältig durchgeführte Untersuchung ergab, daß die Narben am Körper Ahmeds mit den Positionen der Knochenverletzungen des toten Mustapha genau übereinstimmten.
Später wurde Ahmed der Familie des Ermordeten gegen-

übergestellt. Sofort erkannte dieser unter den zahlreichen dort anwesenden Personen Mustaphas alte Mutter, die in seinem früheren Leben seine eigene gewesen war. Er ging spontan auf sie zu, küßte ihre Hände und begann zu weinen.

Dr. Bayer, der den Kongreßteilnehmern insgesamt 150 exakt recherchierte Fälle von Personen mit Reinkarnations-Merkmalen unterbreitete, schloß eine physiologische, d. h. künstlich herbeigeführte Übertragung von Wundnarben auf den Körper eines Neugeborenen mit absoluter Sicherheit aus. Er ist vielmehr der festen Überzeugung, daß Geburtsmale, die von Verletzungen aus früheren Leben stammen, auf *psychokinetischem Wege* übertragen werden. Mit anderen Worten: Bei der »Übernahme« eines Neugeborenen durch eine ungebundene (autonome) Bewußtseinspersönlichkeit eines Ermordeten werden dem Lebewesen schon im embryonalen Zustand die Wundmale psychokinetisch aufgeprägt. Dr. Bayers Erkenntnisse stimmen mit den hier erörterten Jenseitstheorien und denen anderer Wissenschaftler auffällig überein.

Anfang der sechziger Jahre behauptete ein siebzehnjähriges Beduinenmädchen vom Stamme der *Beni Sachar* aus dem jordanischen Grenzgebiet, schon einmal in Pakistan gelebt zu haben. Sie konnte nicht nur die Namen ihres früheren Ehemannes und ihrer beiden Kinder nennen, sondern wußte auch den Ort ihres damaligen Aufenthalts und ihre näheren Lebensumstände zu beschreiben. Nachforschungen ergaben, daß ein Mann mit dem von ihr erwähnten Namen und zwei Kindern tatsächlich in besagtem Ort gelebt hatten. Ihr »Ex-Mann« war inzwischen verstorben. Ein Jahr vor der Geburt des Beduinenmädchens hatte er seine Frau verloren.

Wie kann es sein, daß ein ungebildetes Beduinenmädchen Kenntnis vom Leben einer einfachen Familie im weit entfernten Pakistan besaß, daß es – und dies ist das Bemer-

kenswerteste an diesem ungewöhnlichen Fall – im pakistanischen Belutschi-Dialekt lesen und schreiben konnte?
Rein genetische Übertragungsmechanismen dürften hier mit Sicherheit auszuschließen sein, zumal das Mädchen einem dem Pakistanischen völlig fremden Kulturkreis entstammt.
Der französische Buchautor Jean-Baptiste Delacour – er siedelt die Reinkarnation im Bereich des Paranormalen an – interpretiert solche Rückerinnerungen an vergangene Leben als Aktivitäten einer *Psi-Komponente*, was immer das auch sein mag. Er vermutet, daß Interessen, Neigungen und Charaktereigenschaften, die ein Mensch während seines Erdenlebens erworben hat, in dieser *Psi-Komponente* erhalten blieben. Interessant ist Delacours Vorstellung, daß diese *Psi-Komponente* nach dem Zeugungsakt eine befruchtete Eizelle kontaktiert und durch Teilung auf einen neuen Körper übergeht, d. h. sich diesem anlagert. Dadurch würde die Zelle in Form der Erbanlagen das gesamte Spektrum der zukünftigen Entwicklung eines Menschen enthalten. Wörtlich: »Durch eine irgendwie geartete Resonanz kommt ein Kontakt gerade mit dieser und nicht irgendeiner anderen Eizelle, die der inkarnationsreifen *Psi-Komponente* weniger entsprochen hätte, zustande. Diese Komponente, die früher auf der irdischen Ebene als ›x‹ in Erscheinung getreten war, zeigt sich nun als ›y‹ einer neuen Persönlichkeit mit neuen Entwicklungsmöglichkeiten, aber verbunden mit ihr durch die Erinnerung.«
James Bedford und Walt Kensington bezeichnen in ihrem Bestseller *Das Delpasse-Experiment* die zuvor erwähnte Komponente als *Psinergiepaket* (hypothetische Psi-Energie), in dem Gedächtnis, Charakter, Erfahrungen und andere spezielle Eigenschaften eines Menschen, kurzum seine gesamte Persönlichkeit, enthalten sind.
Es bleibt sich übrigens völlig gleich, ob wir die (für uns) immaterielle, physikalisch nicht direkt anmeßbare geistige

Komponente des Menschen als *Bewußtseinspersönlichkeit, Bewußtseinsfeld* (vgl. Kapitel III/3), *Walk-ins, Psi-Komponente, Psinergiepaket* oder wie auch immer bezeichnen. Wesentlich ist, daß diese beim Körpertod frei werdende höherdimensionale Bewußtseinsstruktur unabhängig von Raum, Zeit und Entfernung *jeden anderen* entstehenden oder bereits vorhandenen Körper ansteuern und quasi-telepathisch, ja sogar psychokinetisch (beim Vorhandensein von Geburtsmalen) beeinflussen, d. h. »übernehmen« kann. Es wäre dies ein fremdgenetischer Vorgang auf geistiger oder Bewußtseinsebene, gewissermaßen ein *transgenetischer Prozeß*. Die autonome jenseitige Bewußtseinspersönlichkeit würde sich dann bei der echten Reinkarnation ihren neuen Körper und ihre Destination selbst aussuchen, ob unter karmischem Zwang oder nicht, bleibt dahingestellt. Während der 14. Jahrestagung der »Society for Scientific Exploration« (Gesellschaft für wissenschaftliche Forschung) schlug Professor James A. Harder von der Berkeley University, Kalifornien, vor, den Begriff »Reinkarnation« durch den unverfänglichen, neutralen Ausdruck »Informationstransfer« zu ersetzen. Dieser würde die Aufmerksamkeit der Wissenschaftler auf den eigentlichen Prozeß und nicht so sehr auf möglicherweise irreführende glaubensgeprägte Übertragungsmechanismen lenken. Harder fragt sich, ob es einen »Mechanismus« gibt, der die Übertragung von Informationen durch Raum und Zeit mit einer latenten Zeitverzögerung von mehreren Jahren erklärt. Die Frage der zeitlichen »Distanz« zwischen Körpertod und erneuter Inkarnation in einem neugeborenen Körper dürfte, vom Standpunkt des Reinkarnierten aus gesehen, im Prinzip unerheblich sein. Da das Bewußtsein des Verstorbenen in einer höherdimensionalen, d. h. aus mehr als vier Dimensionen bestehenden geistigen Welt weilt, in der »Zeit« (als vierte Dimension) zu einem statischen Bestandteil wird, ist der Zeitpunkt der »Übernahme« bedeutungslos. Das jen-

seitige Bewußtsein kann praktisch jederzeit inkarnieren oder in das Bewußtsein eines Lebenden eindringen, wenn hierfür die Voraussetzungen günstig sind.
Die amerikanische Psychologin Dr. Helen Wambach – sie will zeit ihres Lebens Tausende von Patienten hypnotherapeutisch behandelt und dabei in frühere Inkarnationen zurückgeführt haben – gibt als durchschnittlichen Zeitraum zwischen zwei Leben 54 Jahre an. Die von ihr ermittelte kürzeste Inkarnationszeit lag bei vier Jahren, die längste bei 110 Jahren. Ihre Statistik ist auch in anderer Hinsicht interessant. In 59 % aller Fälle hatte der frühere Tod des Zurückgekehrten rein natürliche Ursachen (Krankheit, Altersschwäche). 21 % der Befragten gaben als Todesursache Unfälle, 18 % Gewalteinwirkung (Krieg, Mord, Ertrinken usw.) und nur 2 % Selbst- bzw. Ritualmord an. 12 % der von Helen Wambach zurückgeführten Personen wollen der »Oberklasse«, 20 % der »Mittelschicht« und 68 % (!) der einfachen Bevölkerung angehört haben. Diese Angaben könnten das Scheinargument der Reinkarnations-Kritiker entkräften – das sogenannte *Cleopatra-Syndrom* –, hypnotherapeutisch Zurückgeführte würden geltend machen, in ihrem früheren Leben ausschließlich hohe Positionen innegehabt zu haben. Dem anderen Geschlecht wollen früher einmal 60 % der Befragten angehört haben. Vielleicht sind gerade diesem Umstand gewisse sexuelle Anomalien und Verirrungen zuzuschreiben.
Etwa 72 % behaupteten, ihre Wiedergeburt selbst bestimmt zu haben. 54 % gaben an, sie hätten die Hilfe anderer Wesenheiten in Anspruch genommen.
Interessant sind vor allem die Angaben zum genauen Zeitpunkt des Eindringens in den materiellen Körper. 18 % von Wambachs Patienten wollen irgendwann vor der Geburt und 38 % *unmittelbar* vor der Niederkunft »angedockt« haben. 48 % aller Befragten berichteten, sich zum Zeitpunkt der Geburt »innerhalb und dann wieder außerhalb des Fö-

tus« aufgehalten zu haben. Es scheint fast, als wären diese Bewußtseinspersönlichkeiten noch unentschlossen gewesen, sich ihrem neuen Körper anzuvertrauen.

2   Zeitreisen in »andere« Leben

> »*Lösen Sie sich irgendwann,*
> *zu irgendeinem Zeitpunkt los,*
> *dann sehen Sie,*
> *daß es weder Vergangenheit noch Zukunft gibt,*
> *daß alles gleichmäßig vorhanden ist,*
> *alle Information.*«
>
> Durchsage der Transwesenheit Claudius
> durch Volltrancemedium Franz Schneider (†),
> aus: *Instrumentelle Transkommunikation*
> von Ernst Senkowski

Uns allen ist das eingangs geschilderte unheimliche Erlebnis des Obermedizinalrats Dr. Günter A. noch frisch in Erinnerung: Seine Patientin hatte in leichter Narkose sichtlich bewegt ihren früheren Flammentod auf dem Scheiterhaufen erlebt. Ungewollt! Vor Hunderten von Jahren war sie von Neidern der Hexerei bezichtigt und trotz Beteuerung ihrer Unschuld in aller Öffentlichkeit verbrannt worden. Ob sie das schreckliche Ereignis lediglich nacherlebt (nachempfunden) oder parallel zum Zeitpunkt ihrer Operation, d. h. zeitneutral in einer anderen »vergangenen« Realität erlebt hat, ist eine Sache der Interpretation. Nach Einstein gibt es weder eine Vergangenheit noch eine Zukunft, sondern ausschließlich *Gleichzeitigkeit* – alles ist jetzt! Folglich könnte die Verbrennung der Bedauernswerten tatsächlich *parallel zur Operation* stattgefunden haben – eben nur in einer anderen Realität.
Solche unbeabsichtigt zustande gekommenen Rückführungen (Regressionen) in vergangene Leben sind äußerst sel-

ten und wegen ihrer Zwanglosigkeit von unschätzbarem Wert.

In neuerer Zeit ist man nicht so sehr auf zufällige Entdeckungen von *Vorleben* oder entsprechende Aussagen begabter Medien angewiesen. Therapeuten arbeiten heute vorzugsweise mit den Mitteln der Hypno-Regression – der Rückführung in hypnotisch herbeigeführter Trance –, vor allem um ihre Patienten von psychisch bedingten Krankheiten, irgendwelchen Komplexen und anderen Unzulänglichkeiten zu befreien, deren Ursachen sie in vergangenen Leben zu entdecken hoffen. Beim Hypnotisieren, auch von Medien, schläfert der Hypnotiseur nach ganz unterschiedlichen Techniken (Faszination und Fixation) das Wachbewußtsein der betreffenden Person ein, was durch Punkt-Konzentration, monotonen Zuspruch, suggerierte Entspannung, Außenreizverarmung usw. erfolgen kann.

Hypnose ist ein künstlich erzeugter Entspannungszustand zwischen Schlafen und Wachsein, in dem Herzschlag, Herzfrequenz und Blutdruck herabgesetzt sind. In Hypnotrance liegen die Hirnstromfrequenzen ebenfalls zwischen denen des Wachzustands (etwa 20 Hertz; Hz) und denen, die während des Schlafes (kleiner als 8 Hz) gemessen werden.

Diese nur im entspannten Zustand bei geschlossenen Augen gemessenen Alphawellen sind im Frequenzbereich von 8 bis 13 Hz angesiedelt. Sie sollen ihren Ursprung im *Thalamus*, einem Sektor des Zwischenhirns, haben und mit dem Großhirn in unmittelbarer Verbindung stehen. Hier ist das Interface zwischen bewußtem Denken und dem Unbewußten – der Bereich, in dem Hypnose auftritt.

Beim Vertiefen der Trance stellt der Hypnotiseur einen psychischen Kontakt zum Unbewußten des Patienten oder Mediums her, ein Vorgang, den Psychotherapeuten als *Rapport* bezeichnen. Er kommt vorwiegend verbal zustande.

Psychoanalytisch gesehen, findet beim Rapport-Abhängigen eine Regression des Ich-Bewußtseins statt, d. h., die

Grenzen zwischen dem »Ich« und »Nicht-Ich« verwischen einander. Während der Hypnose erlangt der Hypnotiseur aufgrund des Direktkontaktes zum Unbewußten seines Gegenüber leichten Zugang zum Speicher aller bisher erlebten Ereignisse. Das in Hypnotrance gesteigerte Erinnerungsvermögen (Hypermnesie) erlaubt dann häufig das Wiedererleben früheren Geschehens, was nach Ansicht vieler Reinkarnationsexperten über die Geburts- und Vorgeburtsphase hinaus noch weiter zurück in frühere Leben führen soll.

Bei der Hypno-Regression fordert der Hypnotiseur als erstes den Zurückzuführenden auf, sich an seine Kindheit, an die Zeit als Säugling und an die Geburt zu erinnern. Danach versucht er, etwa mit der Aufforderung »Wir gehen noch weiter zurück; lassen Sie sich nur weitertreiben, bis Sie ein genaues Bild von sich selbst sehen«, in die Vorvergangenheit vorzustoßen. Dort »angekommen«, bittet er den Betroffenen, ihm möglichst viel über sein früheres Selbst – Name, Ort, Zeit, persönliches Umfeld, Familienverhältnisse und Todesursache – zu berichten.

Nicht alle Hypnose-Experten halten die durch Hypno-Regressionstechniken zusammengetragenen Informationen über die Vorleben ihrer Versuchspersonen für aussagekräftig. Der amerikanische Psychologe Dr. Martin Orne will im Verlauf eines Experiments festgestellt haben, daß bei der Hypno-Regression auch erfundene Aussagen miteinfließen. Er ließ z. B. hypnotisierte Studenten über die Ereignisse anläßlich ihres sechsten Geburtstags berichten. Ihre recht ausführlichen Schilderungen verglich er anschließend mit allem, was deren Angehörige hierüber zu sagen hatten. Dabei stellte es sich heraus, daß die Studenten in Hypnose zu Übertreibungen, zum Phantasieren neigten. Da jedoch ein Gutteil der Schilderungen selbst in Details stimmte, dürften Dr. Ornes Experimente noch lange kein Beweis gegen die Existenz der Reinkarnation sein. Es ist durchaus

denkbar, daß in Trance Fakten und Wunschdenken einander überlappen.
Überzeugende Erinnerungen an frühere Leben werden an bestimmten, auf Erfahrungen beruhenden Merkmalen gemessen:
– Sie sollen viele historische Daten enthalten, die sich beim Nachforschen selbst in Details als zutreffend erweisen.
– Es ist nachzuprüfen, ob die historischen Daten dem Zurückgeführten bereits bekannt waren, um sicherzustellen, daß diese nicht in dessen Aussagen miteinfließen.
– Historische Nachforschungen, die die frühere Existenz von bislang völlig unbekannten Personen belegen, sind besonders aussagekräftig.
– Andere Indizien, die eine frühere Inkarnation belegen, wie z. B. Geburtsmale, tragen ebenfalls zur Erhärtung der Wiedergeburtstheorie bei.
Der englische Psychiater Dr. Denys Kelsey stand bei Gründung seiner Praxis der Reinkarnationsphilosophie eher skeptisch gegenüber. Erst nach vielen Jahren therapeutischen Wirkens, durch die detaillierten und äußerst farbigen Schilderungen seiner Patienten, deren traumatische Ereignisse in der Vergangenheit offenbar bis in die Gegenwart fortdauerten, reifte in ihm die Erkenntnis, daß es sich bei der Reinkarnation um etwas durchaus Reales handeln müsse.
Um letzte Zweifel zu beseitigen, unternahm Dr. Kelsey eines Tages einen Eigenversuch. Er versetzte sich selbst, d. h. autosuggestiv, in Trance und ließ seine in diesem Zustand hervorgebrachten Aussagen von seiner Frau protokollieren:
»Ich hatte große Zweifel, ob ich in der Lage sein würde, irgend etwas herauszufinden, vor allem auch, weil es bekanntermaßen schwierig ist, einen Hypnotiseur zu hypnotisieren... Ich heftete meinen Blick auf eine Kerzenflamme und entspannte mich. Der Übergang von einem skeptischen Psychiater, der auf seiner eigenen Couch liegt, zu einem Mann, der in einem zweirädrigen Streitwagen dahinrast,

kam unvermittelt. Zu meiner Linken erblickte ich Barrieren, die eine Insel voller Zuschauer in der Mitte der Arena einschlossen. Rechts überholte mich ein anderer Streitwagen. Ich wußte, daß ich ihm hätte Platz machen sollen, aber statt dessen lenkte ich die Pferde in die enger werdende Lücke. Es gab einen furchtbaren Stoß, als sich unsere Räder ineinander verkeilten. Ich wurde nach vorn geschleudert und spürte, wie ein Rad über meine Brust rollte. Als sich der Streitwagen überschlug, wurden die Pferde gegen die Barriere geworfen. Das letzte, woran ich mich erinnerte, war ihr Wiehern.
An dieser Stelle holte mich Joan (seine Frau) in die Gegenwart zurück. Aber die schreckliche Erkenntnis, daß ich durch meinen Wunsch, mich hervorzutun, den Tod zweier geliebter Pferde verursacht hatte, beschämte mich... Es gab keine Möglichkeit, mich von diesem Vorfall zu lösen. Daß er sich vor 2000 Jahren ereignet hatte, war vollkommen unerheblich. Ich war derjenige, der es getan hatte, und es geschah *jetzt*.«
Der nahe dem walisischen Cardiff lebende englische Hypnosearzt H. Arnall Bloxham konnte nicht nur seine Patienten, sondern, genau wie Dr. Kelsey, auch sich selbst hypnotisch zurückversetzen. Bereits als Kind will er gewußt haben, in einem seiner früheren Leben ein Chinese gewesen zu sein, der schon in jungen Jahren verstorben war. Zur Bekräftigung seiner Behauptung spielte er seinem Vater auf dem Klavier chinesische Weisen vor, befaßte er sich mit der Anfertigung ostasiatischer Puppen.
Während autosuggestiv herbeigeführter Hypnose erkannte sich Bloxham einmal als Inkarnation des bekannten englischen Schauspielers Edmund Kean in der Rolle Richard III., der vor König George IV. auf der Bühne gestanden hatte, später aber der Trunksucht verfallen war.
Seine älteste Erinnerung reicht 4000 Jahre zurück. Zwei asiatische Hellseher bestätigten ihm übereinstimmend, daß

er damals während der Herrschaft von Königin Shuhad ein bedeutender Mystiker gewesen sei – ein Umstand, dem er sein derzeitiges Wissen um die Reinkarnation verdanke. Bislang gingen Psychotherapeuten und Reinkarnationsexperten davon aus, bei Hypno-Regressionen mit früheren Inkarnationen ihrer Patienten, mit deren ererbten, unzerstörbaren Bewußtseinspersönlichkeiten zu sprechen. Der amerikanische Wissenschaftsjournalist Bob Toben gibt jedoch zu bedenken, daß die Aussagen hypnotherapeutisch Zurückgeführter auch durch telepathisches Anzapfen von Bewußtseinsinhalten verstorbener Fremdpersönlichkeiten zustande kommen könnten: »Das Gefühl, in der Vergangenheit jemand anderer gewesen zu sein, bedeutet nicht, daß du diese Person warst, selbst wenn du jede Einzelheit aus seinem Leben kennst. Wenn Wissen über die Vergangenheit möglich ist, ist es auch denkbar, mit dem Wissen einer *intensiven Ansammlung von vergangenen Ereignissen der Raumzeit* in Verbindung zu treten, jeden Moment des Lebens einer anderen Person der Geschichte miteingeschlossen. So ist es möglich, die Einzelheiten des Lebens von jedem, der jemals gelebt hat, zu erkennen, nicht nur einen bestimmten Lebenslauf oder zwei!«
Tobens Spekulationen gehen sogar soweit, Wiedergeburten aus der Vergangenheit oder – man lese und staune – *aus der Zukunft* (sic!) für *Selbstgespräche* zu halten. Bei letzterer würde die Istzeit-Persönlichkeit (die im Jetzt lebt) mit einer ihrer zukünftigen Inkarnationen, die bereits parallel zu ihr existiert, kommunizieren. Wem diese Interpretation zu spekulativ erscheint, möge bedenken, daß wir über Wesen und Sinn unseres Bewußtseins in einer aus unzähligen Realitätsfacetten bestehenden multidimensionalen Welt so gut wie nichts wissen.
Stanislaw Grof, ein in der Tschechei geborener und in die USA emigrierter Psychiater will seine Patienten mit Hilfe der psychedelischen Droge LSD (Lysergsäurediethylamid)

in noch weiter zurückliegende, ausgesprochen bizarre Existenzformen zurückgeführt haben. Sie berichteten immer wieder über ihre Erlebnisse als Tiere, Pflanzen und sogar Mineralien. Und ihre Aussagen waren, so Grof, mitunter »von einer unwahrscheinlich genauen Kenntnis des Wesens dieser Kreaturen und Strukturen begleitet«.
In seinem 1976 erschienenen, aufsehenerregenden Buch *Realms of the Human Unconciousness: Observations from LSD Research* (Bereiche des menschlichen Unbewußten: Beobachtungen der LSD-Forschung) heißt es: »Evolutionäre Erinnerungen haben besondere, erfahrungsmäßige Eigenschaften, die sie... eindeutig von menschlichen Erlebnissen unterscheiden und oft den Bereich und die Grenzen menschlicher Phantasie und Vorstellungskraft übersteigen. Der einzelne kann z. B. einen aufschlußreichen Einblick in das haben, was eine Schlange fühlt, wenn sie hungrig ist, eine Schildkröte, die sexuell erregt ist, ein Kolibri, der seine Jungen füttert, oder ein Hai, der durch die Kiemen atmet. Patienten haben berichtet, den Trieb verspürt zu haben, der einen Aal oder... einen Lachs bei seinem heldenhaften Zug gegen die Strömung eines Flusses bewegt, die Empfindungen einer Spinne, die ihr Netz spinnt, oder den geheimnisvollen Ablauf der Metamorphose vom Ei über die Raupe und die Puppe zum Schmetterling.«
Eine der von Grof unter LSD-Einwirkung zurückgeführte Patientin – eine gewisse Renata – hatte das Gefühl völliger Übereinstimmung mit einem großen weiblichen Reptil – eine Spezies, die schon seit Jahrmillionen ausgestorben war: »Sie fühlte sich schläfrig und faul, als sie an einem großen See im Sand lag und sich wohlig in der Sonne wärmte. Als sie das in der Sitzung erlebte, öffnete sie die Augen und sah den Therapeuten (hier: Dr. Grof) an, der in ein gutaussehendes Männchen der gleichen Gattung verwandelt worden zu sein schien. Das Gefühl der Trägheit verschwand augenblicklich, und sie verspürte eine starke sexuelle Erregung.

Laut ihrer Schilderung hatten diese Gefühle nichts mit menschlicher Erotik und sexueller Anziehung zu tun. Es war eine ganz eigene und besonders ›reptilische‹ Neugier am anderen Geschlecht, das sie darüber hinaus anzog... Sie war vielmehr gebannt von den schuppenartigen Facetten, die sie seitlich am Kopf des Therapeuten (sic!) bemerkte. Eine davon schien in Form und Farbe unwiderstehlich auf sie zu wirken; es hatte den Anschein, als strahle sie gewaltige sexuelle Ströme aus.«

Nicht wenige von Grofs LSD-Patienten wollen bisweilen die »Empfindungen« von anorganischen Stoffen wie Granit, Gold oder Diamanten gespürt haben. Einige berichteten sogar über ihre Erlebnisse in der Welt des Mikrokosmos: die Natur der im atomaren Bereich auftretenden Kräfte, die Brownsche Molekularbewegung usf. Dazu vermerkt Grof, daß das Bewußtsein offenbar ein kosmisches Phänomen sei und daß das menschliche Bewußtsein nur eines von zahllosen Abarten desselben zu sein scheint. Ähnlich muß auch der zuvor mehrfach zitierte Philosoph und Altphilologe F. W. H. Myers (vgl. Kapitel VI/3) bei seinen Jenseits-Durchgaben *(Kreuzkorrespondenz)* empfunden haben. Es drängte ihn offensichtlich, aufgrund seiner neuen, allumfassenden Erkenntnis, eine Evolution abzuleiten, die sich, anders als die Darwinsche, mehr im Geistigen, im Bereich des Bewußtseins, abspielt: »Bringe Pflanzen, Insekten, Fische, Vögel und vierfüßige Säugetiere in ihren verschiedenen Klassen unter. Sie ähneln... den Klassen in der Schule. Die... Seelen der Pflanzen sammeln sich, wenn sie gestorben sind, zu Myriaden und bilden größere psychische Einheiten. Diese zahllosen kleinen Wesen steigen dann eine Stufe höher und... dringen als ein einziges psychisches Wesen... in den Körper eines Insekts ein. Unmengen von Insektenleben bilden sich wieder zu einem Wesen, das rechtzeitig den Körper eines Fisches oder Vogels annimmt. Und so setzt sich der Prozeß fort... Schließlich entwickeln sich die embryonalen Seelen der Tiere soweit,... daß viele, die ein Wesen bilden, am Ende menschliche Seelen werden.« Unter diesem Gesichtspunkt wäre das Urempfinden von Grofs LSD-Patienten nur allzu verständlich.

3 Wanderer zwischen den Welten

»Bilder der Welt
sind nicht mit der Welt identisch,
eher versperren sie den Zugang zu ihr.«
Professor H.-P. Dürr,
Direktor des Werner-Heisenberg-Instituts,
München,
in: *Physik und Transzendenz*

Erinnerungen an vergangene Leben bedürfen nicht unbedingt besonderer medialer Fähigkeiten oder hypnotisch gestützter Rückführungen. Wir alle dürften schon einmal das verblüffende Gefühl gehabt haben, fremde Personen, denen wir begegneten, oder Orte, die wir zum ersten Mal besuchten, »von früher her« zu kennen. Diese sicher subjektive Empfindung – man bezeichnet sie als »Déjà-vu-Erlebnis« (franz.: »schon gesehen«) – wird von der Psychiatrie durchweg als Gedächtnistäuschung gewertet. Sie soll nach Auffassung einschlägig befaßter Wissenschaftler durch »Erinnerungen an Ähnliches«, »Erinnerungsfälschung aufgrund psychischer Dissoziation« (Spaltungszustand), »Erinnerungen an verschüttet gegangene Erlebnisse« (z.B. Träume) usw. zustande kommen.

All dies mag für die Mehrzahl der Déjà-vu-Erlebnisse durchaus zutreffen, tragen doch Fernsehen, Video, Computer, Internet, »World Wide Web« und die Printmedien durch permanentes Berieseln mit Bildinformationen kräftig zur allgemeinen Verwirrung und Verunsicherung bei. Aufgrund

der medienverursachten Außenreizüberflutung weiß heute niemand genau zu sagen, ob er einen erstmals persönlich besuchten Ort zuvor nicht doch schon einmal im Fernsehen oder anderswo »virtuell« wahrgenommen hat.
Und dennoch gibt es Fälle, in denen solche »psychischen Begegnungen mit der Vergangenheit« so überzeugend sind, daß sie auf einen momentanen Direktkontakt zwischen unserer jetzigen Existenz und deren früheren Inkarnationen schließen lassen.
Dem im Zweiten Weltkrieg zur lebenden Legende avancierten amerikanischen Panzer-General George S. Patton wird nachgesagt, daß er während seiner frühen Militärzeit ausgeprägte Déjà-vu-Erlebnisse gehabt hatte, die ihn schließlich von der Realität der Reinkarnation überzeugten.
Im Ersten Weltkrieg kam Patton in geheimer Mission nach Südfrankreich an einen Ort, den er nie zuvor besucht hatte. Obwohl es Nacht war und man ihm die Fahrroute verschwiegen hatte, beschlich ihn plötzlich das Gefühl, sich früher schon einmal in der dortigen Gegend aufgehalten zu haben. Als sich der von einem wortkargen Fahrer gelenkte Stabswagen einer Hügelkette näherte, fragte Patton, ob der aufzusuchende Stützpunkt nicht gleich jenseits der Hügelgruppe auf der rechten Seite läge. Der Fahrer verneinte dies und bedeutete ihm, daß ihr Ziel noch ein Stück weiter weg sei, daß sich aber an der von Patton bezeichneten Stelle vor 2000 Jahren ein römisches Heerlager befunden habe. Patton war fest davon überzeugt, damals die Legionen Roms angeführt zu haben.
Während des Zweiten Weltkrieges unternahm der damals in Sizilien stationierte General zusammen mit der für Altertümer zuständigen Signora Marconi eine Inselrundfahrt. Im Verlauf eines angeregten Gesprächs über den karthagischen Vorstoß auf die alte Hauptstadt Syrakus, korrigierte Patton wiederholt die Ausführungen seiner Begleiterin. Als sie ihn nervös fragte, ob er denn zuvor schon einmal in

Sizilien gewesen sei, meinte dieser trocken: »Ich denke schon.«

Bestimmte Veranlagungen, Fertigkeiten und Fähigkeiten, die manche Menschen schon in jungen Jahren »entwickeln« – Kreativität und Genialität –, deuten mehr noch als Déjà-vu-Erlebnisse auf die Möglichkeit eines *Informationstransfers* (Kapitel IX/1) hin, den Übergang der Persönlichkeitsstruktur eines Verstorbenen auf die materielle (biologische) Existenzform eines Neugeborenen.

Wie anders als durch einen »transgenetischen« Übertragungsprozeß sollte man sich z. B. Wolfgang Amadeus Mozarts (1756–1791) frühe musikalische Begabung erklären? Als Vierjähriger konnte er schon Noten schreiben und Violine spielen, ohne hierin je unterrichtet worden zu sein. Im zarten Alter von sechs Jahren beherrschte er bereits Cembalo, Orgel und Geige virtuos, brillierte er mit seinen musikalischen Darbietungen bei Hof vor Maria Theresia.

Es sind beileibe nicht nur die Wunderkinder, für deren einmalige schöpferische Leistungen selbst Skeptiker und Ignoranten keine Erklärung haben. Man muß sich auch fragen, warum es immer wieder Menschen gibt, die auf unerklärliche Weise von ganz bestimmten, »fixen« Ideen, von der Erfüllung einer selbst gestellten Aufgabe »besessen« zu sein scheinen. Fast könnte man annehmen, sie handelten unter magischem Zwang, sie würden von einer fremden Wesenheit geleitet werden.

Warum fühlten sich seinerzeit Lawrence von Arabien und Gordon von Khartum ausgerechnet zu afrikanischen Ländern hingezogen? Wie konnte der gelernte Kaufmann Heinrich Schliemann mit fast schlafwandlerischer Sicherheit wissen, wo er das alte Troja suchen mußte, nach dem Generationen gestandener Archäologen vergeblich geforscht hatten? Und durch was vermochte sich ein amerikanischer Arzt während des Zweiten Weltkrieges auf dem südlich von Rom am Mittelmeer gelegenen Schlachtfeld von Anzio plötzlich einer chirurgischen Methode zu entsinnen, die er nie erlernt hatte? Er behauptete, sie seinen Erfahrungen als Militärarzt während des amerikanischen Bürgerkrieges (1861–1865) zu verdanken, deren er sich mit einem Mal erinnerte, nachdem er immer und immer wieder von ihnen geträumt hatte.

Es ist wie beim Staffellauf. Was zählt, ist (hier: analog zum Bewußtsein) der Stab, der von Läufer zu Läufer (von Inkarnation zu Inkarnation) weitergereicht wird. Anders als beim Staffellauf liegt das Ziel der »Bewußtseinsstafette« jenseits des Irdischen, im Erreichen einer zeitlosen, unangreifbaren Realität. Damit wären wir, als Bewußtseinspersönlichkeit, für die Ewigkeit programmiert, praktisch unsterblich.

Amboise, zauberhaftes Städtchen an der Loire, im Herzen der Touraine, einst Sitz der französischen Könige und letzte Wirkungsstätte des genialen Leonardo da Vinci. Im alten Stadtkern, unten in der malerischen Gasse mit dem Uhrenturm aus dem 15. Jahrhundert, drängen sich Restaurants und Cafés. Hier haben wir Platz genommen, um bei einer Tasse Tee und »Petits fours« – leckere kleine Köstlichkeiten – den herrlichen Blick auf das erhaben gelegene Schloß zu genießen, dem geschäftigen Treiben der Touristen zuzuschauen...

Wir lassen unseren Gedanken, unserer Phantasie freien Lauf, stellen uns vor, wie schön es wohl wäre, hier für immer leben zu dürfen, unter Menschen, denen wir uns auf seltsame Weise verbunden fühlen. Alles kommt uns so bekannt vor, so als ob wir schon immer hier gelebt hätten. Hätten? Da ist Albert Einsteins Postulat von der Gleichzeitigkeit allen Geschehens. Vielleicht leben wir ja hier. *Jetzt* – nur eben zeitlich versetzt, in einer Realität, parallel zu der unsrigen. Der Mensch ist seinem Ursprung nach ein Bewußtseinswesen, ein Geschöpf, das schon immer existierte und in allen nur denkbaren »Ausgaben« für ewig weiterexistieren dürfte.

Hier, irgendwo unter all den fröhlichen, ausgelassenen Menschen, sitzen vielleicht auch wir als französische Parallel-»Ausgabe« unseres Selbst und sind uns dieses Zwitterzustandes gar nicht einmal bewußt. Und vielleicht gibt es uns realitätsversetzt auch in vielen oder gar in allen Ländern der Erde. Voll bewußt wird uns in diesem Augenblick nur unsere »einzige« programmierte Rolle als deutsche Touristen, die in Amboise einen wunderschönen Samstag nachmittag verbringen. Alle anderen, parallelen Entsprechungen würden dann (für uns) nur virtuell, nur als Traumgebilde, als Träume in einem Traum von einem Traum usf., existieren. Die Portion Tee zeigt Wirkung. Unsere hitzebedingte Lethargie scheint plötzlich von uns zu weichen, rationalen Überlegungen Platz zu machen. Die Bedienung kommt, wir zahlen – »au revoir!«
Ernst Senkowski brachte es auf den Punkt: »Wir – die Menschen – sind im Kern zeitlose, unzerstörbare ›multidimensionale‹ Wesen als Teilbewußtseins-Strukturen, die – je nach Sichtweise – *nacheinander inkarnieren* oder *gleichzeitig existieren.*«
Die »Welt in uns« ist es, die es zu entdecken gilt. Wir alle sind gerufen. Es gibt kein Zurück.

X

Schöne neue Welt – Cyber-Land und danach...

> »Geist benötigt grundsätzlich
> keine ›festen Körper‹.
> Durch Fehlinformation
> suchte er sich einen Tierkörper.
> Dies kann
> als Anfang Eures Systems gedeutet werden.
> Dadurch entstand das Gefühl,
> sterblich zu sein...
> Geist schafft Bewußtsein,
> Bewußtsein schafft Welten.«
> »Föderation des Lichts«,
> Computer-Ausdruck (Commodore C 64)
> bei Adolf Homes am 2. April 1996

Total Recall – ein Science-fiction-Reißer mit Arnold Schwarzenegger: Wir schreiben das Jahr 2084. Arbeiter Quaid quälen Alpträume vom Leben auf dem Mars. Er wendet sich an »Recall«, Spezialisten für Mentalreisen. Ein Bewußtseinstrip zum roten Planeten soll Klarheit schaffen, ihn in seine eigene Vergangenheit zurückführen.
Quaids »virtuelle« Rückkehr zum Mars bringt Gewißheit: Er war als Agent gegen das Regime des Mars-Diktators Cohaagen eingesetzt. Der aber hatte sein Gedächtnis löschen lassen, als dieser ihm bei seinem korrupten Treiben auf die Schliche gekommen war. Absoluter Blackout.
Die im virtuellen Raum stattfindenden Ereignisse überschlagen sich. Regisseur Paul Verhoeven arbeitet mit kaum zu überbietenden Spezialeffekten, die den Zuschauer das Fürchten lehren. Quasi aus dem Nichts materialisieren sich

holografisch projizierte Pseudo-Wesenheiten – von Menschen aus Fleisch und Blut nicht zu unterscheiden. Sie stiften Verwirrung, versuchen Quaid geschickt auszutricksen, ihn in tödliche Fallen zu locken. Im bildtelefonischen Kontakt mit seinem virtuellen Selbst in der Vergangenheit erfährt Quaid schließlich die ganze Wahrheit über sich und kann dadurch Cohaagen zur Strecke bringen.
So absurd uns dieses turbulente Future-Szenarium auch anmuten mag: Gehirnimplantate – Biochips und bioelektronische Erinnerungsspeicher – jederzeit an prallgefüllten Datenbanken aufladbar – dürften bereits im nächsten Jahrhundert keine Utopie mehr sein. Amerikaner und Japaner arbeiten mit Hochdruck an der Entschlüsselung des »Bewußtseins-Codes«, an der Umsetzung von mentalen Aktivitäten – Gedanken, Erinnerungen, Gefühlen usw. – in nutzbringende Anwendungen. Die Basisidee ist gar nicht einmal so kompliziert: Versuchspersonen, die an einem Elektroenzephalographen (EEG-Gerät) angeschlossen sind, verursachen beim Denken bestimmter Begriffe (Worte, komplexe Sätze) ganz spezifische Gehirnwellenmuster. Sobald entsprechend programmierte Sprach-Computer diese Muster den jeweiligen Worten und Sätzen, der Bedeutung einer Gedankenfolge, richtig zuzuordnen verstehen, ließen sich Bewußtseinsaktivitäten in Sprache oder gedruckten Text umsetzen. Es wäre dies gewissermaßen ein Akt technisch gestützter außersinnlicher Wahrnehmung, etwas, das Militärs und Nachrichtendienste bislang vergeblich zu realisieren versuchten (vgl. *Psi-Agenten*, Langen Müller 1994).
Implantierte digitale »Gedächtnisse« dürften sich in perfektionierter Form vielseitig einsetzen lassen:
– Einmal ermittelte Daten aus dem »neuro-verdrahteten« Gehirn, als Umsetzer des menschlichen Bewußtseins, könnten direkt in Computer oder Datenbanken eingespeist werden. Umgekehrt ließen sich jedwede Daten aus entspre-

chend eingerichteten Computern oder Datenbanken über die organische Schaltstelle »Gehirn« unmittelbar ins Bewußtsein des Users einspielen. Die Übertragung von Wissen (z. B. Sprachen) dürfte innerhalb weniger Minuten oder Stunden möglich sein. Die Direkt-Vernetzung »Mensch/Computer« würde Hardware überflüssig machen und die Gefahr des »Gehacktwerdens« beseitigen.
– Die von Computern eingelesenen EEG-Muster könnten auch funktechnisch an eine entfernte Empfangsstelle weitergegeben und dort unmittelbar in das Bewußtsein einer dritten Person übertragen bzw. in Sprache oder gedruckten Text umgewandelt werden.
Mit automatisierten und roboterisierten Einrichtungen »EEG-Gerät/Computer« wären folgende Anwendungen denkbar:
– Geordnete Gedanken ließen sich über einen Drucker zu Papier bringen.
– Sprach- und Körperbehinderte könnten sich artikulieren bzw. ohne fremde Hilfe bewegen.
– Blinden ließen sich Bilder ihrer Umwelt direkt in deren Bewußtsein übertragen.
– Verhinderung geplanter Verbrechen durch eine Art prophylaktische Gedankenkontrolle.
– Erinnerungshilfe zur raschen Wiedererkennung von Personen und Objekten. »Stille« Informationsbeschaffung.
– Vorstellungen, Entwürfe, Konstruktionspläne usw. ließen sich gedanklich und kostensparend auf einen Bildschirm übertragen bzw. direkt ins Bewußtsein eines Empfängers (Kunden) »einspiegeln«.
– Da das Bewußtsein Heilungsprogramme einzuleiten bzw. diese zu beschleunigen vermag, müßte es möglich sein, durch ständiges Berieseln mit gedanklich suggerierten Heilungsmustern Krankheiten einzudämmen und Genesungsprozesse zu beschleunigen.
– Die »technologische« Erschließung des menschlichen Be-

wußtseins dürfte auch die Entwicklung echter, autonomer Roboter nachhaltig beeinflussen.
– Möglicherweise ergeben sich aus diesem Bewußtseins-Engineering auch *nichtmediale* Transkontakte – zufallsunabhängige Kontakte zwischen dem Bewußtsein Lebender und dem Verstorbener.
Das Fernsehmagazin der *Neuen Zürcher Zeitung, Format NZZ,* ließ am 29. Februar 1996 über *Vox* ein Feature *Intelligente Roboter* ausstrahlen, in dem vorwiegend über die Aktivitäten am »Robotic Institute« der Carnegie Mellon University in Pittsburgh, Pennsylvania, berichtet wurde. Wichtigster Gesprächspartner war Hans Moravec, Direktor des dortigen »Mobile Robot Lab«, der mit einigen sensationellen Prognosen über die Entwicklung mobiler Roboter, künstlicher Intelligenz und der zukünftigen Rolle des Menschen in einer von Maschinen beherrschten Welt verblüffte. Meine Neugierde war geweckt, zumal es da noch viele offene Fragen gab.
Als sich Dr. Moravec unlängst einige Monate in Deutschland aufhielt, hatte ich endlich Gelegenheit, ihn persönlich zu sprechen und ihm einige für dieses Buch mir wichtig erscheinende Fragen zu stellen:
Frage: Halten Sie es für denkbar, daß, sollte es denn einmal hochentwickelte, autonome Roboter geben, diese so etwas wie ein eigenes Bewußtsein oder gar Gefühle besitzen?
Moravec: Heute sprechen wir mehr von Computern als von Robotern... Die Entwicklung verläuft bei diesen etwa ähnlich wie beim Menschen; wir imitieren uns selbst.
Frage: Wären dann solche »menschähnlichen« Roboter überhaupt noch Maschinen im heutigen Sinne?
Moravec: Das ist eine Frage der Interpretation. Ich persönlich bezeichne auch biologische Systeme als »Maschinen«. Es kommt ganz auf die Betrachtungsweise an. Biologen, Chirurgen und Psychiater sehen den Menschen ebenfalls ganz unterschiedlich.

Frage: Könnten Sie sich vorstellen, daß der Mensch diese materielle Welt letztlich ganz einer Roboter-Population überläßt?
Moravec: Ich denke, daß dies unvermeidlich ist, da der Mensch in die Welt, die er entwickelt hat, nicht mehr hineinpaßt. In naher Zukunft werden Maschinen diese Aufgaben besser bewältigen können. Wir haben keine Zukunft. Eine Ausbreitung im All ist ohnehin nur mit Robotern möglich. Vielleicht werden intelligente Roboter später einmal das gesamte Universum übernehmen.«
Erschreckende Aussichten, möchte man meinen. Eine Welt, beherrscht von Automaten und Maschinen, von Androiden, Robotern und künstlicher Intelligenz. Eine zweite Schöpfung scheint vorprogrammiert zu sein.
Was bliebe dem Menschen dann noch zu tun? Würde er mit diesen von ihm selbst erschaffenen Kunst-Wesen aus Metall, Kunststoff, Silicium und anderen anorganischen Materialien friedlich koexistieren oder müßte er sich gegen die modernen Golems ständig zur Wehr setzen?
Vielleicht gibt es eine weitere Alternative, eine, die uns heute noch utopisch erscheinen mag, in wenigen hundert Jahren jedoch bereits harte Realität sein könnte: Der Mensch entwickelt sich über eine Cyberspace-Vorstufe ganz allmählich zur reinen Bewußtseinswesenheit, zur unsterblichen »Ghost«-Entität, die ihre materielle Existenzform freiwillig einer Roboter-Kaste überläßt. Es könnte durchaus sein, daß unser krankheitsanfälliger biologischer Körper, der schon nach wenigen Jahrzehnten verbraucht ist, dahinsiecht und nach dem Ableben ohnehin verrottet, in ferner Zukunft ganz und gar überflüssig sein wird. Warum sollte die Bewußtseinspersönlichkeit, unser wahres »Ich«, auf ewig an einen animalischen Körper gebunden sein, wenn Leben auch ohne den Ballast der materiellen Existenz realisierbar ist. Mein genialer Freund, der Journalist und Buchautor Gerhard Steinhäuser (†), meinte einmal, auf das Überle-

bensprinzip anspielend: »Leben ist Form – Leben ist ein Prinzip und währt daher ewig. Und da wir selbst Leben sind, sind auch wir zeitlos und ewig.«
Schon schafft es die Forschung, Zellen und Organe Verstorbener mittels Nährlösung und kryotechnischer Methoden auf Dauer zu konservieren, sie für Experimente vermehrungsfähig und damit praktisch »unsterblich« zu machen.
Schon ist amerikanischen Computerspezialisten und Medizinern die digitale Bilderfassung des kompletten Inneren männlicher und weiblicher Körper Verstorbener gelungen – die Herstellung von dreidimensionalen Körperschnitt-Ansichten über Lage und Beschaffenheit menschlicher Organe –, die sich jederzeit aus dem *Internet* abrufen lassen.
Schon fließen in einem weltweiten Datennetz, dem *World Wide Web (WWW)*, die Bewußtseinsinhalte – Gedanken, Ideen, Absichten und Erinnerungen – von Millionen Menschen zusammen. Im virtuellen Raum des *Cyberspace* wird genau das symbolisch vorweggenommen, was uns allen beim sogenannten »Tod« auf natürliche Weise widerfährt: Der Übergang in eine virtuelle und doch so reale Überwelt, nennen wir sie nun *Jenseits, Paradies, Himmel, Nirwana* oder, weniger prosaisch, *implizite Ordnung*.
Die Beschäftigung mit Nahtoderfahrungen und nachtodlichen Zuständen dürfte in uns die Erkenntnis reifen lassen, daß wir alle mehr sind als unser biologischer Körper, daß unser Bewußtsein als Teil des schöpferischen ewigen Allgeistes im wahrsten Sinne des Wortes unsterblich ist.

Begriffserläuterungen

Abduktionen: Behauptete kurzzeitige Entführungen von Personen durch hypothetische Ufo-Wesenheiten, meist um an den Betroffenen medizinisch-biologische Untersuchungen und Experimente vorzunehmen. Alles deutet darauf hin, daß solche »Abduktionen« auf Bewußtseinsebene in einer anderen Realität stattfinden, auch wenn die Abduzierten Merkmale von »Eingriffen« aufweisen (evtl. psychokinetisch verursacht).

Akasha-Chronik: (Sanskr.: heißt soviel wie »Raumäther«.) Hier: Weltgedächtnis, dem alle Vorkommnisse in der Vergangenheit innewohnen.

Anästhetika: Mittel geringer Toxizität zur Ausschaltung der Schmerzleitung bzw. -empfindung.

Androide: Hierunter versteht man eine Art künstlich geschaffenen Menschen.

Anoxie: Völlig unzureichende Sauerstoffkonzentration im Gewebe.

Astralkörper (Astralleib): Ein der Physis eines jeden Lebewesens zugeordneter hypothetischer feinstofflicher Körper. Nach Auffassung des Autors muß dieser für uns normalerweise unsichtbare psychische Leib höherdimensional beschaffen sein, demzufolge es für ihn kein materielles Hindernis gibt. Unter besonderen, konventionell-physikalisch nicht erklärbaren Bedingungen soll er jedoch, vor allem für medial Veranlagte, vorübergehend sichtbar sein (vgl. Astralkörperaustritte).

Astralkörperaustritte: Man spricht auch von »Astralkörperexkursionen«, »Astralprojektionen«, »Astralwanderungen«, »Astralreisen« sowie von »außerkörperlichen Erfahrungen« (kurz:

AKE). Hierunter versteht man das Loslösen des hypothetischen »feinstofflichen« (psychischen) Körpers, des Astralkörpers, vom biologischen (materiellen) Körper und seine Aussendung, d. h. Verselbständigung. Er wird vom Bewußtsein dirigiert. Der Astralkörper ist dabei durch die sog. »Silberschnur« – eine Art feinstoffliche »Nabelschnur« – mit dem biologischen Körper verbunden. Astralprojektionen sind keine Wachtraumerlebnisse, da der Austritt jederzeit willentlich beeinflußt, unterbrochen oder beendet werden kann. Auch scheinen AKE-Einleitung und -Abwicklung nach einem bestimmten Schema zu verlaufen, was bei Träumen nicht der Fall ist.

Außerkörperlichkeit: Zustand des Ausgetretenseins (des Astralkörpers), die »außerkörperliche Erfahrung« (AKE).

Automatismen: Nicht vom Willen gesteuerte Handlungen, z. B. automatisches Schreiben, Sprechen, Malen und Komponieren. Spiritisten glauben, die Urheber dieser automatisch durchgeführten Tätigkeiten seien die Bewußtseine Verstorbener. Animisten vermuten hinter diesen Vorgängen abgespaltene psychische Prozesse der Persönlichkeit des Betreffenden.

Autoskopie: Eine Art Selbstschau, entweder als Doppelgängervision oder als Eigendiagnose, wenn ein Patient seine eigenen Organe wahrnimmt und Veränderungen an ihnen beschreibt.

Beobachtereffekt: Begriff aus der Quantenphysik. Vom Beobachtereffekt hängt es ab, wann ein subatomares Teilchen ein festes Objekt und wann es eine Welle ist. Der Akt des Beobachtens, die Art und Weise, in der die Beobachtung durchgeführt wird, verändert die Natur dessen, was man beobachtet. So kommt es beim Beobachten zum Zusammenbruch der »Wahrscheinlichkeiten« – ein Teilchen erscheint (es verläßt, gem. David Bohm, die implizite, eingefaltete Ordnung und geht in die explizite, entfaltete Ordnung über; es wird sichtbar).

Besessenheit: Krankheitsbild vorwiegend auf abartig religiöser Basis. Die Betroffenen glauben, eine fremde geistige Wesenheit (Verstorbener, Dämon usw.) habe von ihnen Besitz ergriffen. In diesem Zustand können unterschiedliche Psi-Phänomene (Telepathie, Hellsichtigkeit, Präkognition, Psychokinese usw.) auftreten. Die hiervon Betroffenen haben »Gesichte«, hören fremde Stimmen und glauben, daß sie von Dämonen heimgesucht werden. Besessenheit wird sowohl medizinisch (Persönlichkeitsspaltung) als auch paranormal (animistisch oder spiritistisch) gedeutet.

Bewußtseinsfelder (Gedankenfelder): Hypothetische immaterielle Felder höherer Ordnung (geistiger Art), die die untergeordneten Biogravitations- (oder Bio-)felder steuern.

Bewußtseinspersönlichkeit: Das immaterielle körperunabhängige Bewußtsein des Menschen wird wegen seiner Fähigkeit, den Tod des biologischen Körpers zu überdauern, als eigenständige Persönlichkeit – als Bewußtseinspersönlichkeit – bezeichnet. Sie vermag nach Ansicht unorthodox argumentierender Wissenschaftler aus jenseitigen (höherdimensionalen) Bereichen in unsere Welt hineinzuwirken, was in diesem Buch anhand von Indizienbeweisen darzulegen versucht wird.

»Bewußtseins«-Physik: Ein von Professor Robert Jahn und dem Autor geprägter Begriff, der besagt, daß zur Erklärung von Psi- und anderen Grenzphänomenen das geistige Prinzip (Bewußtsein) in die Physik eingeführt werden muß. Schnittstellen dürften im quantenphysikalischen Bereich sowie durch fortentwickelte Cyberspace-Techniken zu erwarten sein.

Bilder, eidetische: Subjektive Anschauungsbilder (z. B., wenn jemand in bestimmten Tapetenmustern Gesichter oder andere Objekte zu erkennen glaubt).

Bilokation (Gleichörtlichkeit): Die Fähigkeit, an zwei oder mehreren Orten zur gleichen Zeit zu weilen. Diese Gabe soll z. B. der 1968 verstorbene italienische Franziskanerpater Francesco Forgione (Pater Pio) besessen haben.

Biogravitation(sfeld), Biofeld: Hypothetisches, auf der Existenz sogenannter Biogravitationen aufbauendes Feld. Der russische Physiker W. Bunin definierte 1960 erstmals Biogravitation als »die Fähigkeit lebender Organismen, Gravitationswellen zu erzeugen und zu empfangen«. W. Puschkin glaubt mit diesen Feldern Psi-Phänomene erklären zu können.

Chronovisor: Ein elektronisches Gerät, mit dem sich angeblich Szenen aus fernster Vergangenheit beobachten lassen – eine Art Zeit-TV, mit dem man lebensechten Handlungen aus vergangenen Zeiten beiwohnen kann. Der Chronovisor soll von dem italienischen Benediktinerpater Alfredo Pellegrino Ernetti zusammen mit zwölf Wissenschaftlern entwickelt worden sein und im Vatikan aufbewahrt werden.

»Cleopatra«-Syndrom: Von Kritikern der Reinkarnationstheorie erhobener Vorwurf, hypnotherapeutisch Zurückgeführte würden geltend machen, in früheren Leben stets hohe Positionen innegehabt zu haben. Diese Behauptung konnte von seriösen Reinkarnationsforschern wie Professor Ian Stevenson eindeutig widerlegt werden.

»Cold Spots« (Kalte Stellen): Bestimmte Stellen in sog. Spukhäusern rufen bei Besuchern ein starkes Kälteempfinden hervor. Möglicherweise handelt es sich bei diesen Örtlichkeiten um »Schnittstellen« zu anderen Realitäten.

Cyber: Nach Dr. N. F. Montecucco das »Einheitsfeld« des Bewußtseins: »Ein sich selbst erkennendes Informationsfeld, das mit ›autonomem‹ Leben begabt ist.«

Cyberspace: Totalsimulation einer Computerrealität; Integration des »Bewußtseinsmenschen« in ein künstlich geschaffenes, real wirkendes Computer-Szenarium.

Déjà-vu: (Franz.: schon gesehen.) Konventionelle Interpretation: Gedächtnistäuschung. In einer neuen Situation bzw. in bisher unbekannter Umgebung hat man das Gefühl, dasselbe schon einmal gesehen/erlebt zu haben. Paranormale Interpretation: Präkognition bzw. Rückschau auf eine in einer früheren Existenz erlebte Situation.

»Depossession«: (Engl.: eigentlich »ent-besetzen«.) Heilen von Besessenheit; das Austreiben verwirrter Bewußtseinswesenheiten, die das Bewußtsein eines Lebenden besetzt halten und dadurch bei diesem schizoide Zustände hervorrufen (nach Dr. Edith Fiore).

Direktstimmen (Direkte Stimmen): Paranormale Manifestationen, bei denen während Séancen eine oder gleich mehrere »Jenseits«-Stimmen vernommen werden. Hören mehrere Personen diese Stimmen gleichzeitig, dürften, wenn Manipulationen ausscheiden, keine Halluzinationen vorliegen.

Ektoplasma: Frühere Bezeichnung für Bioplasma; ein hypothetisches, dem biologischen Körper entsprechendes, durch ionisierte Teilchen charakterisiertes Energiefeld (Energiekörper).

Endorphine (endogene Morphine): Körpereigene Peptide mit opiatartiger Wirkung.

Energieerhaltungssatz (Zweiter Hauptsatz der Thermodynamik): Bei allen Energieumwandlungen bleibt der Betrag der Gesamtenergie erhalten. Anders ausgedrückt: In der Natur geht der unwahrscheinliche Zustand der Ordnung von selbst in den wahrscheinlichen der Unordnung über.

Entpersonifizierung (Entpersönlichung): Das Gefühl der Fremdheit des eigenen »Ich« infolge Abspaltung des Ich-Bewußtseins vom Erlebten.

Erfahrungen, außerkörperliche: Vgl. »Außerkörperlichkeit«.

Erscheinungen (Ghosts): Die Parapsychologie versteht hierunter eine paranormale Manifestation. Diese kann sich als »Gesicht« (Illusion oder Halluzination mit paranormalem Inhalt) oder als quasi-materielles Phantom bemerkbar machen. Erscheinungen lassen sich auch tiefenpsychologisch, aber nicht konventionell-physikalisch erklären.

Exorzismus: Theologisch: Rituelle Austreibung von »Teufeln« und »Dämonen«, aber auch von »bösen Geistern« Verstorbener (vgl. »Besessenheit«).

»Extras«: Paranormal entstandene Gesichter, Gestalten usw. auf Fotos, die beim Aufnehmen nicht zu sehen waren, wenn Doppelbelichtungen und sonstige Manipulationen nachweislich auszuschließen sind.

Feinstoffkörper: Hypothetischer »Körper« (Feld) von immaterieller Beschaffenheit, der sog. »Ätherleib«, der nach Auffassung des Autors dem biologischen Körper zeit seines diesseitigen Lebens höherdimensional (Hyperwelt) zugeordnet ist. Er unterscheidet zwischen Bewußtsein und Bioplasma(-feld). Das Bewußtsein kontrolliert das dem biologischen Körper näherstehende Bioplasmafeld. Unter nicht näher definierbaren Umständen kann das Bewußtsein unter Inanspruchnahme des Bioplasmas »quasi aus dem Nichts« Objekte (Materialisationen) hervorbringen bzw. Psychokinese auslösen.

Gedankenobjekte: Nur gedachte, d. h. *virtuelle* Dinge, die in einer höherdimensionalen Welt (Hyperwelt) real existieren. Gemäß dem US-Wissenschaftler Th. Bearden werden solche »Gedankenobjekte« in der Zeitkomponenten eines jeden Photons (Lichtteilchens) mitgeführt. Sie ließen sich gem. Bearden durch einen »Kindling«-Prozeß in für uns sichtbare, materielle Objekte umwandeln.

»Ghost«-Effekt: (Engl. »ghost«: Geist; Erscheinung.) Auftreten von Erscheinungen Lebender, Sterbender oder Verstorbener (hierzu: E. Meckelburg, *Hyperwelt*, Langen Müller 1995; eine umfassende Darstellung des Erscheinungsszenariums).

Gravitonen (Gravitationsquanten): Hypothetische Bausteine des Gravitationsfeldes.

Hologramm, noetisches: Nach Bedford/Kensington das »Abbild unseres Geistes, das unseren biologischen Tod überlebt und in einer jenseitigen *Hyperwelt* zeitlos gespeichert wird«, (vgl. »Akasha-Chronik«).

Hyperkapnie: Erhöhter arterieller Kohlendioxid-Partialdruck, meist infolge Minderbelüftung.

Hyperraum: Vorerst nur mathematisch erfaßbares Gebilde jenseits unseres materiellen 4D-Universums. Der raumzeit-freie Hyperraum dürfte als Abwicklungsbereich für Psi-Phänomene und Zeitreisen gelten.

Hyperraum-Engineering: Alle künftigen Super-High-Tech-Methoden, die die reale Existenz des *Hyperraumes* nutzen, um Psi-Phänomene jederzeit künstlich zu erzeugen, Zeitmanipulationen (auch Zeitreisen) durchzuführen, stabile Kontakte zu Verstorbenen herzustellen usw. Die von Professor Robert Jahn und Dr. Brenda Dunne, PEAR, Princeton University und von Dr. Dean Radin an der University of Nevada experimentell untersuchten »Bewußtsein/Objekt«-Interaktionen und die an japanischen Hochschulen durchgeführten, von *SONY* subventionierten Bewußtseins-Experimente, dürften als Beginn einer zukünftigen »Bewußtseins-Physik« – eines *Hyperraum-Engineering* – angesehen werden.

Hyperwelt: Eine »Welt« oder Realität jenseits unserer vierdimensionalen Raumzeit-Welt. Der Autor sieht sie als »Heimat« der Bewußtseinspersönlichkeiten Verstorbener (vgl. sein Buch *Hyperwelt*, Langen Müller 1995).

Hypno-Regression: Hypnotisch gestützte Rückführung von Personen in frühere Situationen (vorgeburtliche und noch frühere Inkarnationen).

Hypoxie: Verminderter bis unzureichender Sauerstoffgehalt der Körpergewebe; fließender Übergang zur Anoxie.

Informationsfeld: Etwa gleichbedeutend mit dem *morphogenetischen Feld* von Rupert Sheldrake. Ein hypothetisches Feld, das für die Ausbildung sowie mögliche Regeneration von Form und Gestalt der Organismen verantwortlich ist.

Informationstransfer: Ein von Professor James A. Harder (Berkeley University) geprägter Begriff, der anstelle des Terminus *Reinkarnation* benutzt werden soll, um deren wissenschaftliche Erforschung zu erleichtern.

Inkarnation: (Lat. Fleischwerdung.) Der Glaube, daß die Seele eines Menschen nach dem Tod in ein anderes Lebewesen übergeht.

Ketamin-Hypothese: Wahnvorstellung, ausgelöst durch Ketamin, ein Anästhetikum für kurzdauernde Eingriffe und zur Narkoseeinleitung.

Klopfalphabet: Als Klopftöne bezeichnet man pochende Geräusche – meist in Spukräumen oder -häusern –, die nach animistischer Hypothese durch Anwesende (vor allem pubertierende Jugendliche), nach spiritistischer Auffassung durch jenseitige Wesenheiten ausgelöst werden. Mehrfach wurde festgestellt, daß paranormale Klopftöne »intelligent« antworten. Isaac Port hatte im Fall der Geschwister Fox zur Kommunikation mit den sich bei ihnen manifestierenden Geistwesen ein Klopfalphabet entwickelt.

Kontrollgeister (Kontrollen): Nach spiritistischer Auffassung der Geist eines Verstorbenen, der Botschaften aus dem Jenseits vermittelt. Animisten verstehen hierunter Teilpersönlichkeiten des menschlichen Unbewußten.

Kreuzkorrespondenz: Anfang des 20. Jahrhunderts von mehreren der S. P. R. nahestehenden Damen durch automatisches Schreiben empfangene Jenseits-Botschaften komplexer Natur, die, erst zusammengesetzt, einen Sinn ergaben. Sie stammten angeblich von den verstorbenen S. P. R.-Gründern/Mitgliedern Gurney, Myers, Sidgwick, Butcher und Verrall.

Kundalini (Sanskr.): Eine im Menschen latent vorhandene, geheime Kraft, die geweckt werden kann.

Levitation: Das konventionell-physikalisch nicht erklärbare freie Schweben von Personen und Objekten. Der Autor vermutet hinter der Levitation das Wirken biogravitativer »Stützfelder« hoher Konzentration, die die Gravitation teilweise außer Kraft setzen. In jüngster Zeit behauptet der Amerikaner Peter Sugleris mehrfach bis zu 47 Sekunden frei in der Luft geschwebt zu haben. Die Szene wurde in einem Videoclip festgehalten, der sich im Besitz des Autors befindet.

Materialisationen (Verstofflichungen): Das Erzeugen filmartiger, transparenter oder auch dreidimensional wirkender, scheinbar stofflicher Gebilde, die offenbar unter Einwirkung des Bewußtseins auf Bioplasma (Ektoplasma) zustande kommen, gelegentlich leuchtender Natur. Spiritistisch: Manifestation Jenseitiger unter Inanspruchnahme des überall vorhandenen Bioplasmas. Um die Jahrhundertwende fotografierte der deutsche Arzt Freiherr v. Schrenck-Notzing unter streng kontrollierten Versuchsbedingungen solche quasi-materiellen Wesenheiten oder Körperteile derselben, die von sog. Materialisationsmedien emittiert wurden.

Mesmerismus: Von dem deutschen Arzt Franz Anton Mesmer (1734–1815) begründete Lehre vom animalischen Magnetismus.

MPD (Multiple Personality Disorder): Ein Geisteszustand, in dem das Bewußtsein eines Menschen in völlig unterschiedliche Teilpersönlichkeiten aufgespalten ist, die sich nicht nur im äußerlichen Verhalten, sondern auch physisch merklich voneinander unterscheiden können. Viele Psychologen und Psychiater wollen so Besessenheit erklären.

Nahtoderlebnisse, -erfahrungen (NTE): Paranormale Wahrnehmungen im Zustand des vorübergehenden klinischen Todes. Die Erlebnismuster ähneln einander, was für deren Echtheit spricht. NTEs können ein Indiz für das Überleben des Bewußtseins sein.

Ordnung, implizite bzw. explizite: (Nach Prof. D. Bohm) Implizite O.: »Eingefaltete« Ordnung; alles für uns nicht unmittelbar Wahrnehmbare, Manifeste, alles Immaterielle. Explizite O.: »Entfaltete« Ordnung; die mit unseren Sinnen wahrnehmbare, materielle Welt in ihrer Gesamtheit.

Oui-ja-Board (-Brett): Kunstwort aus dem franz. Wort »oui« (ja) und dem deutschen Wort »ja«. Hilfsmittel der Automatisten, die angeblich Jenseits-Botschaften übermitteln. Ein Brett mit Buchstaben in alphabetischer Anordnung und Ziffern, das von einer oder mehreren Personen benutzt wird, um mit dem Bewußtsein Verstorbener in Verbindung zu treten.

Parallelwelttheorie: Wissenschaftlich fundierte Theorie, die besagt, daß parallel zu unserem 4D-Universum für uns normalerweise nicht sichtbare Welten (Realitäten) existieren. Nach Ansicht des amerikanischen Physikers Fred A. Wolf gibt es sie in unendlich großer Zahl; dadurch sollen auch Zeitreisen ohne Paradoxa und Anachronismen möglich sein.

Périspirit: (Franz. Geisthülle.) Nach den Lehren des Allan Kardec ein Zustand zwischen reinem Geist und materiellem Körper (evtl. Bioplasma- oder Astralkörper).

Persönlichkeit, multiple (Mehrfachpersönlichkeit): Siehe unter »MPD«.

Phantasmen: (Phantom, Trugbild.) Hier mehr als Erscheinung zu verstehen.

Planchette: Hilfsmittel für das »automatische Schreiben«. Kleines dreieckiges »Tischchen«, bei dem zwei Beine auf Kugeln laufen und das dritte den Schreibstift darstellt.

Präkognition (Vorauswissen): Das Wissen um zukünftige, nicht zu erwartende oder durch Trendverfolgung abzuschätzende Ereigniseintritte. Durch dieses Phänomen wird die Kausalität scheinbar aufgehoben. Unter Berücksichtigung des von B. Heim postulierten 12D-Weltmodells wird die Präkognition physikalisch verständlich. Der Autor hat den Terminus *Transkausalität* – eine Kausalität, jenseits unserer gewohnten Logik – eingeführt.

Präsenzen: Aus dem Englischen »presence« (eigentl. »Anwesenheit«) abgeleitet. Man versteht hierunter nicht sichtbare oder anderweitig sinnesmäßig erfaßbare jenseitige Wesenheiten. Sie werden nur gefühlsmäßig (also rein subjektiv) erfaßt; man glaubt ihre Anwesenheit zu spüren.

Prozeß, transgenetischer: Der Autor versteht hierunter einen Vorgang, bei dem eine verstorbene Fremdpersönlichkeit den biologischen Körper eines Lebenden übernimmt (vor oder bei der Geburt: *Reinkarnation*; bei Erwachsenen: *Walk-ins*).

Psi-Halluzinationen (paranormale Halluzinationen): Psi-Halluzinationen äußern sich anders als pathologisch indizierte Halluzinationen. Man unterscheidet zwischen visuellen, Hör-, Berührungs- und Geruchs-Halluzinationen sowie »Präsenzen«.

Psi-Körper: Ein hypothetischer »feinstofflicher« Körper, der sich konventionell-physikalisch nicht nachweisen läßt.

Psi-Komponenten: Sämtliche nichtmateriellen Komponenten eines Menschen; sein »feinstofflicher« Körper und seine überlebende Bewußtseinspersönlichkeit.

»Psinergie«-Paket: Nach Bedford/Kensington ein »Paket«, in dem Gedächtnis, Charakter, Persönlichkeit, Erfahrungen, Wissen und alle Eigenarten eines Menschen gespeichert sind, ähnlich den Daten auf der Festplatte eines Computers. Die Autoren gehen davon aus, daß beim Tod des biologischen Körpers das leibfreie Psinergie-Paket seiner Persönlichkeit ins Jenseits übergeht.

Psychokinese (PK): Bewegungen und/oder Veränderungen von Materialien und Körpern mittels Bewußtsein (Gedanken). Auf diese Weise lassen sich auch psychosomatische Phänomene erklären. Interaktionen zwischen menschlichem Bewußtsein und

Materie (Geräten im weitesten Sinne) werden unter anderem an der *School of Engineering & Applied Science, Princeton University* (Professor Robert Jahn und Dr. Brenda Dunne), im *Consciousness Research Laboratory, University of Nevada* (Dr. Dean Radin) sowie in japanischen Forschungsstätten untersucht.

Psychonen: Der englische Parapsychologe Carington prägte diesen Begriff, der eine *konkrete Vorstellung* als individuelle Wesenheit annimmt.

Rapport: Unmittelbarer psychischer Kontakt zwischen zwei Personen oder zwischen Mensch und Tier. Parapsychologisch: Beziehung zwischen Hypnotiseur und Hypnotisiertem. Spiritistisch: Beziehung zwischen Medium und »Kontrollgeist«.

Raps: (engl.: Schläge.) In der Parapsychologie: Paranormale Klopflaute, die häufig spontan als Spukmanifestationen oder auch provoziert in mediumistischen Sitzungen auftreten (vgl. »Klopfalphabet«).

Raumzeit, Raum in der Zeit: Raum und Zeit stellen nach Albert Einsteins Allgemeiner Relativitätstheorie (1915), die von der Gravitation handelt, eine unauflösliche Einheit dar, ein Raumzeit-Kontinuum.

Reading: Spiritistische Sitzung mit Durchgaben Jenseitiger.

Reanimation: Wiederbelebung eines Nahtoten.

Reinkarnation: (Lat.: Wiederfleischwerdung.) Die Annahme, eine individuelle seelisch-geistige Wesenheit (Bewußtseinspersönlichkeit) überlebe den Tod und könne in einem Menschen (oder in einem Tier) wiedergeboren werden.

Rituale Romanum: Das 1614 durch Papst Paul V. der Öffentlichkeit übergebene und der röm.-kath. Kirche als Handbuch empfohlene liturgische Werk. Es enthält unter anderem auch die Riten des Exorzismus.

Rückführungen, hypnotische: Siehe unter Hypno-Regression.

Rückschau: Ein typisches Nahtoderlebnis. Blitzschneller Rückblick auf eigene wichtige Lebensabschnitte, ähnlich einem »Alles-auf-einmal«-Erfassen.

Spiritismus (Spiritualismus): Der Spiritismus (Spiritualismus) geht davon aus, daß die geistig-seelische Komponente des Menschen (Tieres) den biologischen Tod überlebt und sich unter bestimmten Umständen in unserer Welt paranormal manifestiert.

S. P. R., Society for *P*sychial *R*esearch (Gesellschaft für psychische Forschung): Eine im Jahre 1882 von den Engländern Barrett, Gurney, Myers und Romanes gegründete Vereinigung, die sich der Erforschung des Paranormalen widmet.

Spuk-/Poltergeist-Phänomene: Sich wiederholende, spontane psychokinetische Manifestationen. Spukphänomene werden akustisch, haptisch und visuell wahrgenommen. Personengebundener Spuk: Häufig durch Pubertierende und Sterbende verursacht. Ortsgebundener Spuk: Tritt in unregelmäßiger Folge immer am gleichen Ort in Erscheinung. Spiritisten vermuten dahinter Bewußtseinspersönlichkeiten Verstorbener, Animisten hingegen eine »Imprägnierung« der Örtlichkeit mit psychischen Engrammen aus der Vergangenheit, ausgelöst durch meist tragische Vorkommnisse.

Sterbebettvisionen: Siehe unter »Nahtoderlebnisse« (NTE).

Subquantenwelt: Nur statistisch erfaßbarer Bereich unterhalb der Quantenebene.

Schläfenlappenanfälle (Temporallappen-Epilepsie): Neuronale Entladung ergibt neben sensorischen und motorischen Anfällen auch solche mit halluzinatorischen Symptomen.

Schreiben, automatisches: Erfolgt in Trance oder auch bei scheinbarem Normalbewußtsein. Der Automatist schreibt in der Regel zwanghaft und erhält nach spiritistischer Ansicht Botschaften jenseitiger »Kontrollgeister« (vgl. »Kontrollgeister«).

Sterbeerlebnisse, autoskopische: Selbstschau beim Sterben. Jemand erblickt seinen eigenen sterbenden Körper aus einer erhabenen Position (z. B. während der Operation von der Decke aus).

Teilchenphysik (Kernphysik): Physik der Atomteilchen.

Thanatologie: Sterbeforschung; Erforschung der Vorgänge beim Sterben; z. B. Nahtoderlebnisse.

Tonbandstimmen: Eine Form der »instrumentellen Transkommunikation« (*Transaudio* gem. der Definition von Prof. Dr. Ernst Senkowski). Stimmen Verstorbener, die als Bewußtseinspersönlichkeiten in einer *Hyperwelt* fortexistieren, werden nach unterschiedlichen elektronischen Techniken mittels Tonbandgerät oder Recorder aufgezeichnet. In einigen Fällen soll es auch schon zu einer Art Zweiweg-Kommunikation gekommen sein (vgl. E. Meckelburg, *Hyperwelt – Erfahrungen mit dem Jenseits*, Langen Müller, 1995).

Transkommunikation, instrumentelle (ITK): Instrumentelle Kontakte mit sog. »Jenseitigen«, d. h. mit Bewußtseinsinhalten Verstorbener. Prof. Dr. Ernst Senkowski unterscheidet zwischen verschiedenen Erscheinungsformen der Transkommunikation: *Transaudio (TA)*, das Erfassen jenseitiger Stimmen mittels Tonbandgerät oder Recorder bzw. Hören *direkter elektroakustischer Stimmen* im Radio, Fernseher oder Telefon (vgl. Empfang bei A. Homes); *Transtext (TX)*, das Aufnehmen jenseitiger Texte per Computer bzw. Telefax sowie *Transvideo (TV)*, das Erscheinen von Bildern aus Transbereichen auf dem Bildschirm und Aufzeichnen derselben mittels Videogeräten (näheres hierzu in: *Instrumentelle Transkommunikation* von E. Senkowski, R. G. Fischer, Frankfurt 1995).

Transpersönlichkeiten (-wesenheiten): Bezeichnung für Wesenheiten aus Bereichen jenseits unserer Raumzeit-Welt.

»Tunneleffekt«: Hier allegorisch: Die zu überwindende dimensionale Schranke zwischen unserer materiellen 4D-Welt und einer hypothetischen, höherdimensionalen *Hyperwelt.*

»Walk-ins« und *»Walk-outs«:* Eine Art Persönlichkeitsaustausch. Bewußtseinspersönlichkeiten Verstorbener übernehmen geistig einen Lebenden *(»walk-in«).* Die bisherige Bewußtseinspersönlichkeit verläßt den von ihr bislang kontrollierten biologischen Körper *(»walk-out«).* Unterscheidet sich von der Reinkarnation dadurch, daß die Übernahme nicht vor oder während der Geburt stattfindet. »Walk-ins« sind gewissermaßen »Quereinsteiger« ins irdische Leben. Überschneidungen mit Fällen von *Besessenheit* wären möglich.

World Wide Web (WWW): Eine Form der weltweiten Computer-Datenvernetzung.

Zeitvariant: Mehrfachexistenzen eines Menschen, d. h. seiner Bewußtseinspersönlichkeit (nach G. Steinhäuser). Menschen, die zur gleichen Zeit oder zu unterschiedlichen Zeiten in differenten Situationen existieren. Ihr Bewußtsein müßte nach der Parallelwelt-Theorie gleich x-fach verteilt sein, wobei keine der einzelnen Existenzformen von der anderen weiß. Unter besonderen Umständen (z. B. instabiles Raumzeit-Gefüge) könnte eine Bewußtseinspersönlichkeit bleibend oder vorübergehend in die Rolle einer anderen eintreten.

Xenoglossie: Das paranormale Sprechen, Verstehen, Lesen und Schreiben einer Sprache, die man nicht erlernt hat.

Literatur

I Traum von der Unsterblichkeit

Bohm, D.: *Wholeness and the Implicate Order*; London 1980
Meckelburg, E.: *Transwelt*; München 1992
S. P. R.: *Proceedings, Band 8, S. 180–194*; London

II Am Anfang steht das Ende

Cohen, S.: *Drugs and Hallucinations*; London 1979
Dethlefsen, Th.: *Das Leben nach dem Leben*; München 1977
Edelman, G. M.: *Göttliche Luft, vernichtendes Feuer – wie der Geist im Gehirn entsteht*; München 1995
Graevskaya, M. S.: *Biochemistry of the Brain during the Process of Dying and Resusciation*; Consultants Bureau, New York 1964
Jacobson, N.-O.: *Leben nach dem Tod*; Zug 1971
Kelsey, D., Grant, J.: *Many Lifetimes*; New York 1967
Kolpaktchy, G. (Übers.): *Das Ägyptische Totenbuch*; München 1970
Kucher, W.: *Jenseitsvorstellungen bei verschiedenen Völkern*; in: Resch, A., Fortleben nach dem Tode, Imago Mundi 4, Innsbruck 1981
Meckelburg, E.: *Der unsterbliche Geist*; esotera 6/81
Moody, R. A.: *Leben nach dem Tod*; Reinbek 1977
Sabom, M. B.: *Recollection of Death*; New York 1982
Smyth, F., Stemman, R.: *Leben – Was kommt danach?*; Glarus 1978
Tenhaeff, W. H. C.: *Kontakte mit dem Jenseits*; Berlin 1971
Watson, L.: *Geheimes Wissen*; Frankfurt 1976
–: *Visions of the after death:* OMNI 11/1992

III Bewußtsein – »Schleudersitz« zur Hyperwelt

Bärtsch-Roschaix: *Bewußtsein und Bewußtlosigkeit im Lichte moderner Hirnforschung*; Schweiz. Medizin. Wochenschrift 81, 1951
Crick, F.: *The Astonishing Hypothesis: The Scientific Search for the Soul*; London 1994
Cunis, R.: *Zeitsturm*; München 1979
Dennett, D. C.: *Consciousness Explained*; New York 1991
Dossey, L.: *Die Medizin von Raum und Zeit*; Basel 1984
Eccles, J. C.: *Wie das Selbst sein Gehirn steuert*; Heidelberg 1994
Floyd, K.: *Of Time and the Mind*, in: Field within Fields, Nr. 18, 1973/74
Jahn, R., Dunne, B.: *On the Quantum Mechanics of Consciousness with Application to Anomalous Phenomena*; Princeton Dez. 1983
Laszlo, E.: *Kosmische Kreativität – Neue Grundlagen einer einheitlichen Wissenschaft von Materie, Geist und Leben*; Frankfurt/Leipzig 1995
LeShan, L.: *Von Newton zu Psi*; Reinbek 1986
Meckelburg, E.: *Der unsterbliche Geist*; esotera 6/81
–: *Die Freuden des Todes, Teil III*; esotera 7/81
–: *Der Ursprung des Bewußtseins*; esotera 3/83
–: *Zeittunnel – Reisen an den Rand der Ewigkeit*; München 1991
Meek, G. W.: *After we die, what then?*; Franklin 1980
Montecucco, N. F.: *Holistische Wissenschaft, kybernetische Modelle und Gehirnwellensynchronisation*; aus: Transkommunikation, Vol. II, Nr. 4/1995 (Übers. durch E. Senkowski)
Naegeli-Osjord, H.: *Besessenheit und Exorzismus*; Remagen 1983
Nelson, I.: *Die Synthese von Mystik und Quantenphysik*; esotera 1/80
Ozimic, D.: *Klopfdiktate und Flammenschrift als Formen medialer Kommunikation*; in: Resch, A., Geheime Mächte, Innsbruck 1984
Penfield, W.: *The Mystery of the Mind*; Princeton 1975
Persinger, M. A.: *Psi and the Human Brain*; Fate 1/87

Radin, D. et al.: *Anomalous Organization of Random Events by Group Consciousness: Two Exploratory Experiments*; Journal of Scientific Exploration, Nr. 1/1996
Resch, A.: *Kosmopathie*; Imago Mundi 8, Innsbruck 1981
Sarlay, O.: *Gedächtnis ohne Gehirn?*; esotera 6/85
Schiebeler, W.: *Das Fortleben nach dem Tode im Hinblick auf Naturwissenschaft und Parapsychologie*; in Resch, A., Imago Mundi 7 (Kongreßband), Innsbruck 1981
Shapin, B., Coly, L.: *Concepts and Theories of Parapsychology*; Proceedings, New York, 6. Dezember 1980
Sinnott, E. W.: *The Bridge of Life*; New York 1966
Smith, S.: *Astrale PSI-Geheimnisse*; München 1978
Steinbuch, K.: *Bewußtsein und Kybernetik*; in: Grundlagenstudien aus Kybernetik und Geisteswissenschaften 3/1961
Toben, B.: *Raum-Zeit und erweitertes Bewußtsein*; Essen 1980
Watson, L.: *Geheimes Wissen*; Frankfurt 1976
–: *Der unbewußte Mensch*; Frankfurt 1979
Weyer, E. M.: *A Mind Concept of Consciousness*; Psychology Reviewed XVII, 1910

IV Stippvisiten im »Danach«

Andreas, P.: *Jenseits von Einstein*; Düsseldorf/Wien 1978
Atwater, P. M. H.: *Is there a Hell? Surprising Observations about the Near-Death-Experience*; Journal of Near-Death Studies, Spring 1992
Brönnle, St.: *Tore zur Ewigkeit*; esotera 10/95
Currie, I.: *Niemand stirbt für alle Zeiten*; München 1979
Delacour, J.-B.: *Aus dem Jenseits zurück*; Düsseldorf/Wien 1973
Meckelburg, E.: *Die Freuden des Todes, II. Teil*; esotera 7/81
–: *Sterben ist ganz anders*; esotera 1/86
Moody, R. A.: *Leben nach dem Tod*; Reinbek 1977
–: *Nachgedanken über das Leben nach dem Tod*; Reinbek 1978
Osis, K., Haraldsson, E.: *Sterbebettbeobachtungen von Ärzten und Krankenschwestern – Eine interkulturelle Umfrage*; in: Resch, A., Imago Mundi 7, Innsbruck 1981
–: *Der Tod – ein neuer Anfang*; Freiburg 1978

Ring, K.: *NDEs and Predictions*; Brain/Mind-Bulletin; Fate 10/82
–: *Den Tod erfahren – das Leben gewinnen*; Bern/München/Wien 1984
–: *Shamanic Initiation, Imaginal Worlds, and Light after Death*; in: Doore, G., What Survives?; Los Angeles 1990
–: *A New Book of the Dead*; in: Journal of Near-Death Studies, Winter 1993
–: *Korrespondenz mit dem Autor Prof. K. Ring, Ph. D., University of Connecticut, Storrs*; April/Mai 1996
Rogo, D. S.: *Back from Beyond*; Fate 7/86
Sabom, M. B.: *Erinnerung an den Tod*; Berlin 1982
Sabom, M. B., Kreutzinger, S. A.: *Physicians Evaluate Near-Death Experience*; Fate 7/81
Smith, S.: *Life is forever*; New York 1974
Tenhaeff, W. H. C.: *Kontakte mit dem Jenseits*; Berlin 1971
Wambach, H.: *Pleasures and Perils of Reincarnation Research*; 4/81

V Die Körperlosen

Black, D.: *Ecstasy*; New York 1975
Conway, D. J.: *Flying without a Broom*; St. Paul 1995
Crokall, R.: *Study and Practice of Astral Projection*; New York 1966
Freud, S.: *The Interpretation of Dreams*; New York 1965
Gaddis, V. H.: *Astral Projection*; SAGA 2/76
Irwin, H. J.: *Flight of Mind*; Metuchen 1985
Kelsey, D., Grant, M.: *Many Lifetimes*; New York 1967
LaBerge, St.: *Lucid Dreams*; Los Angeles 1985
Lukianowicz, A.: *Autoscopic Phenomena*; Arch. Neurol. Psychiatry 80, 199, 1958
May, A.: *Verborgene Schätze zwischen Tag und Traum*; esotera 9/82
Meckelburg, E.: *Besucher aus der Zukunft*; Bern/München/Wien 1980
Monroe, R. A.: *Der Mann mit den zwei Leben*; Düsseldorf/Wien 1972

Motsinger, Sh., Stillwater (USA): *Korrespondenz mit der Informantin*; Januar 1996
Muldon, S., Carrington, H.: *The Phenomena of Astral Projection*; New York 1970
Osis, K., Haraldsson, E.: *At the Hour of Death*; New York 1977
Puthoff, H. E., Targ, R., Ring, E. C.: *Experimental Psi Research: Implications for Physics*; SRI-Dokumentation, Januar 1974
Rogo, D. S.: *Out-of-Body-Breakthrough*; SAGA-Ufo-Report; Dezember 1977
–: *Dream ESP*; (Books) Fate 9/85
–: *Out-of-Body*; (Mysteries), Fate 1/86
Rýzl, M.: *Der Tod und was danach kommt*; Genf 1981
Sabom, M. B.: *Erinnerung an den Tod*; Berlin 1982
Schmidt, K. O.: *Erfahrungen bei Jenseitswanderungen*; esotera 4/73
Schröter-Kunhardt, M.: *A Review of Near-Death Experiences*; Journal of Scientific Experience Nr. 3/93
Schurig, A.: *Korrespondenz mit Informantin*; Februar 1996
Swann, I.: *Psychic Magazine*; 4/73
Uccusic, P.: *Psi-Resümee*; Genf 1975
Waelti, E. R.: *Der dritte Kreis des Wissens*; Interlaken 1983
–: *Außerkörperliche Erfahrung – Traum oder Realität*; esotera 12/79
–: *Physiker reist astral*; esotera 5/84 (Streiflichter)

VI Rückmeldungen aus dem Jenseits

Bonin, W. F.: *Lexikon der Parapsychologie*; Bern/München 1976
Delacour, J.-B.: *Vom ewigen Leben*; Düsseldorf/Wien 1974
Determeyer, R.: *Die paranormale Modulation von Trägerfrequenzen*; esotera 1/80
–: *Dialoge mit dem ›Drüben‹*; esotera 3/80
Emde, G.: *Grundlagen einer transzendenzoffenen Theorie paranormaler Vorgänge*; in: Resch, A., Imago Mundi 7, Innsbruck 1981
Ford, A.: *Bericht vom Leben nach dem Tode*; Bern/München 1973

Fuller, J. G.: *The Ghost of 29 Megacycles*; London 1985
Hare, R.: *Experimental Investigations of the Spirit Manifestations*; New York 1855
Jahn, R., Dunne, B.: *On the quantum mechanics of consciousness with application to anomalous phenomena, Appendix B*; PEAR, Princeton Dezember 1983
Keller, W.: *Was gestern noch als Wunder galt*; Zürich 1973
Laszlo, E.: *Kosmische Kreativität*; Frankfurt 1995
Marsa, L., Ray, D.: *Crimes Bytes Back*; OMNI 8/80
Meckelburg, E.: *Indirekte Beweise*; esotera 8/81
Moser, F.: *Das große Buch des Okkultismus*; Olten 1974
Playfair, G. L.: *Phantastische Psi-Phänomene*; Freiburg 1976
–: *The Indefinite Boundary*; Frogmore 1977
Roberts, J.: *Gespräche mit Seth*; Genf 1979
Rogo, D. S.: *Kinder an der Schwelle des Todes*; esotera 9/85
Rýzl, M.: *Der Tod und was danach kommt*; Genf 1981
Seidl, F.: *Phänomen Transzendentalstimmen*; Stuttgart 1975
Seidl, F.: *Transzendentalstimmen*; Stuttgart 1975
Senkowski, E.: *Instrumentelle Transkommunikation*; Frankfurt 1995
Smyth, F., Stemman, R.: *Leben – Was kommt danach*; Glarus 1978
Steinhäuser, G.: *Der Tod und was dahinter ist*; Freiburg 1975
Stevenson, I.: *Twenty Cases Suggestive of Reincarnation*; PASPR 26, 1966
Stevenson, I.: ›*Xenoglossy*‹: *A Review and Report of a Case*; Charlottesville 1974
Tenhaeff, W. H. C.: *Kontakt mit dem Jenseits*; Berlin 1971
Vaughan, A.: *Making Contact*; Fate 6/95
Wagner, U.: *Ermittlungen im Jenseits*; esotera 9/81
Wickland, C.: *Dreißig Jahre unter den Toten*; Remagen 1957

VII »Die Untoten« – Begegnungen der virtuellen Art

Bearden, Th.: *Excalibur Briefing*; San Francisco 1980
Bedford, J., Kensington, W.: *Das Delpasse-Experiment*; Düsseldorf/Wien 1975

Bennett, Sir E.: *Apparitions and Haunted Houses: A Survey of Evidence*; London 1939
Clark, J.: *Dreams and Encounters*; Fate 12/84
Currie, I.: *Niemand stirbt für alle Zeiten*; München 1978
Delacour, J.-B.: *Vom ewigen Leben*; Düsseldorf 1974
Evans, H.: *Visions, Apparitions, Alien Visitors*; Wellingborough 1984
Hart, H.: *Six Theories About Apparitions*; Proceedings of the S. P. R., Vol. 50, May 1956
Holzer, H.: *Psi-Kräfte*; München 1975
MacKenzie, A.: *Apparitions and Ghosts – A Modern Study*; London 1971
Meckelburg, E.: *PSI-Agenten*; München 1994
Salter, W. H.: *Ghosts and Apparitions*; London 1938
Steinhäuser, G.: *Heimkehr zu den Göttern*; München/Berlin 1971
Taylor, J.: *Superminds*; New York 1975
Tyrrell, N. M.: *Apparitions*; London 1943
Watson, L.: *Der unbewußte Mensch*; Frankfurt 1979
–: *Händedruck von Toten*; esotera 11/81 (Streiflichter)

VIII Invasion aus der Zwischenwelt

Allison, R.: *Mind in Many Pieces*; New York 1980
Barritt, H. D.: *Girl Suddenly Faints – And Turns Into Someone Else*; Nat. Enq. 10. 6. 1986
Bonin, W. F.: *Lexikon der Parapsychologie*; München 1976
Brittle, G.: *The Demonologist*; New York 1981
Crabtree, A.: *Multiple Man: Explorations in Possession and Multiple Personality*; New York 1985
Delacour, J.-B.: *Apage Satana*; Genf 1975
Egloffstein, P. P. Frhr. v.: *Apage, Satanas*; esotera 3/73
Fiore, E.: *The Unquiet Dead*; New York 1987
–: *Korrespondenz mit der Autorin*; Juni/Juli 1994
Ford, A.: *Bericht vom Leben nach dem Tode*; Bern 1973
Guirdham, A.: *The Psychic Dimension of Mental Health*; Wellingborough 1982

Keel, J. A.: *The Eight Tower*; New York 1975
Martin, M.: *Hostage to the Devil*; New York 1976
Meckelburg, E.: *Tödliche Psi-Energien*; esotera 1/83
–: *Die Macht des Magischen*; esotera 2/83
Meek, G. W.: *After we die, what then?*; Franklin 1987
Montecucco, N. F.: *Holistische Wissenschaft, kybernetische Modelle und Gehirnwellensynchronisation*; Transkommunikation Vol. II, No. 4, 1995 (Übers. E. Senkowski)
Moody, R. A.: *Nachgedanken über das Leben nach dem Tod*; Reinbek 1978
Naegeli-Osjord, H.: *Besessenheit und Exorzismus*; Remagen 1983
Peck, M. S.: *A Psychiatrist's View of Exorcism*; Fate 9/84
Resch, A.: *Fortleben nach dem Tode*; Imago Mundi 7, Innsbruck 1981
Ritchie, C. G.: *Return from Tomorrow*; Waco 1978
Suthpen, D.: *You are born again to be together*; New York 1976
Vaughan, A.: *Kanal für fremde Geister*; esotera 10/84
Wickland, C.: *Dreißig Jahre unter den Toten*; Remagen 1954

IX Rückkehr zu den Lebenden – Reinkarnation als Überlebensbeweis?

Abel, G.: *Gebrandmarkt im früheren Leben*; esotera 12/81
Bedford, J., Kensington, W.: *Das Delpasse-Experiment*; Düsseldorf/Wien 1975
Brand, I.: *Ungewöhnliche Eigenschaften nichtidentifizierbarer Lichterscheinungen*; Feldkirchen-Westerham 1979
Crenshaw, J.: *Hang-ups from Past Lives*; Fate 4/78
Currie, I.: *Niemand stirbt für alle Zeiten*; München 1979
Dethlefsen, Th.: *Das Leben nach dem Leben*; München/Gütersloh/Wien 1977
Dürr, H.-P.: *Physik und Transzendenz*; Berlin 1986
Emde, G.: *Grundlagen einer transzendenzoffenen Theorie paranormaler Vorgänge*; in: Resch, A., Imago Mundi 7, Innsbruck 1981

Grof, St.: *Realms of the Human Unconsciousness: Observations from LSD Research*; New York 1977
Harder, J. A.: *Reincarnation – Facts and Theories*; Journal of Scientific Exploration, Vol. 9, Nr. 3, Herbst 1995
Homes, A.: *Telefonate und Briefwechsel*; April–Juni 1996
Igenbergs, E.: *Transzendenz und menschliche Energie*; München 1971
Jacobsen, N.-O.: *Leben nach dem Tod*; Zug 1971
Kelsey, D., Grant, J.: *Many Lifetimes*; New York 1977
Kiernan, V.: *Virtual woman goes online*; New Scientist, 2.12.1995
Marsa, L., Ray, D.: *Crime Bytes Back*; OMNI 8/90
Meckelburg, E.: *PSI-Agenten*; München 1995
Moravec, H.: *Korrespondenz und Gespräche im April 1996 mit Hans Moravec, Direktor des Field Robotics Center, Carnegie Mellon University, Pittsburgh, Pa. (USA)*
Playfair, G. L.: *The Indefinite Boundary*; St. Albans 1971
Rogo, D. S.: *Reincarnation: Making Sense of the Evidence*; Basler Psi-Tage 1988
Rogo, D. S.: *Research on Reincarnation and States of Consciousness*; Basler Psi-Tage 1988
Senkowski, E.: *Der Dialog mit dem Unsichtbaren*; esotera 3/96
Stearn, J.: *Geheimnisse aus der Welt der Psyche*; Genf 1969
Steinhäuser, G.: *Der Tod und was dahinter ist*; Freiburg 1975
Stevenson, I.: *The evidence for survival from claimed memories of former incarnations*; JASPR 54 und 95, 1960
–: *Reinkarnation*; Freiburg 1976
–: *Birthmarks and Birth Defects Corresponding to Wounds on Deceased Persons*; Journal of Scientific Exploration, Vol. 7, Nr. 4, Winter 1993
–: *Evidence for Survival After Death from Cases Suggestiv of Reincarnation*; Journal of Scientific Exploration, Vol. 9, Nr. 3, Autumn 1995
Thomas, P.: *Thought Control*; New Scientist, 9.3.1996
Toben, B.: *Raum-Zeit und erweitertes Bewußtsein*; Essen 1980
Wickland, C.: *Dreißig Jahre unter den Toten*; Remagen 1957

X Schöne neue Welt – Cyber-Land und danach...

Bedford, J., Kensington, W.: *Das Delpasse-Experiment*; Düsseldorf/Wien 1975
Boehm, G. v.: *Der achte Tag der Schöpfung*; Script des Südwestfunks, Baden-Baden, Prod.-Nr. 806288, 20. 3. 1992
Charon, J. E.: *Der Geist der Materie*; Wien/Hamburg 1979
Meckelburg, E.: *Psi-Agenten*; München 1994
Stark, W.: *Marah*; Genf 1975
Watson, L.: *Geheimes Wissen*; Frankfurt 1973

Register

Abduktionen 240
Abduktionsszenarium 227
Akasha-Chronik 96
AKE (außerkörperliche Erfahrung) 51, 86, 107–110, 116–120, 122, 127, 129–132
Alexandrow, G. 128
Allgeist 74
Andreas, P. 96
Anoxie 81, 84
Astralkörper (-leib) 93, 104, 109, 111, 113f., 117–121, 125–131, 182
Astralkörperaustritte (-exkursionen) 16, 81, 89, 114, 116, 133, 183
Astralprojektionen 113, 186
ASW (außersinnliche Wahrnehmung) 117
Außerkörperlichkeit 107, 109, 114, 130
Automatismen 140
Autoskopie 81f., 89, 114

Barnard, Ch. 65
Barrett, Sir W. 153
Bayer, R. 247–249
Bearden, Th. 211
Bedford, J. 209, 250
Beobachtereffekt 186
Besessenheit 137, 208, 214, 217, 220–223, 227, 232, 235f.
»Bewußtseins-Code« 268
Bewußtseins-Engramme 30
Bewußtseinsfeld 96, 220
Bewußtseinspersönlichkeit 140f., 217, 251, 253
Bilder, eidetische 200
Bilokation 186
Biochips 268

Biofeld 211
Biogravitationsfeld 73, 185
Biogravitonen 72
Bioplasma 153, 196
Bloxham, H. A. 257
Bohm, D. 17, 72, 203, 211
Bolyai, J. 11
Bonin, W. F. 220
Braun, W. 222
Brown, R. 144
Brownsche Molekularbewegung 260
Buchstabieren, automatisches 140
Butcher, H. 156

C., Eva 197–199
Charon, J. E. 67–69
Chronovisor 165
CIA 121
»Cleopatra«-Syndrom 252
Cook, F. 197
Crabtree, A. 235
Crick, F. 60
Crookes, Sir W. 197
Cunis, R. 57
Curie, M. 197
Curran, P. L. 142f.
Currie, I. 119
Cyber 71
Cyberspace 177, 271f.

Da Vinci. L. 264
Déjà-vu-Erlebnis 51, 261–263
Delavre, V. 233
Delpasse-Experiment 250
Dennett, D. C. 60
»Depossession« 236
Descartes, R. 58

Dessoir, M.   140
Determeyer, R.   169f.
Dethlefsen, Th.   32
Dickens, Ch.   139
Dimensionsverschiebungen   176
»Direkte Stimmen«-Zirkel   147
Dissoziation   222, 261
»Dornröschen-Effekt«   98
Dowding, Lord   147f.
Doyle, A. C.   150, 160
Driesch, H.   28f.
Dualismus   58
Dürr, H.-P.   261
Dunne, B.   135, 177

Eccles, Sir J. C.   30f., 62, 73, 245
Edelman, G. M.   60
Edinson, Th. A.   164f.
Einstein, A.   69
Ektoplasma   196
Endorphinausschüttung   81
Endorphine   86f., 107
Energieerhaltungssatz   210
Entelechie   29
Entpersönlichung   81f., 87
Erfahrungen, außerkörperliche (vgl. »AKE«)
Erfahrungen, transpersonale   67
Ernetti, A. P.   165
Evolutionstheorie   58
Exorzismus   216f., 220
»Extras«   51

Feinstoffkörper   105
Feld, morphogenetisches   29
Fernwahrnehmung   121f.
Fernwahrnehmungs-Experimente   120, 128
Fernwahrnehmungsmedium   127
Fiore, E.   35f., 214–216, 220, 230–237
Floyd, K.   70

»Föderation des Lichts«   176
Fox, K. und M.   148–150
Freud, S.   119

Garrett, E.   159, 161, 226
Gauß, C. F.   11
Gedankenkontrolle   129, 269
Gedankenlesen   217
Gedankenobjekte   212
Gehirnimplantate   268
Gehirntod   34, 47, 131, 219
Gehirnwellenmuster   268
»Ghosts«   42, 89, 185, 191, 199f., 204f., 209, 271
Gleichzeitigkeit   185
Gordon von Khartum   263
Gravitationsfeld   71–73
Gravitationstheorie   72
Gravitonen   72
Green, C.   108, 200f.
Grof, St.   258–261
Guirdham, A.   235
Gurney, E.   156

Hades   49
»Hall«-Effekt   120, 174
Haraldsson, E.   51, 79
Harary, K.   118
Harder, J. A.   251
Hare, R.   150f.
Hart, H.   108, 204
Hawking, St.   21
Hedri, A.   228
Heitler, W.   29f.
Hellsehen   117, 130, 162, 217
Hirnstromwellen   34
Hologramm, noetisches   209
Holo-Prinzip   63
»Holotester«   227
Holzer, H.   207
Homes, A.   175–178, 267
Homes, D. D.   196f.

299

Hussein S. 112f.
Hyperfrequenzen 113, 210
Hyperkapnie 81, 85
Hypermnesie 255
Hyperraum 121, 171, 176, 209
Hyperraum-Engineering 176
Hyperschwingungszustand 210
Hyperwelt 11, 19, 35, 38, 40f., 67, 89f., 98, 135, 157, 159, 163, 166, 173, 186, 207–211, 237, 240
Hypno-Regression 35, 39, 51, 254f., 258
Hypoxie 81, 85, 87

IANDS (International Association of Near-Death-Studies) 37, 79
Informationsfeld 29
Informationstheorie 71
»Informationstransfer« 251, 263
Inka-Kaiser 48
Inkarnation 248, 251, 256, 264
Intelligenz, künstliche 177
Internet 272

Jacobson, N. O. 189, 191, 247
Jahn, R. 135, 177
Johanson, T. 147
Jürgenson, F. 164, 166, 169, 171–173
Jung, C. G. 226

Ka (altägypt. »Geist«) 48
Kardec, A. 153
Kardecianismus 153
Keel, J. A. 227
Kensington, W. 209, 250
Kelsey, D. 256
Ketamin 80f., 87

Klopfalphabet 149
Komponieren, automatisches 140
Kontrollgeister (Kontrollen) 140, 226
Kreutzinger, S. 79, 81f., 87
Kreuzkorrespondenz 156, 174, 260
Kübler-Ross, E. 11, 79, 195
Kundalini 240

LaBerge, St. 116f.
Lawrence von Arabien 263
»Lebenspanorama« 93, 95
Levitation 217
»Lichtwesen« 86
Lobatschewski, I. 11
Lodge, Sir O. 103, 131, 164
Luksch, H. 163

Magnetismus, animalischer 152
Mapes, J. J. 151f.
Marconi, G. 164f.
Maria Theresia 263
Materialisationen 183, 196–199, 209
Materialisationsmedien 196
Mehrfachpersönlichkeit 215
Mesmerismus 152
Minsky, M. 66
MIT (Massachusetts Institute of Technology) 66
Monroe, R. 103, 105, 108, 128, 133f.
Montecucco, N. F. 71, 227
Moody, R. 36–38, 79–84, 98, 131, 229f., 234
Moravec, H. 270f.
Mozart, W. A. 263
MPD (Multiple Personality Disorder; vgl. Mehrfachpersönlichkeiten)
Myers, F. W. H. 156–158, 174, 176, 234, 260

Naegeli-Osjord, H.   220f.
Nahtoderlebnisse (-erfahrungen)
  20, 34, 36–39, 50, 79–89, 93, 96,
  119, 132, 135f., 229, 272
Nahtod-Visionen   79, 107
Nahtodzustände   212
National Laboratory für Psychical
  Research   160
Neurochip   66
Nirwana   50

»Optical Box«   124–126
Organtransplantationen   32
Orne, M.   223, 255
Orthorotation   211f.
Osis, K.   79, 120–127
Oui-ja-Board (-Brett)   44, 140,
  142, 233

Paladino, E.   197
Parallelwelt   158, 174
Parallelwelttheorie   101
Pater Pio   186
Patton, G. S.   262
Penfield, W.   59f.
Périspirit   153
Persönlichkeiten, multiple   215,
  221–227, 237
Phantome   183, 188
Planchetten   44, 140, 233
Platon   11
Poltergeistphänomene   51, 137,
  205
Präkognition   89, 99, 117, 217
Präsenzen   182, 201, 223
Pribram, K.   66f.
Price, H.   160
Prosopagnosie   61
Psi-Halluzinationen   186
Psi-Komponente   250f.
Psinergiepaket   250f.
Psychokinese   72, 113

Psychonen   73
Psycho-»Vampire«   228, 232,
  235
»Psycho-Zombies«   140
Puthoff, H.   126
Putnam, F. W.   224

Radin, D.   177
Rapport   254
Raps   149
Raudive, K.   166, 176
Realitätsaufweichung   207
Realitätsverschiebung   207
Reinkarnation   49f., 137, 143,
  153, 239–241, 245, 247, 249,
  250f., 256, 258, 262
Reinkarnationszyklus   49f.
REM-Schlaf   117
REM-Traum   117
Ring, K.   79, 82–84, 88, 100
Rituale Romanum   216
Rivail, H. L.   152
Roberts, J.   141
Rogo, S.   118, 193
Rückführungen   144, 253
»Rückschau«   81, 84, 89, 93–95
»Rückwärtseffekt«   169f.

Sabom, M.   79–87, 92, 97
Sarfatti, J.   72
Schäfer, H.   172
Schiebeler, W.   64
Schizophrenie   221
Schläfenlappenanfälle   81
Schliemann, H.   263
Schoonmaker, F.   87
Schreiben, automatisches   139f.,
  155
Schrenck-Notzing, Freih. v.   197
Schröter-Kunhardt, M.   79, 85,
  130
Seidl, F.   171f.

Selbstschau 89, 92
Senkowski, E. 154, 165, 213, 233, 253, 265
Sidgwick, H. 156
Siegel, R. 85f., 107, 109
Society for Psychical Research (S.P.R.) 15, 153–157, 164, 193, 199f.
Spaltpersönlichkeit 141
Sprechen, automatisches 140
Spuk(phänomene) 10, 51, 137, 200, 205
Spukhäuser 203, 209
Steinbuch, K. 64, 237
Steinhäuser, G. 74, 174, 271
Sterbebettvisionen 50, 79
Stevenson, I. 51, 146, 246
Subpersönlichkeiten 223–225
Subquanten-»Objekte« 30
Subquantenwelt 71
»Super-Hologramm« 73
Swann, I. 120–124

Tanous, A. 125f.
Targ, R. 126f.
»Taurus« 121
»Techniker/Archivar« 176
Telefonstimmen 50, 136
Telepathie 117, 122
Tenhaeff, W.H.C. 92
Thalamus 254
Thanatologen 10f., 50, 79, 107
Thanatologie 20, 50
Tischner, R. 140
Tischrücken 140
Toben, B. 258
Tonbandstimmen 136, 162, 169, 171, 175
Träume, luzide 116
Transkommunikation 10, 50, 136, 163, 166, 169, 172, 182, 233

Transkontakte 174f., 276
Transplantationsexperimente 65
Transstimmen 170
Transtexte 50, 136
Trans-TV 50
Trans-Videobilder 50, 136
»Tunneleffekt« 89
Tyrrell, G.N.M. 193

Unbewußtes, kollektives 226

Vaughan, A. 195
Verrall, A.W. 156
Vibrationsanpassung 129
Visionen, komplexe 86

Waelti, E. 113
»Walk-ins« 238–240, 251
»Walk-outs« 239f.
Wambach, H. 252
Watson, L. 203
»Weißlicht-Technik« 236
Wellenspektrum, elektromagnetisches 110
Weltseele 49, 74
Weyer, E.M. 62
Wickland, C. 44f., 235
Wiedergeburt 245f., 252, 258
Wolf, F.A. 101
World Wide Web (WWW) 261, 272

Xenoglossie 144–146

Young, A. 69

Zeichnen, automatisches 140
Zeitkorridor 176
»Zeitstrom-Cozeit« 176
»Zeit-Varianten« 100
Zwischenwelten 212, 227

Die Bestseller von Ernst Meckelburg

Ernst Meckelburg berichtet über wichtige neue Erkenntnisse renommierter Physiktheoretiker und deren wissenschaftlich nachvollziehbare Modelle zur Realisierung des Menschheitstraumes »Zeitreise« und untermauert seine eigene faszinierende Theorie.

Nie zuvor wurden die bislang unerforschten Zusammenhänge zwischen dem Rätsel »Zeit« und PSI-Phänomenen, UFO-Manifestationen sowie postmortalen Zuständen so gründlich durchleuchtet und fundiert interpretiert. UFOs kommen aus der Zukunft!

Das Zeitalter der totalen Bewußtseinskontrolle ist angebrochen. Zum ersten Mal präsentiert Ernst Meckelburg ein echtes »Weißbuch« über potentielle PSI-Waffen, von denen der CIA-Psychologe Dr. José Delgado allen Ernstes behauptet, daß sie gefährlicher als Atombomben seien.

Langen Müller

Die Bestseller von Ernst Meckelburg

Bestsellerautor Ernst Meckelburg erörtert anhand von 130 Fallbeispielen alle Spielarten paranormaler Erscheinungen und bietet dafür fundierte Erklärungen. Dem Leser erschließt sich ein völlig neues Realitätsspektrum.

»Transwelt« enführt den Leser in die Grauzonen der Realität und bietet plausible Erklärungen für die sogenannten PSI-Phänomene, jenem unerklärlichen Geschehen jenseits von Raum und Zeit, das in naher Zukunft unser wissenschaftliches Weltbild gründlich verändern wird.

Spannende Berichte aus den Grauzonen unserer Realität: Menschen und Dinge verschwinden im »Nichts«; »Fallout« aus anderen Seinsbereichen; geheimnisvolle zerstörerische Kräfte; Vorauswissen; Visionen in Todesnähe; Manifestationen aus dem »Jenseits«, Phantom-Landschaften. Bestsellerautor Ernst Meckelburg läßt die Wirklichkeit transzendieren.

Langen Müller